经管文库 · 管理类

前沿 · 学术 · 经典

绿色产品创新战略驱动企业
可持续发展的机制与路径研究

RESEARCH ON THE MECHANISM AND PATH
RESEARCH OF GREEN PRODUCTS INNOVATION
STRATEGY DRIVES THE SUSTAINABLE
DEVELOPMENT OF ENTERPRISES

杨冠华 著

经济管理出版社
ECONOMY & MANAGEMENT PUBLISHING HOUSE

图书在版编目（CIP）数据

绿色产品创新战略驱动企业可持续发展的机制与路径研究／杨冠华著 . -- 北京：经济管理出版社，2024.

ISBN 978-7-5096-9958-4

Ⅰ. F279. 2

中国国家版本馆 CIP 数据核字第 20242CN114 号

组稿编辑：赵天宇
责任编辑：董杉珊
责任印制：黄章平
责任校对：陈　颖

出版发行：经济管理出版社
　　　　　（北京市海淀区北蜂窝 8 号中雅大厦 A 座 11 层　100038）
网　　　址：www. E-mp. com. cn
电　　　话：（010）51915602
印　　　刷：唐山玺诚印务有限公司
经　　　销：新华书店
开　　　本：720mm×1000mm/16
印　　　张：14
字　　　数：243 千字
版　　　次：2024 年 11 月第 1 版　　2024 年 11 月第 1 次印刷
书　　　号：ISBN 978-7-5096-9958-4
定　　　价：88. 00 元

前　　言

　　人类历史长河跨入 21 世纪后的近二十年，对于任何组织、企业和消费者来说，全球环境保护和绿色消费均已成为这个时代所关注、聚焦的重要主题和未来发展趋势。我们同住一个"地球村"，联合国环境规划署以及全球绿色数据中心所公布的相关环境保护和绿色消费数据显示：2014 年绿色消费市场约为 234.1 亿美元，2020 年增加到 956.6 亿美元，绿色消费市场的年复合增长率为 26.44%。2019 年国际绿色和平组织预测：人们未来 3~5 年的绿色消费需求将呈现持续升高的态势。一些重要的环保和绿色消费品类，包括环保型电动汽车、纯绿色无污染的有机农产品、绿色环保舒适型家具、无氟利昂制冷冰箱及无辐射电视机等绿色家电，以及天然棉麻纤维的绿色服装，等等；典型代表有，从旧材料到新材料科学的 3D 打印被广泛运用在许多工业领域。这些都极大地推动了环境保护意识下绿色消费在社会生产和生活中的普及和应用，也极大地提高了人们绿色健康的生活水平，降低了地球资源的消耗，造福子孙！随之产生的企业经济管理现象是：企业家的绿色环境意识增强，开始顺应绿色环境的时代潮流并积极推动企业选择、制定、实施绿色产品创新战略，勇于承担绿色环境责任，收获环境绩效和财务绩效，促进企业可持续性发展。

　　但是，企业如何在企业家绿色环境意识影响下利用绿色产品技术创新和设计创新来创造持续性竞争优势呢？并且，如何将这种绿色产品创新成功转化为企业的可持续发展绩效呢？在全世界都日益重视保护地球、珍爱绿色资源、形成绿色消费的环境和趋势下，理论研究界和管理实践领域开始重视这类问题的研究。Sharma（2000）、Egri 和 Herman（2000）、Dhaliwal 等（2011）、Tseng 等（2013）以及 Burki（2017）等都认为，拥有绿色环境意识的企业家往往对绿色创新秉持着积极支持和开放开明的态度，帮助企业编码整合所获取的信息资源，吸收运用企业内外部知识服务于绿色创新，并积极推动企业制定并实施绿色产品创新战略，以应对和把握所面临的环境问题和绿色发展机遇。除此之外，企业家绿色环境意识对企业制定并实施绿色产品技术创新和绿色产品设计创新战略究竟产生怎样的差异影响？而企业在制定并实施绿色产品技术和绿色产品设计创新战略之后，又会产生怎样不同的绩效差异？这些问题应该进一步深入探究，即仍需深入探究在绿色环境意识下的企业绿色产品技术创新和绿色产品设计创新如何成功转化为企业可持续发展绩效的机制过程。

对此，本书从企业家绿色环境意识为切入点，基于绿色产品创新和绿色环境意识、企业可持续发展绩效及企业外部制度压力、战略匹配等领域的相关理论研究，结合对重污染企业的深度访谈，探究了企业家的绿色环境意识对企业绿色产品技术和设计创新战略制定的前置影响，以及外部制度压力在绿色产品创新战略转化为企业可持续发展绩效过程中的作用影响，构建了绿色环境意识下的企业绿色产品创新战略转化为企业可持续发展绩效的机制模型。简而言之，本书既探讨了绿色产品创新的吸收机制，又探讨了绿色产品创新的转化机制。对吸收机制的研究，能帮助企业从绿色环境意识出发，制定合适的绿色产品创新战略，包括绿色产品技术创新和绿色产品设计创新战略；对转化机制的研究，既能促进企业有计划、有目的地进行绿色产品创新来改善和提高企业可持续发展绩效，也有助于解释企业是否实施绿色产品创新战略对其所获得的环境绩效和财务绩效方面产生的差异。

本书在分析企业制定并实施绿色产品创新战略外部驱动力的作用因素时，选取了外部制度压力作为企业绿色产品创新战略的匹配效应。其原因是：企业外部的制度压力是企业制定并实施绿色产品创新战略的外部强制力和推动力，它对包括企业在内的所有组织行为都具有正式与非正式压力。它强制企业达到统一的污染控制标准和环境规制标准，督促、激励企业进行绿色产品的技术革新和绿色产品的设计创新；迫使企业采用业界绿色环保的做法、规范和标准，是企业绿色产品技术和设计创新战略实施的直接推动力。同时，它还促使企业模仿行业中成功企业或其竞争企业的行为来进行绿色产品创新战略调整，包括绿色产品技术创新和绿色产品设计创新战略的制定和实施，以实现企业绩效的提升。

　　而战略匹配在战略制定和市场营销的理论研究中极其重要，并且是企业在寻求竞争优势过程中用以获取管理政策和竞争优势之间的契合与一致性。立足于此观点，企业绿色产品创新与外部制度压力的匹配适应能够产生可持续性的竞争优势。尽管单个战略本身也可以促进绩效的提升，但二者的匹配可以较好地诠释和说明企业间绩效的差异程度和水平。学者们断言，不同类型战略间的动态匹配相互影响，以及它们之间的有效匹配对企业绩效能够产生极好的效果。所以，企业理应进行绿色产品创新和制度压力间有效匹配的尝试。

　　本书围绕上述研究主题开展了如下工作：第一，从理论研究及企业管理实践的视角阐述了具有绿色环境意识的绿色产品技术和设计创新战略的研究背景、研究目的、研究意义、实践价值、研究方法和技术路线。第二，围绕研究主题总结回顾了绿色环境意识、绿色产品创新、制度压力、企业可持续发展绩效等相关的文献和理论，为本书后续研究的开展打下坚实的理论基础。第三，在回顾和梳理文献、理论的基础上，把受管理者绿色环境意识影响的企业产品创新分为绿色产品技术创新和绿色产品设计创新，把外部制度压力分为规制压力、规范压力和模仿压力，把企业可持续发展绩效划分为环境绩效和财务绩效。在此基础上，构建了本书的整体概念模型并提出研究假设。第四，研究整体调研流程的设计方面，本书详细界定调研对象和进行样本选取；对本书研究所需的初始量表进行开发设计，开展预调研，而后进行修正和补充量表，以获得本次调研的最终量表；对本书研究的详细调研过程进行介绍，同时，为后续的实证研究分析方法打下坚实基础。第五，根据调研所获得的数据分析样本企业的特征，进行各变量的描述性统计分析和量表测量问项的验证性因子分析；进行层级回归分析，以此来检验本书的研究假设，以获得所有最终的实证结果。

　　在以上研究工作的基础上得出本书的结论：第一，企业家绿色环境意识促进企业绿色产品创新实施，是企业绿色创新动机的前置条件。第二，绿色产品技术创新和绿色产品设计创新战略的制定与实施对企业可持续发展绩效的改善侧重点不同。企业的可持续发展绩效包括财务绩效和环境绩效；企业绿色产品技术和设计创新的开展则侧重于直接促进企业环境绩效的提升，但也会作用于企业财务绩效。第三，企业绿色产品技术和绿色产品设计创新实施的有效性受到外部制度压力的影响，而且创新绩效也因制度压力的类型不同而产生差异化影响：对企业环境绩效的直接影响更显著，而对企业财务绩效产生的直接影响稍弱；另外，企业的环境绩效还可以进一步转化为财务绩效。

本书的理论贡献主要有：第一，以重污染企业为样本，探究了企业家在产品技术和设计创新方面的绿色环境意识，以及它对企业绿色产品创新的制定、开展、实施的影响，丰富了绿色产品创新方面研究的理论知识体系。第二，本书区别于以往研究中消费者环保意识的视角，从绿色消费时代的企业家绿色环境意识为出发点，探究绿色环境意识对企业绿色产品技术创新和绿色产品设计创新战略的影响，丰富补充了企业战略管理方面的理论知识体系。第三，本书探讨分析了两种不同类型的绿色产品创新，即企业绿色产品技术创新和绿色产品设计创新产生的战略层面的差异化绩效，使企业战略管理方面的理论知识体系得到丰富补充。第四，从企业所处外部制度压力视角提出绿色环境意识转化效果的情境因素，进一步强化了对企业绿色产品技术创新和绿色产品设计创新的认识，也丰富了战略匹配的理论知识体系。

目　　录

第一章 绪论

本章主要阐述研究背景、研究问题、研究目的和研究意义，并进行了更为详细的阐述和理解。在本章末尾，对本书的主要内容进行概括总结，以突出本书的主要创新点，并结合研究的需要简洁地介绍研究方法和技术路线。本章概括性的阐述给后续的研究提供了条理清晰的思路和脉络。

第一节 研究背景与问题的提出

本节介绍了本书研究所处的背景以及研究问题的提炼，其中，研究背景又分为现实背景和理论背景，以更好地为本书研究的顺利开展夯实理论和现实基础；同时，立足于对现实背景和理论背景的阐述，进而提出本书的研究主题。

一、现实背景

当代中国已进入生态文明建设的全新时期，对企业而言，既是机遇也是挑战。面对绿色文明和绿色消费时代的到来，企业应该顺应时代发展的需要和形势，适时转变战略经营和管理理念，构建绿色发展思维和战略思路，达到企业经济效益与环境效益、社会效益的统一，同时兼顾消费者绿色消费的需求。这就需要企业对绿色创新、绿色经营的内涵、特点以及制定实施绿色创新战略和管理的必要性进行分析，以提出合理的企业战略对策。企业绿色创新的开展实施过程，首先应构建绿色产品理念，然后把绿色产品创新深入到企业生产经营的每个环节。

（一）中国"绿色时代"的到来给企业发展带来新契机

党的十八大以来，习近平多次强调"绿色发展"的理念以及"绿色承诺、绿色惠民、绿色富国"的发展思路，以促进形成"绿色"发展方式（马智萍，2017）。这一理念与党的十八届五中全会提出的创新、协调、绿色、开放、共享的新发展理念相契合，倡导形成人与自然和谐发展的现代化建设新格局（左守秋和何树，2013）。随着世界经济的不断发展，企业之间已经由单一化竞争转向为多样化竞争，尽管传统价格与非价格竞争依然是企业竞争的主要方面，但进入绿色时代以来，卓有远见的企业家们早已将企业环境竞争力视作产品综合竞争力和企业综合实力的新组成要素（环境竞争力是指由环境因素所构成的企业竞争力）。

绿色时代的到来给企业发展带来契机：首先，给予企业一个良好的生存发展环境，以促进企业长期获益。因为从长远来看，企业采取行动保护环境可以确保其可持续性发展。其次，绿色时代的到来可促使社会环境问题得到有效解决，充分彰显市场经济效率公平原则，使企业获得良好、稳定和健康的市场发展环境（白国强，2011）；同时，社会、政府干预和限制环境污染问题，会鼓励和引导企业绿色环保行为，为未来潜在市场的发展变化指明了方向，对企业自身来说既是契机也是挑战（白国强，2011）。最后，促使企业将环境保护纳入管理，实现企业绿色环境与企业发展的双赢，且给企业带来直接和间接经济收益：降低资源消耗，减少企业成本支出；促使企业遵照政府环境政策，加强环境管理，树立企业环保形象，例如 ISO14000 的实施使企业不仅树立了环保形象，还规避了环境处罚（谢向英和刘伟平，2004）。

增强企业人员的公共环境保护意识和社会责任感，能为企业树立正确的发展观念奠定基础，进而促进企业工艺优化和技术革新，既顺应了绿色时代的发展又满足了市场需求，实现企业可持续性发展（杨旭博和王世盛，2017）。企业拥有优良的环保形象和环境信誉，就能够获得顾客的信任，进而获取巨大经济效益、社会效益（陶琼，2002）。目前，我国正在实施的环境标志制度已将许多产品类别纳入环境标志的产品范围，但仍有许多产品亟待开发。这又为相关企业提供了发展契机：开发研制符合环境标志要求的绿色产品或服务，促进企业环境信誉提升，有利于企业绿色新产品知名度和市场竞争力的提升。特别是随着市场竞争的日益激烈，绿色新产品开发、设计的重要性逐渐凸显，绿色新产品已然成为企业竞争优势的来源。此外，绿色消费理念也改变着世界各国和地区对外贸易的政策，特别是对传统关税和非关税贸易壁垒的"拆除"，使绿色贸易壁垒逐渐成为国际贸易市场上的主要壁垒。绿色产品的创新、设计和生产被视为各国和地区跨境企业走向国际市场的通行证和入场券，而取得国际绿色认证则是企业在激烈的国际市场竞争中站稳脚跟的有力保证（吴汉嵩，2004）。

总之，绿色时代的到来、绿色新产品的开发生产给企业带来无限商机，也为企业提供了新市场以及进入这些新市场的切入点。例如，对绿色无公害产品、绿色有机食品和环境友好型设备的开发生产，给相关企业创造了国际贸易商机，成功开辟新的国际市场（Jos et al.，2013）；带给企业良好、稳定和健康的市场环境，为企业发展指明方向；促进企业工艺优化和技术革新，既顺应了绿色时代的发展又满足了市场需求，使企业实现可持续性发展；树立企业环保形象和环境信誉，获得顾客信任，进而获取巨大的经济效益和社会效益；提升企业绿色新产品知名度和市场竞争力。因此，在绿色时代背景下，企业开展绿色经营、制定并实施绿色发展战略、开发生产绿色产品等一系列绿色举措必将大有可为。

（二）中国消费者绿色消费趋势日益凸显

人类社会的不断发展进步以及人们消费观念的转变，使人们对产品和消费质量的要求提高，绿色需求逐渐演变为社会的潮流，绿色消费理念也逐渐形成。人们开始关注消费品所造成的环境代价，呼吁企业生产开发绿色无污染的产品。绿色消费是指，基于人与自然的和谐发展，倡导合理消费、科学消费、健康消费，既要规范消费行为又要提高消费道德。绿色消费的意义包括：在选择消费时，提倡消费者选取环保无污染或绿色无公害的产品进行消费；为避免环境污染，消费者在其消费过程中也要用正确的方法处理垃圾；引导、转变消费者的消费观念，形成可持续发展的消费观，并兼顾节能环保和对生活舒适的追求。

中国消费者协会曾对我国 36 个城市的市民进行绿色消费情况的调查，结果表明：95%以上的城市消费者表示尽可能不用一次性筷子、餐具和塑料袋；愿意为推动绿色消费而尽其所能的消费者占比达到 98.9%；而 97.4%以上的消费者表示愿意乘坐公共交通工具，绿色出行，愿意选择环保装修材料和绿色家具；97%

以上的消费者愿意节约用水、用电，愿意将生活垃圾进行分类投放。2010年以来，在政府的极力推动下，随着人们生活水平和收入水平的逐步提高，绿色消费需求日益增长，人们的消费行为也趋向绿色环保和生态化。人们不仅要求消费品能够满足自身的需求，而且要求不破坏生态环境，广大消费者对绿色产品产生青睐（田晖，2003）。根据中国绿色食品发展中心统计，2010—2018年全国绿色食品的年均增长率为29%，年均增幅仍在不断上升，2018年我国的绿色食品销售额达到5200亿元。并且，人们还对绿色家电、绿色服装、绿色家具等绿色产品的消费需求呈现不断上升趋势，表现在绿色食品产品数量和生产认证绿色食品的企业数上面（见图1.1、图1.2）：截至2018年底，当年认证绿色食品企业数为5969家，有效使用绿色食品标志企业数为13203家，有效使用绿色食品标志企业数逐年增加并达历史新高；当年认证绿色食品产品数为13316个，有效使用绿色食品标志产品数为30932个，有效使用绿色食品标志产品数也在逐年增加。

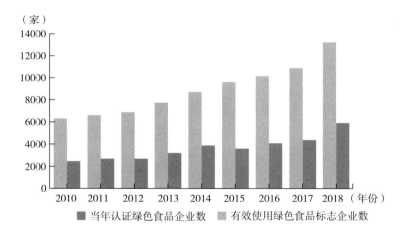

图1.1 2010—2018年每年认证与有效使用绿色食品标志企业数

资料来源：中国绿色食品发展中心发布的历年《绿色食品统计年报》。

截至2017年底，我国绿色食品的销售额已达4898亿元，消费者绿色消费趋势已日渐凸显（见图1.3、图1.4）。通过绿色消费观念的倡导、绿色生产方式的推行以及企业绿色品牌形象的树立，使中国绿色食品产业市场规模不断扩大，绿色食品消费不断转型升级，也给消费者对自主绿色优质品牌的消费带来信心，带动了"需求侧"绿色观念转型。

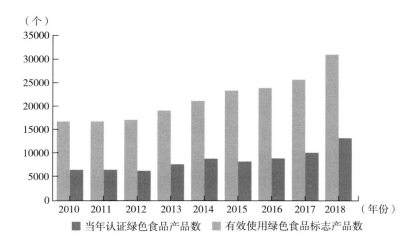

图 1.2 2010—2018 年每年认证与有效使用绿色食品标志产品数

资料来源：中国绿色食品发展中心发布的历年《绿色食品统计年报》。

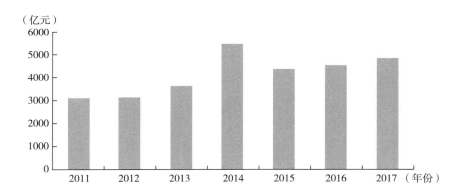

图 1.3 2011—2017 年中国绿色食品产业市场规模

资料来源：中国绿色食品发展中心发布的历年《绿色食品统计年报》。

　　绿色产品对消费者的吸引力越来越大。根据市场调查的数据，消费者对绿色食品的认知度高达 80% 以上。绿色食品品牌在国际社会上也得到普遍认可，绿色食品标志的证明商标早已在美国、法国和俄罗斯等 11 个国家和地区的国际组织进行登记注册。未来消费者的消费取向和选择的标准将会是追求"绿色、生态和环保"。绿色食品市场规模的潜力巨大，到 2024 年末绿色食品的市场规模可达数千亿元人民币。绿色产品市场需求呈现加速增长态势，绿色消费会更加受到消费者的青睐。

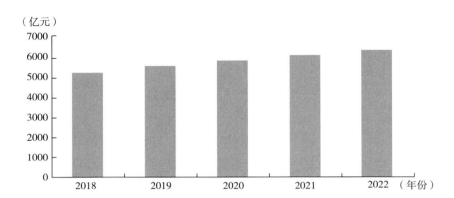

图 1.4　2018—2022 年中国绿色食品产业市场规模

资料来源：口国绿色食品发展中心发布的历年《绿色食品统计年报》。

（三）企业绿色战略的制定实施被提上日程，污染行业企业再度面临抉择

1999 年，美国学者 Lester Brown 最先发表了关于进行能源经济革命的理论，主张在发展经济的同时兼顾环境保护，开展无碳能源及污染物零排放生产，将粗放型经济增长方式转变为集约型（鞠成晓和肖文锋，2014）。这些理论被公认为早期的绿色环保思想。从此，绿色环保思想越来越备受重视和被广泛接受，世界各国和地区政府也都积极倡导在绿色理念下进行社会经济的可持续发展。我国也受到国际大环境影响，重视发展绿色经济和低碳经济。在 2009 年的哥本哈根全球气候大会上，我国政府向世界郑重承诺：中国到 2020 年要降低 40%～46% 的二氧化碳排放量。中国政府在此后相继制定实施了一系列鼓励企业节能环保的福利政策（鞠成晓和肖文锋，2014），如在党的十八大报告中强调要重视绿色生态建设。习近平总书记在主持中共中央政治局第四十一次集体学习时，系统地阐述了推动形成绿色生活方式和绿色发展方式的重要性，倡导构建以绿色消费作为驱动力的绿色生活方式和绿色发展模式。学习贯彻习近平主席的重要讲话精神，准确理解绿色消费在绿色发展和绿色生活方式中的战略定位，进行绿色消费实践和创新（任勇，2017）。消费者的绿色消费与企业的绿色生产已构成绿色经济活动的重要过程，二者相辅相成且互利共赢。

企业作为社会经济活动的基本组织，要把追求经济利润和履行社会责任兼顾起来，只有如此，企业才能在社会中树立良好形象，形成良好企业声誉，以获得

长期稳定发展（Abraham，2012）。在绿色消费时代下，人们的消费需求和社会环境发生了显著变化，企业只有顺应绿色环境的时代潮流并积极做出策略调整，才能在激烈的市场竞争中取得优势。企业的绿色责任是指企业在其生产经营活动中，把节约资源和保护环境资源融入整个过程，企业发展的同时，也要在环境保护和资源利用方面承担社会责任（李淑艳，2010）。Schwartz（2003）认为，企业愿意承担绿色责任的动因可能来自制度方面、经济方面和道德方面，并提出了三个相交圆模型，共划分出七个区域，即制度、经济、道德、经济和制度、制度和道德、经济和道德以及三者共有（见图1.5）。

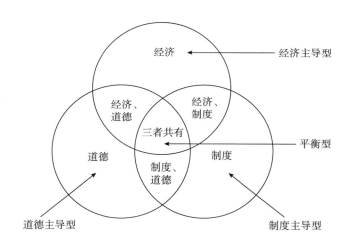

图 1.5　绿色企业责任的动因和类型

资料来源：李淑艳．论企业环境责任法律制度［D］．吉林大学硕士学位论文，2010．

由我国《上市公司环保核查行业分类管理名录》中规定的 14 类重污染行业①可以看出，我国重度污染行业企业绿色转型面临着迫切的问题：首先，这类企业开展绿色技术创新的比例不高，只有电力行业和采掘业等几个少数行业的企业开展绿色技术创新的比例相对较高，但相比于其他行业企业，绿色创新的比例

---

① 根据我国《上市公司环保核查行业分类管理名录》（环办函〔2008〕373号）中规定的包括火电、钢铁、水泥、电解铝、煤炭、冶金、建材、采矿、化工、石化、制药、轻工（酿造、造纸、发酵）、纺织、制革在内的 14 类行业为重污染行业。

仍然较低；其次，重度污染行业企业的整体创新层次不足，很大一部分企业仅仅是选择在生产环节的末端进行处理；最后，还有一些企业很少将绿色环保因素考虑到技术创新活动中，如橡胶和塑料制品业、医药制造业和化学纤维制造业企业（田翠香和孙晓婷，2018）。

鉴于我国重度污染行业企业的绿色创新层次较低、与其他类别企业的绿色创新差距明显、绿色产品创新的数量较少，并随着中国"绿色时代"的到来、消费者绿色消费趋势日益凸显，加之政府也经常通过鞭策落后、褒扬先进的方法手段，因此应督促更多的重污染行业企业自主开展和实施绿色战略、增强绿色技术创新意识，以应对政府部门的环保核查和监管，获取新的发展机遇。此类企业制定实施绿色产品战略和促销战略已经被提上日程（田翠香和孙晓婷，2018）。

二、理论背景

（一）企业家环境意识影响企业绿色产品创新方面具有丰富的理论基础

绿色时代的到来，人们普遍接受、认可和运用绿色环境意识概念。Alsmadi（2007）将绿色环境意识定义为：一种极其强烈的环境责任感表现。Bohlen 等（1993）认为，绿色环境意识包括四个方面，即态度、政治行为、资源的回收利用以及对意识的感知看法。而事实上，绿色环境意识本身却是根据主体的相关举动推断出来的，如节约用水用电、购买绿色环保型产品、乘坐公共交通工具、骑单车绿色出行等行为，可以看出人们的绿色环境意识。Barclay（2004）认为，拥有绿色环境意识的企业家或战略决策者被普遍认为是忠诚可靠的，他们关心绿色环境的社会名声能否得以传播、个人的社会地位也能否得到提升。

同时，具有绿色环境意识的企业家在进行战略决策过程中，会充分考虑企业行为对环境产生的影响，有意识地选择实施绿色环境战略、考虑企业长远利益、最小化企业对环境的负面影响（劳可夫，2013）。Christmann 和 Taylor（2001）的研究发现，企业家的绿色环境意识会在很大程度上给企业环境管理和绿色产品创新战略制定带来"环保推力"。而企业实施的绿色战略通常包括四个内容：绿色文化战略、绿色生产战略、绿色产品战略和绿色营销战略。企业绿色战略的核心思想就是：企业的产品设计、产品创意、产品生产、定价和促销的制定实施都要以绿色环保为基础，以减少环境污染、保护和节约资源、促进经济与环境的可持续发展。

因为受到企业家绿色环境意识的影响，加之消费者对企业产品提出的绿色环保诉求，企业制定实施了绿色产品战略，规范了绿色产品生产流程，改变了原有的产品设计和产品技术，注入了绿色成分（Christmann & Taylor，2001）。

（二）绿色产品创新战略构成和影响机理

有别于现有企业绿色产品创新的所有形式，本书基于"绿色产品技术创新""绿色产品设计创新"的适配，开发出"绿色产品协同式创新"和"绿色产品平衡式创新"两种全新的绿色产品创新模式，丰富和拓展了企业绿色产品创新战略的相关理论和研究边界。

本书不仅构建了"绿色产品协同式创新"和"绿色产品平衡式创新"的机理模型，而且对二者的过程机理进行了区分。其中，"绿色产品协同式创新"由"绿色产品技术创新"与"绿色产品设计创新"互补协同而成；"绿色产品平衡式创新"由"绿色产品技术创新"与"绿色产品设计创新"平衡优化形成。该理论生动诠释了重污染企业绿色产品创新战略形成的过程机理，是对企业创新理论体系和研究框架的补充与完善。

本书借鉴企业高质量发展的评价指标，将重污染企业通过开展"绿色产品创新战略"（绿色产品技术创新、绿色产品设计创新、绿色产品协同式创新、绿色产品平衡式创新）获得的环境绩效、经济绩效、社会绩效等（源于高质量发展核心指标）整合为企业的可持续发展绩效，具体通过"环境绩效"和"财务绩效"的提升来衡量；同时，立足于资源编排、制度理论、最优区分、权变理论等理论基础，构建重污染企业绿色产品创新战略的"吸收"和"转化"路径，制度压力在企业可持续发展实现过程中起到调节作用。本书是对管理学领域"创新—绩效"理论模型的丰富与拓展。

（三）现有绿色产品创新研究尚未考察企业外部制度压力战略视角

现有对绿色产品创新战略的研究，主要是从环境规制和组织竞争力两个方面进行的。首先，有关环境规制影响企业绿色产品创新战略的研究依然没有统一定论，但从理论上来讲，政府环境规制对企业绿色产品创新战略可能具有正负两种影响效应（见图1.6）。例如，王小宁和周晓唯（2014）、张倩（2015）、Xie 等（2017）的研究表明，环境规制对企业所制定实施的绿色产品创新战略具有正向激励和促进作用；而 Leeuwen 等（2013）、Zhao 和 Sun（2016）的研究结论为，环境规制对企业实施的绿色产品创新战略产生抑制效应；此外，李玲和陶峰（2012）、蒋伏心等（2013）、臧传琴和张菡（2015）对环境规制进行分析发现，环境规制对企业绿色产品创新的作用呈倒"U"形；此外，也有学者指出，环境规制对企业绿色产品创新的作用具有不确定性。

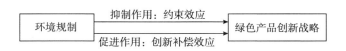

图 1.6　环境规制对企业绿色产品创新战略的作用

资料来源：作者设计。

其次，绿色产品创新战略的研究仅局限于组织竞争力方面。Porter 和 Van der Linde（1995）以及 Xu 等（2019）的研究表明，那些采用绿色产品创新战略的企业比其竞争对手拥有更多的竞争优势，通过对绿色产品的区分，企业会比其竞争对手获得更高的竞争力；而 Chen 等（2006）、Guziana（2011）的研究指出，绿色产品创新对企业获得竞争优势具有积极促进作用。此外，绿色产品创新的研究多是从市场流通的角度开展的，主要研究了绿色产品的创新水平、运行效率以及渠道利用等方面的问题，并从宏观层面对绿色产品市场供求结构适应情况提出相关的对策。

尽管对企业绿色产品创新进行了广泛的研究，但很少有人关注与企业绿色战略相关的促销能力和制度压力。为了解决这一差距，本书以促销和制度理论为视角，从理论上解决了企业通过实施绿色产品创新战略提升其绩效的问题。此外，本书从理论上分析了市场营销和产品供应链能力与制度压力之间的关系，并提出了一个实施绿色战略如何提升企业绩效的框架。

（四）缺乏从战略匹配视角探究绿色产品和制度压力与企业绩效的关系

一些学者认为，实施绿色产品创新战略对企业绩效会产生消极影响。以 Sarkis 和 Cordeiro（2001）为代表的学者认为，开展绿色产品创新会大量占用企业的核心资源、额外增加企业污染治理方面的成本，减少企业经济利润；而另外一些学者认为，绿色产品创新战略可促进企业绩效的提升，主要以 Porter 和 Van der Linde（1995）、Banerjee（2001）以及朱雪春和陈万明（2014）为代表，他们认为企业开展绿色产品创新能够降低企业成本、提高资源利用效率，从而增加绿色产品销售额以提升企业绩效。也有学者根据绿色产品创新和企业绩效之间的关系开展研究，得到了负相关、正相关、倒"U"型和不确定性等多种实证结果，针对绿色产品创新、制度压力与企业绩效之间关系的研究仍未达成一致（Albertini，2013；Dixon-Fowler et al.，2013）。目前，专门针对制度压力与企业绩效之间关系的研究几乎没有，仅有零星的促销策略与企业绩效关系的实证研究，包括 Xia 和 Zhang（2010）曾利用事件研究法对企业实施促销战略后产生的市场价值进行估算。

尚有一个不确定的企业可持续发展绩效（包括环境绩效和财务绩效）的解释机制，即企业可持续发展绩效中的环境绩效和财务绩效需要绿色产品创新与制度压力有一个非常契合的战略匹配（Venkatraman & Camillus，1984）。因为战略匹配观点认为，两个战略在相互匹配的进程中能够互相影响，进而对企业的财务绩效、环境绩效产生积极的作用。Venkatraman 和 Camillus（1984）的研究表明，战略和组织管理能力匹配决定了企业战略实施的效果。因此，在这个逻辑研究的情景下，企业的绿色产品需要有一个与之相匹配的制度压力来更好地转化为市场价值，它们之间的匹配决定着企业可持续发展绩效的优劣。所以，本书将从绿色产品创新与制度压力匹配的视角来分析企业可持续发展绩效提升的实现机制。

三、问题的提出

绿色时代的到来，人们普遍开始具有强烈的环境责任感，接受、认可绿色环境意识的概念。事实上，绿色环境意识本身就是从主体者的相关举动推断出来的，例如，从节约用水用电、购买绿色环保型产品、绿色出行等行为可以看出人们身上的绿色环境意识（Bohlenet et al.，1993；Schlegelmilch et al.，2013）。而企业家的绿色环境意识是指管理者充分考虑到企业行为对环境产生的影响，有意识地选择实施绿色环境战略、考虑企业长远利益、最小化企业对环境的负面影响（劳可夫，2013）。由于企业家绿色环境意识和消费者绿色环保的诉求的影响，企业在进行绿色产品设计和绿色产品生产流程规范、制定实施绿色战略、改进原有产品生产流程和新技术时，会注入绿色成分（Christmann & Taylor，2001）。

在企业家绿色环境意识的影响下，企业的绿色产品创新体现了绿色环保理念，企业也将这种绿色理念融入新产品设计、技术和工艺流程创新，以此来增加企业新产品的差异化优势、获取制定行业标准的主动权，并充分利用绿色产品创新和促销战略实施开展绿色创新活动，最终促进企业的效益提升（汪抒亚，2010）。制度压力可促进企业进行外部资源整合，建立和保持与供应商、中间商和零售商的良好合作伙伴关系，以应对同行业竞争对手的激烈竞争，占领市场（汪抒亚，2010）；同时，配合企业绿色产品创新的开展，以发挥企业内外部资源的协同作用，推动企业绿色可持续发展。制度压力的影响也可以帮助企业减少污染损耗和降低储运的成本，为企业开展绿色创新提供援助（汪抒亚，2010）。

虽然已有很多研究成果颇具借鉴价值和理论意义，但涉及绿色产品创新战略、所处外部制度压力与企业可持续发展绩效之间逻辑关系的研究尚有空缺。这主要是由于以下几点：首先，之前的研究仅仅是关注绿色产品创新、外部制度压力对企业经济绩效的影响，把它们视为一种绿色环保的行为，却忽视了绿色产品创新和制度压力下的绿色行为属性所产生的环境绩效对企业整体可持续发展绩效（包括环境绩效和财务绩效）的贡献。绿色产品创新兼具产品创新和绿色环保的双重特性，制度压力具有绿色环保特性（Rennings，2000），立足于创新和绿色环保的双视角分析，有助于全面理解绿色产品创新和外部制度压力与企业可持续发展绩效的作用原理。其次，对于绿色产品创新对企业可持续发展绩效提升的作用机制研究不充分，尚未清晰、深刻地揭示出哪些因素产生了关键性的作用。一方面，在绿色环保时代背景下，深入探究企业家绿色环境意识在推动企业选择、采用和实施绿色产品创新过程中的作用影响，并进一步探究具有绿色环境意识的企业绿色产品创新如何转化为企业可持续发展绩效的过程机制；另一方面，仅从单一视角分析绿色产品创新与企业可持续发展绩效之间的关系，缺乏对二者作用机制的综合考量和阐释。外部制度压力的适应、遵循，特别是绿色产品创新与制度压力的匹配，是企业获得竞争优势的基础。绿色产品创新与外部制度压力的有效匹配对企业可持续发展绩效的作用机制仍需进一步探究。最后，对绿色消费因素主要从消费者需求出发，单一地考察了其前置影响，而忽视了企业自身和其他利益主体，对绿色消费市场的界定范围过于狭窄；同时，现有文献侧重分开探讨制度政策、市场驱动和企业自身所具备的能力作为单独的解释变量对企业绿色产品创新的作用影响，但很少有一个研究模型可以同时关注企业外部的制度政策、市场驱动等方面因素。

鉴于以上阐述，本书试图回答以下几个问题：企业家绿色环境意识将如何对企业绿色产品创新战略选择和开展产生影响？绿色产品创新对企业可持续发展绩效是否产生正向促进作用？在中国特色的制度环境和市场经济体制下，绿色产品创新与制度压力的匹配对企业可持续发展绩效产生怎样的影响？在此作用过程中的具体作用机制又是什么？本书以企业家绿色环境意识为切入点，构建绿色产品创新和制度压力匹配战略与企业可持续发展绩效关系的概念模型，探究企业绿色产品创新对企业环境绩效和财务绩效的作用机制。

第二节　研究目的和研究意义

本节主要介绍本书的主要研究目的和意义，明确了本书的理论和实践意义。

一、研究目的

（一）探讨企业绿色产品创新和制度压力的匹配及其机制区分

企业绿色产品创新和外部制度压力囊括了许多战略方面的选择，这些战略选择可以帮助企业获得竞争优势，占领绿色市场，例如，企业为了迎合消费者绿色消费需求而进行的绿色产品创新、技术创新和工艺流程创新。企业绿色产品创新的开展不仅能够满足环境保护和绿色生态的要求，而且能够为企业创造新的价值、带来新的市场机遇，促使企业保持持久的竞争力。一方面，绿色产品创新可以作为企业提升自我竞争能力的特有途径和方法；另一方面，企业对绿色环境责任越重视，对绿色环保创新意愿越强烈，绿色产品创新的开展就越有效（赵立雨和张丹，2017）。而也有企业获得绩效提升的战略选择方式是绿色产品创新与外部制度压力的匹配战略，企业可持续发展绩效需要绿色产品创新与外部制度压力有效契合的战略匹配（Venkatraman & Camillus，1984）。因为两个战略在相互匹配的进程中能够互相影响，进而对企业的财务绩效、环境绩效产生积极的作用（Venkatraman & Prescott，1990）。

因此，本书按照上述战略的选择，将企业为适应绿色时代背景而实施的绿色战略分为绿色产品创新和绿色产品创新—外部制度压力的匹配战略（包括绿色产品创新—规制压力、绿色产品创新—规范压力、绿色产品创新—模仿压力）。本书将会在后面的研究中验证这些战略选择对企业可持续发展绩效（包括企业环境绩效和财务绩效）的作用；同时，还将会探讨这些战略选择对企业可持续发展绩效产生的作用异同。

（二）从企业家绿色环境意识视角探究企业绿色产品创新战略的前置因素

以往诸多关于绿色产品创新前置因素的研究文献，主要从政策法规、市场驱动和企业内部驱动三个视角出发，如从市场、技术、外部环境、企业自身出发，围绕管理学和经济学相关理论开展研究（李中娟，2018）。然而，管理学领域内的经典研究指出，绿色产品创新能够获得优良的企业绩效（Venkatraman & Camillus，1984）。因此，企业家应该具有绿色环境意识，重视绿色产品创新的选择和实施。本书从企业家绿色环境意识视角，进一步探究管理者绿色环境意识作为前置因素对企业绿色产品创新的作用影响。

（三）基于制度压力视角探究企业制定实施绿色产品创新获取可持续发展绩效的作用机制

企业充分吸收绿色理念而开展的绿色产品创新只是获取企业可持续发展绩效的前提基础，但并不代表或保证开展了绿色产品的企业就一定获得可持续发展绩效。也就是说，为提升企业可持续发展绩效，企业开展绿色产品创新的同时，还要考虑到企业外部制度压力的推动和促进作用。新制度主义理论认为，企业要想提高自身的生存和发展能力就应极力满足其外部利益相关者的需求，制度压力在企业实施绿色产品创新战略转化为企业绩效的过程中具有显著的促进作用；企业是否开展相应的绿色产品创新以满足市场的绿色需求已经成为一种行业规范。所以，产品市场的绿色诉求也正是企业绿色产品创新开展的直接推动力。绿色消费和绿色理念的到来，使提供环境友好型产品或服务以及与之配套的选购渠道已经成为行业内成功企业的差异化战略展现，并为企业提供了新的竞争优势和利润源泉。企业一定会密切关注其竞争对手的战略变化，若其竞争对手通过绿色产品创新的开展而成功吸引了消费者并取得了竞争优势，那么企业也一定会迅速做出反应，进行绿色战略调整。开展绿色产品创新的企业，可能会消除一些不符合绿色环保标准的产品线，因此，本书在后面的研究中将重点讨论制度压力对企业开展绿色产品创新与企业可持续发展绩效之间所具有的促进效应，以及所体现出来的绩效机制差异（Kammerer，2009）。

二、研究意义

（一）理论意义

1. 通过企业家绿色环境意识的切入探究企业绿色产品创新的吸收机制

现有对企业绿色产品创新的研究仅限于制度主义理论、组织竞争理论和市场流通视角，认为企业开展绿色创新的主要动机就是获得政策福利、竞争优势和市场占有率等。本书认为，企业开展绿色产品创新、改进原有产品及其生产流程和新技术、注入绿色成分，不仅是为了以上所述动机，而且有社会责任和绿色环保动机。由于受到企业家绿色环境意识的影响，企业会比较注重消费者对企业产品的绿色环保诉求，进而推动企业进行绿色产品的设计和绿色产品生产流程的规范。为了迎合消费者需求和占领绿色消费市场，企业会开展绿色产品创新，并保障其实施效果，以促进绿色新产品成功顺利地到达消费者手中（Christmann & Taylor，2001）。绿色产品创新具有创新和环保的双重特性（Rennings，2000），立足于创新和绿色环保的双视角分析，有助于全面理解绿色产品创新与企业可持续发展绩效的作用原理。另外，如何更好地开展企业绿色产品创新并最大限度地发挥它们的作用，这是本书的一个研究重点，将影响企业家绿色环境意识和消费者绿色消费意愿的吸收和转化。因此，本书对企业推行的绿色产品创新的吸收机制和转化机制进行深化探究，具有重要的理论意义和理论价值。

2. 有别于现有企业绿色产品创新的所有模式，添加了协同和平衡两大视角的绿色产品创新

现有文献没有对绿色产品协同式创新和绿色产品平衡式创新给予明确的定义，本书结合学者的相关研究与当代创新模式的发展，从协同和平衡两大视角对企业绿色产品创新的模式进行研究，探索绿色产品技术创新与绿色产品设计创新的协同、平衡作用。本书改变了以往从启动、开发到应用的创新过程研究视角，首创性地将绿色产品技术创新与绿色产品设计创新两种模式相互匹配为"绿色产品协同式创新"和"绿色产品平衡式创新"两类全新的模式。

绿色产品协同式创新源自绿色产品技术创新和绿色产品设计创新的匹配融合。绿色产品协同式创新作为一种全新的创新模式，它强调在特定的制度安排下，包括企业、科研机构、高校在内的创新主体为实现知识、技术和资源等要素的协同互补，面向不同主体的创新过程开展合作，实现"绿色产品技术+设计创新资源"以及在不同组织间充分共享和流动，最终实现创新过程中的知识协同以及组织创新层面的运作机制与组织结构协同、战略协同等。绿色产品协同式创新更强调在创新过程中绿色产品、绿色技术与科学等不同知识与创新机构之间的潜在协同互补性问题，对此，产学研等创新机构成为协同合作组织模式层面主要的解决手段。绿色产品协同式创新这一全新的创新模式为企业寻找知识共享和知识合作对象提供了全新的思路和框架，并形成基于企业、科研机构、大学为创新主体的协同式创新网络。该创新网络既包括基于产学研组织的"创新小网络"，也包括基于集群性协同、技术邻近的区域性和地理邻近性的"创新大网络"，进而形成创新要素之间协同互补与交互的创新网络（赵立雨和张丹，2017；曹翠珍和冯娇龙，2022）。

绿色产品平衡式创新是绿色产品技术创新和绿色产品设计创新的深度融合，可提高资源、能源的利用率，降低行业能耗，推动传统产业绿色化转型。绿色产品技术创新利用其平台化优势，打通生产、分配、流通、消费等各个环节；凭借绿色技术与工艺，精准直击用户痛点，提高交易率，降低资源能源消耗。同时，绿色产品设计创新又大力倡导建设绿色数据中心和绿色信息网络，加大对消费者绿色产品设计需求的支持力度，由此，绿色产品设计创新为创新方向、创新发展模式提供了重要指引。绿色产品平衡式创新立足于绿色技术的应用和改善，重构了原有绿色产品创新的设计框架。绿色产品的开发、生产、设计、制造等环节被绿色技术所颠覆。

3. 引入外部制度压力，进一步揭示企业如何利用绿色产品创新转化为企业可持续发展绩效的作用机制

在以往的研究中，大量文献是探讨企业创新行为影响因素的，专门针对绿色产品创新驱动的研究较少。但绿色产品创新的特殊性又表明其最主要的驱动因素

除市场和技术因素外还有其他因素，而许多学者把制度法规作为企业绿色战略实施的另一个重要影响因素（Joseph et al.，2000；李怡娜和叶飞，2011）。本书拟从一个全新的理论研究视角出发，即新制度主义理论和生态现代化理论视角，具体是指从制度压力与绿色产品创新匹配视角，对企业开展绿色创新与提升企业可持续发展绩效提升进行研究。

（二）实践意义

1. 立足于绿色时代，为企业迎合人们绿色需求的绿色产品创新的选择提供一定的方向和理论指导

立足于绿色时代，为迎合人们绿色消费需求、树立企业绿色环保形象、增强企业通过绿色产品创新促进企业可持续发展绩效提升的信心，融入绿色环保的理念并在战略实践中积极鼓励企业开展产品技术创新、设计创新等一系列绿色生产经营活动，减少产品生产流程中污染排放和能源消耗，主动开展绿色产品创新。增强企业绿色形象的影响力，构建企业绿色产品创新科学、合理化机制，解决企业绿色产品创新方面技术、知识和人才不足的问题；引导企业积极主动地开展绿色产品创新，引领消费者的绿色消费需求导向，为企业产品价值注入绿色成分，形成长效监管消费市场绿色需求的机制；推动企业绿色产品创新在技术和设计方面的应用和实践，使之成为企业绿色产品市场的竞争优势来源，并通过来自政府、竞争对手和消费者等利益相关者的压力促进企业绿色产品创新。培养企业绿色环保素养，带动企业员工形成绿色组织的认同，以提升企业开展绿色产品创新的核心驱动力。

2. 构建中国重污染企业绿色产品协同式创新和绿色产品平衡式创新的机理与可持续发展绩效提升机制

围绕"双创"定位，以实现"双碳"和环保目标为新的发展蓝图和历史使命，将中国重污染企业发展全面纳入行业创新体系与价值体系，对培植产业发展韧性、加速行业更高质量的绿色化转型发展，以及贡献可持续发展目标的影响力等方面，都具有现实指导意义。同时，帮助指导中国重污染企业深入开展绿色化社会环境责任治理，以绿色技术为手段、绿色产品设计为动力，加大生产改造力度，降污减排，推动和提升我国能源结构的优化。

3. 指导企业加强对外部制度压力的适应，以促进企业绿色产品创新的转化和吸收

企业需要进一步转变观念，把绿色产品创新实践作为企业获得绩效提升的手段，而不是来源于政府的强加成本的负担；把绿色产品创新纳入企业战略，将绿色产品创新战略真正融入企业所有产品创新和产品流程中去，消除环境污染和资源浪费，不断提高资源利用效率，以攫取最大竞争优势、提高企业竞争力（李怡娜和叶飞，2011）。另外，企业绿色战略制定要密切关注国家相关环境法律法规和环保政策以及消费者绿色环保意识和竞争对手的绿色战略实施的动态变化，以及时调整企业自身的相关绿色环境战略（Adam et al.，1997；李怡娜和叶飞，2011）。

（三）创新点

第一，顺应绿色消费时代热点话题，本书创新性地从企业家绿色环境意识进行切入，构建了企业绿色产品创新战略并将人们的绿色需求转化为企业可持续发展绩效的实践过程。

首先，基于绿色时代的到来和绿色消费的热点话题，本书将企业制定实施的绿色产品创新战略视为对管理者绿色环境意识和人们绿色消费意愿的成功实践，并使企业家绿色环境意识和人们绿色消费意愿等需求成功转化为企业绩效。与以往研究者多以政府环境规制、市场竞争和道德责任等因素作为企业绿色战略制定实施的前置因素不同，本书以企业家绿色环境意识作为切入点，由被动接受变为主动采纳。本书的研究切入点以及整个将人们的绿色需求转化为企业绩效的实践过程是创新性的研究。其次，绿色环境意识是从企业家角度去考虑的，运用到了辩证统一的思想，以更好地揭示绿色需求促进企业绿色战略制定，而战略的制定实施又转化为企业良好绩效的完整流程。另外，企业绿色产品创新战略的制定实施运用到了市场营销理论中产品等相关理论知识，表明企业不仅要进行绿色产品的开发创新（与顾客绿色需求与时俱进），而且要将新产品更快更好地送到顾客手中；同时，既彰显了管理者绿色环境意识也实现了企业绩效提升的目标，达到了"双赢"，企业也兼顾到了社会效益和经济效益。这在以往绿色创新方面的文献研究中仍是空缺或留有不足。

第二，有别于以往研究企业绿色战略方面的文献，本书对企业绿色战略的研

究不仅包括绿色产品创新本身，更注重将外部制度压力与绿色产品创新进行有效匹配。

企业绿色转型目标的实现越来越依赖绿色产品创新的推动。但在绿色产品创新战略的外延拓展方面是一个研究缺口，且缺少重污染企业"绿色产品技术创新"与"绿色产品设计创新"匹配优化、协同互补的全新模式。另外，"绿色产品协同式创新"以及"绿色产品平衡式创新"的机理以及过程的"理论暗箱"尚未打开。对此，本书以中国重污染企业为研究对象，基于制度理论，并结合权变理论，构建企业"绿色产品协同式创新"和"绿色产品平衡式创新"的机理与实现路径。

绿色产品创新是企业绿色战略实践中客观存在的事实，但以往的研究文献很少涉及绿色战略匹配的相关研究。更为重要的是，本书还将绿色产品创新进一步细分为绿色产品技术创新、绿色产品设计创新；而在绿色产品创新战略实施的同时，制度压力的重要性凸显出来，只有与之相匹配的绿色产品创新才能更加有效地实现绿色产品向市场的投放。战略匹配的观点表明，绿色产品创新和外部制度压力在一个动态匹配过程中相互影响，它们之间的匹配能够对企业绩效产生积极的影响，而这在以往的研究中是绝无仅有的。因此，本书的创新贡献不仅是深入细分研究企业绿色产品创新的效果，而且为未来对企业绿色创新方面的研究带来借鉴和启迪。

第三，本书创新性地将以往企业的可持续发展绩效进一步深化为环境绩效和财务绩效，即进一步解释了绿色战略实施给企业带来的持续性竞争优势。

以往很多涉及企业战略对环境绩效产生影响方面的研究，既有产生正向企业环境绩效又有负向企业环境绩效，还有的是倒"U"型企业环境绩效以及没有确定关系的环境绩效，等等。立足于本书研究的背景和主旨，通过企业家绿色环境意识致使企业制定实施绿色战略以获得良好的环境绩效和经济绩效；这里产生的企业环境绩效一定是积极正面的。本书不仅涵盖了原有环境绩效的概念，而且进一步诠释了积极正向的环境绩效所能给企业、顾客、社会和环境保护带来的福利。环境绩效代表着企业能带给社会的福利价值以及对生态资源的节约程度，是企业兼顾社会价值和经济价值可持续发展的表现（宋马林和金培振，2016）；它将社会居民的健康因素和环境保护责任纳入微观分析框架。因此，本书对此的创新贡献，就是在揭示绿色战略实施给企业带来的环境效益的同时，进一步深化为企业的环境绩效，具有重要的创新性和研究价值。

第三节　研究框架与研究方法

本节主要介绍研究框架和拟选用的研究方法，进一步阐明本书的思路、研究流程以及满足研究需求的研究方法。

一、研究框架

本书的主要框架包括六个章节，各个章节的具体内容概述分列如下：

第一章，绪论。该章节乃本书的开篇，主要阐述的是研究背景、研究问题、研究目的和研究意义。在该章末尾，又对本书的主要内容进行概括总结，突出本书的主要创新点，并结合研究的需要简要介绍了研究方法和研究技术路线。

第二章，文献综述。该章围绕研究主题总结回顾绿色环境意识、绿色产品创新、制度压力和企业环境绩效和财务绩效等的相关文献和理论。首先，认真梳理上述几个领域中有关本书变量的主要概念和脉络；其次，主要回顾总结企业家绿色环境意识和企业绿色战略与企业绩效之间的关系，旨在为本书的后续研究奠定理论基础。

第三章，研究模型构建和研究假设推导。该章立足于以往研究的不足和空白以及对已有文献和理论的回顾总结，着重阐释企业家绿色环境意识和企业绿色创新与企业可持续发展绩效之间的关系机制。概括来讲，可以分为以下几个部分：概念模型的构建和模型提出的逻辑，包括概念模型构建的理论基础、逻辑思路和模型各变量的构成维度；以绿色环境意识为切入点，探究其对企业绿色产品创新的战略绩效的影响，提出相应的研究假设；探究在企业家受到绿色环境意识影响后，如何对这些绿色理念进行转化和吸收，包括对企业绿色产品创新的开展；立足于以往的研究成果，深入详细地阐释企业绿色产品创新的开展对企业可持续发展绩效产生的影响；从制度压力视角为出发点，分析在企业开展绿色产品创新之后，如何适应来自外界的制度压力从而获得企业可持续发展绩效的提升，包括企业的环境绩效和财务绩效。

第四章，研究设计。该章主要阐述以下几个部分的内容：首先，整体设计研究调研的流程，对调研对象（受访者和被试者）和样本选择进行详细界定；其次，开发设计出本书所需的初始量表，然后进行预调研，并在此基础上，对量表进行补充修正，以最终获得本书调研的全部正式量表；再次，详细介绍本书的整个调研过程；最后，简要阐述本书后续的实证研究分析方法。

第五章，数据分析和结果。本章主要分析调研所获取的数据，进行实证分析，主要包括以下几个部分的内容：首先，根据调研所获得的数据分析样本企业的特征；其次，进行各变量的描述性统计分析；再次，进一步分析量表测量问项的验证性因子；最后，进行研究假设的层级回归分析检验，以最终获得本书的全部实证结果。

第六章，研究结论与管理启示。该章主要对研究的结论和理论贡献进行总结，并进一步分析这些结论对企业绿色环境意识下绿色产品创新及其可持续发展绩效提升的管理启示；在此基础上，又对本书的局限性和未来研究方向进行探讨。

二、研究方法

本书主要采用文献研究法、深度访谈法、问卷调查法和相应的数据统计分析法。具体内容如下：

（一）文献研究法

根据本书的理论研究模型、模型探讨、变量解释、变量测量及测量量表设计的需要，本书先对与研究主题相关相近的文献进行搜集、梳理、研读和归整阅读笔记。整个相关文献的搜集过程，主要是借助于南开大学、复旦大学和大连理工大学图书馆资源、百度学术以及 Google 学术数据库资源，包括 EBSCO、JSTOR、Wiley Online Library、Emerald、Science-Direct、Springer Link、WEB OFSCIENCE、Engineering Village、SAGE Publishing、CNKI、万方数据库、维普资讯国研网等数据库资源；又从国内外管理学、营销学领域的专业核心期刊中进行重点搜集，包括 *Journal of Marketing*、*Journal of international Marketing*、*Journal of Global Market-*

ing、*Journal of Strategic Marketing*、*Industrial Marketing Management*、*Journal of Marketing Research*、*Journal of Strategic Marketing*、*Journal of Consumer Research*、*Marketing Science*，以及中文期刊《管理世界》《南开管理评论》《经济研究》等。随后，通过运用绿色环境意识（Green Environment）、绿色消费（Green Consumption）、绿色产品创新（Green Product Innovation）、制度压力（Institutional Pressure）、环境绩效（Environmental Performance）和财务绩效（Financial Performance）等关键词、核心词，或关键词和核心词的组合开展大规模的检索。具体而言，本书综合使用了共被引分析、共现分析、词频分析和多维尺度分析等多种文献计量经典方法进行本书核心词及核心词组合的检索，运用的工具有信息可视化统计软件（Cite Space Ⅲ）、社会网络分析软件（Ucinet）、文献题录信息统计分析工具（SATI 3.2）、SPSS 21.0 和 Amos 24.0（见图 1.7）。

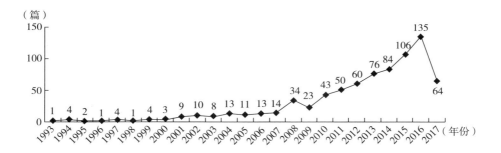

图 1.7 Web of science 收录的绿色产品创新相关文献数量与年度分布

资料来源：揭筱纹，邱璐，李小平．绿色产品创新研究的知识图谱——基于 Web of Science 数据的文献计量分析［J］. 吉首大学学报（社会科学版），2018，39（3）：80-91.

首先，对绿色产品创新研究领域进行知识图谱可视化识别。在研读这些文献的基础上，通过演绎归纳和理论推演的方法梳理出来本书的逻辑思路，同时，对本书后续研究所需的测量变量的设计和量表开发打下了坚实的理论基础。

根据 SATI 3.2 软件的统计结果，共得到 773 篇相关文献、2237 个核心词及核心词组合，而它们出现的频次和分布呈现显著的差异，其中，有 1872 个核心词出现的频次为一次。表 1.1 为排名前 50 的高频英文核心词。

表 1.1 关于绿色产品创新研究排名前 50 的高频英文核心词列表（1993—2019 年）

高频英文核心词	频数	高频英文核心词	频数	高频英文核心词	频数
Organizational Slack	14	Energy Efficiency	9	Product Development	6
Environmental Performance	14	Product	9	Open Innovation	6
Environmental Management	16	Manufacturing	9	Knowledge Management	6
Green Economy	16	Life-cycle Assessment	9	Responsibility	6
Legitimacy	17	Supply chainManagement	9	Process Innovation	6
Development	18	Green Design	9	Innovation Diffusion	6
Performance	18	Eco-Design	10	Causation	7
Green Marketing	19	Green Product Innovation	10	Green Technology	7
Sustainable	20	Environmental Policy	11	Effectuation	7
Environmental Innovation	21	Competitive Advantage	11	Low-carbon Economy	7
Environmental Dynamism	21	Green Products	11	China	7
Sustainable Development	23	Management	11	Ecology	7
Green	32	Technology	11	High-quality Development	8
Eco-innovation	42	Green Product	12	New Product Development	8
Green Innovation	45	Product Innovation	13	Market Performance	8
Sustainability	84	Green Drive	14	TRIZ	9
Innovation Mode	99	Social Responsibility Performance	14		

资料来源：根据相关文献整理。

其次，本书通过社会网络分析软件（Ucinet）、文献题录信息统计分析工具（SATI 3.2），再利用 Net Drew 工具对高频核心词进行共现网络分析，可以直观地看出各个核心词之间的关系，找出与节点联系紧密的核心词，如绿色创新、可持续、生态创新和产品创新等（如图 1.8 所示）。这类核心词就是绿色产品创新的研究领域前沿和热点问题，它们在整个关系网络中居于核心作用。

再次，通过运用文献题录信息统计分析工具（SATI3.2 软件）把 60×60 相异矩阵核心词导入 SPSS 21.0 中，再运用多维尺度分析（ALSCAI 软件）对其进行处理和分析，最终得到关于绿色产品创新相关研究领域的多维尺度图谱，并将其划分成"绿色产品创新理念基础""绿色产品创新因果验证""绿色产品创新实施路径"三个知识群组。如图 1.9 所示，结合文献的梳理，各个知识群组之间虽然有重叠的部分，但可以看出分为了三类知识群组。

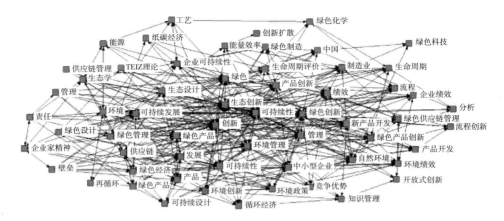

图 1.8　绿色产品创新研究高频关键词共现图谱

资料来源：揭筱纹，邱璐，李小平．绿色产品创新研究的知识图谱——基于 Web of Science 数据的文献计量分析［J］．吉首大学学报（社会科学版），2018，39（3）：80-91.

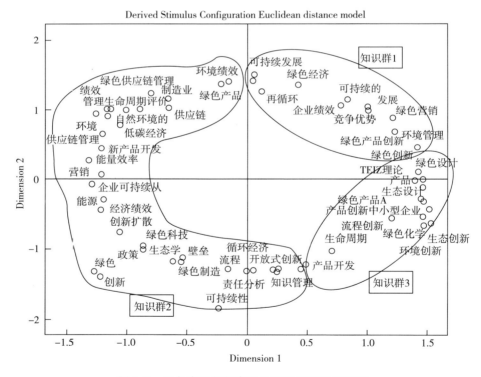

图 1.9　绿色产品创新高频关键词多维尺度图谱

资料来源：揭筱纹，邱璐，李小平．绿色产品创新研究的知识图谱——基于 Web of Science 数据的文献计量分析［J］．吉首大学学报（社会科学版），2018，39（3）：80-91.

最后，通过检索收集大量关于绿色环境意识、绿色产品创新、制度压力、企业绩效等相关数据，以及近年来企业制定实施绿色战略的真实案例，并从国家统计局发布的《中国统计年鉴2017》和《中国统计年鉴2018》、中国绿色食品发展中心发布的2010—2018年的《绿色食品统计年报》以及我国《上市公司环保核查行业分类管理名录》（环办函〔2008〕373号）中的规定等，确保掌握、洞悉绿色环境意识中的企业绿色产品创新最新、最完整的信息，以使本书的研究更贴近现实情况，从而更好地指导实践。

（二）深度访谈法

本书从2019年5—8月对天津创业环保集团股份有限公司、北京中煤能源、北京三元食品股份有限公司、河南安阳钢铁股份有限公司、河南新天科技股份有限公司、四川川投能源股份有限公司、四川升达林业产业股份有限公司、昆仑燃气安徽分公司、马鞍山钢铁股份有限公司、广西柳州钢铁集团10家重度污染行业企业的20位中高层管理者（因为重度污染行业企业进行绿色化战略实施的迫切性最强烈，也最具代表性；它们也是我国政府最为关注的"绿色改革"前沿，是生态环境部加强重度污染行业企业综合治理的核心），就8个预调研问题进行实地半结构化访谈，并向营销领域的专家开展访谈，以获得对本书研究模型的构建及变量量表的开发提出建设性意见，也给本书研究的现实意义和理论启示提供了实践素材。

（三）问卷调查法

问卷调查是本书最主要的获取实证数据的方法。根据研究主题，本书首先界定了调研对象和受访者，然后通过阅读梳理文献、实地访谈和专家访谈等，研究设计了关于研究变量的初始量表。其次，本书又在预调研获取的数据进行信度检验、探索性因子分析的基础上，并结合本书研究的情景需要，对初始量表进行了适当的修正，以获得最终的正式调查问卷。本书的正式调研主要通过现场发放/面谈、网络/E-mail、邮寄、电话、微信和QQ等方式进行。最后，本书对所获得的调研数据做了认真细致的审查和剔除，最大限度地保证所得数据的有效性。

（四）数据统计分析法

本书的数据统计分析主要运用SPSS 21.0软件和Amos 24.0软件进行：运用SPSS 21.0软件对样本数据进行了描述性统计分析、信效度检验、探索性因子分析、相关性和共线性检验、层级回归分析；运用 Amos24.0 软件对研究变量进行验证性因子分析。此外，本书还对可能存在的偏差或问题进行了检验，例如对未回答者偏差和同源方法偏差等的检验。

三、技术路线

根据对前文内容的概括总结，本书的技术路线如图 1.10 所示。

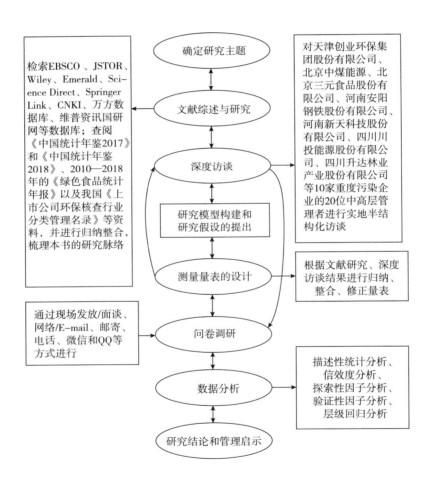

图 1.10　本书的技术路线

第二章 文献综述

　　本章根据本书的研究主题收集和归纳总结了绿色产品创新和绿色环境意识、企业可持续发展绩效及企业外部制度压力等领域的相关文献，具体分析如下：第一，对企业绿色产品创新的概念界定、影响因素、维度划分和理论背景等问题进行文献回顾和总结，把绿色产品创新战略分为绿色产品技术创新、绿色产品设计创新、绿色产品协同式创新、绿色产品平衡式创新四类，并对绿色产品创新战略对企业可持续发展绩效的影响做了梳理和归纳；第二，对绿色环境意识的相关理论，包括绿色理念的发展脉络、绿色环境意识的概念界定和影响因素以及与企业战略制定的关系进行了文献梳理和总结，并认为企业家的绿色环境意识对企业绿色产品创新战略的选择和开展具有前置影响；第三，对企业可持续发展绩效的相关理论进行梳理归纳，把本书研究的企业可持续发展绩效分为企业环境绩效和财务绩效，并分别整理回顾了它们各自的内容、影响因素和测量指标；第四，对企业外部制度压力的相关理论进行总结归纳，包括它们的概念界定和维度划分，其中，本书又把外部制度压力分为规制压力、规范压力和模仿压力三类。

第一节 绿色产品创新的相关理论

一、企业绿色产品创新的概念界定、影响因素和维度划分

（一）企业绿色产品创新的概念界定

绿色产品（Green Product）作为一个相对概念，尚无公认统一的定义（张建

华等，2000）。但从不同角度，研究者们给出了许多定义：首先，绿色产品是使生产零部件能够重新利用并使原材料合理化的产品（Harjula et al.，1995）；其次，绿色产品是以保护环境和生态资源为核心而设计生产的产品（Zhang et al.，1997）；再次，绿色产品是指产品在使用寿命终结后还可以重新改造利用，也可以安全处理其零部件（Alting，1993）；最后，绿色产品是指从生产到回收、循环再用的整个过程都无害于生态环境，符合环境保护要求的产品（Kosuke，1995）。此外，还有学者认为定义绿色产品还应考虑到现代化产品的人性化、安全性和谐性的要求。所以，绿色产品应是一种既满足客户需求，又能实现耗能低、资源利用率高且符合环保标准的产品（Markowitz et al.，2012）。鉴于以上定义，绿色产品应具有以下基本特征：①产品技术的先进性。绿色产品之所以能够赢得市场竞争，离不开绿色产品设计制造的先进性技术。绿色产品强调先进技术的采用，在其整个产品寿命周期中，对客户所要求的产品性能、使用功能以及可靠性都要有技术上的保证。②产品的环境保护性。绿色产品从"生"到"死"都要求对环境无污染无破坏，并有当代国际社会公认的环保标准作为规范。企业在生产产品过程中进行清洁生产、选用清洁能源和绿色工艺，同时保证满足客户的一切产品需求；此外，产品报废回收处理时仍无废弃物产生。③能耗最低、资源利用率最高。绿色产品以尽量减少能耗、提高资源利用效率为目标，进行产品设计时，在满足产品基本功能的前提下，尽量合理使用原材料、简化产品结构，并对零件材料最大限度地重复再利用。④产品具有安全性。绿色产品在其材料选用、结构设计、生产使用等各个环节均采用先进、安全的技术，以确保用户安全和健康地使用该绿色产品。⑤人与产品的和谐性。绿色产品还需进行工艺美学和人类工效学设计，使客户使用产品可产生轻松、愉悦、舒适的感觉。⑥兼具经济性。绿色产品不仅要求制造成本低，而且还要让消费者买得起、用得起和愿意买，具有面向最小产品生命周期的经济性。⑦多产品生命周期性。与传统概念的产品相比，绿色产品具有多生命周期属性，不仅包括一代产品生命周期，而且包括停止使用或报废后，再更新换代、循环使用的所有产品生命周期阶段。

绿色产品创新是指能够减轻整个产品生产周期内的环境影响的创新（Fan et al.，2007）。绿色产品创新旨在通过生产过程中改进产品的耐用性或可回收性，减少原材料，选择更环保的原材料以及去除有害物质，以减轻处置对环境的影响并提高能效。绿色产品创新是通过发挥人的知识和创造性思维，融合创新方法，改变产品的形态、功能、结构、方法和原理等方面，使其既符合环保要求，低耗高效、无危害生态环境，又符合消费者的个性需求和行为习惯（张敦杰，2010）。绿色产品创新与以往的创新方式有着本质区别，它综合考量资源利用效率和对环境的影响，并贯穿于产品设计、包装、制造、运输、使用、彻底报废的整个生命周期中，以实现环境污染小、资源利用率高的目的。绿色产品创新主要是为解决人类社会发展与资源使用不当、环境污染之间的矛盾而提出来的，它包含着绿色经济、低碳再循环、可持续发展和环境管理等理念（Joseph et al.，2007；Xie et al.，2019）。例如，欧盟委员会将绿色产品创新定义为利用轻少的资源以减轻对环境的负面影响的产品技术革新。Dangelico（2016）指出，企业为可持续发展而开发绿色产品，绿色产品创新与开发被认为是发达经济体重振制造业的因素和动机。

　　绿色产品创新源于传统的产品创新，并且，都是对老旧的产品进行功能改造、原理创新或本质革新以满足市场新需求（Xie，et al.，2019；黄雪，2019）。但二者亦有区别，绿色产品创新除了要关注生产制造问题，还要考虑环保和资源优化，相较而言，绿色产品创新所涉及的领域更广泛、更复杂（黄雪，2019）。二者的区别主要体现在以下三个方面：首先，绿色产品创新的产品生命周期被拓展。传统的产品创新注重产品性能和产品寿命，需求分析、设计生产、销售使用和报废是其新产品生命周期的基本过程，而绿色产品创新会更加重视环境保护和资源优化，将传统新产品生命周期过程中的报废环节取代为产品分解、回收和再利用，最后产品的生命周期通过再利用环节得以延长（Dangelico，2016）。多生命周期可以被考虑进绿色产品创新的过程，因为回收后的产品零部件仍可以进行下一代或下几代的新品应用（Dangelico，2016；Xie et al.，2019）。其次，与传统的产品创新目的不同。传统的产品创新可能更注重获取企业利润、经济效益，期望实施产品差异化策略、最大限度地满足市场需求以获取更多收益，通过开展大规模生产获取规模效应以及通过采购廉价原材料来降低生产成本。而绿色产品创新不仅追求财务效益和经济利润，更追求通过开展绿色产品创新满足人们绿色需求，来获得更高水平的环境福利效益和社会效益。在整个生命周期，其产品创新都尽量减少危害环境、提高资源利用率，以实现高水平的环境绩效（Joseph et al.，2007）。Jose（2013）的研究表明，生态照明产品的寿命比普通的白炽灯泡长 10 倍，却比白炽灯泡耗电量少 5 倍；能源消耗是传统产品的 1/4，有 65% 的产品包装可以进行回收。徐剑等（2005）的研究也表明，绿色产品创新的新产品不仅具备经济价值和产品价值，还兼顾了社会价值和资源环境价值。最后，较传统的产品创新的制造技术更先进。由于绿色产品创新要求环保和资源高效利用，高度要求产品生产技术和回收利用技术。因此，相比于传统的产品创新，绿色产品创新的技术含量更高，制造技术也更先进（徐剑等，2005；Jose，2013）。

绿色产品创新战略的研究发源于环境战略（陈泽文和曹洪军，2019）。Henrique（1999）等学者将企业所能采用的环境战略分为四类：主动型战略、防御型战略、适应型战略和反应型战略。Buysse（2003）等将企业应对环境问题的战略分为反应型战略、污染防治型战略和环境领导型战略三种类型。虽然这些分类的形式不同，但实质上都是企业由被动的环境治理到主动将环境保护作为关键竞争优势的重要转变。Eiadat（2008）等将环境创新战略定义为通过防治污染、采用环境管理系统、减少污染源，进行企业内部产品的重大改革过程。Eiadat（2008）等又进一步细化绿色产品创新战略的定义，即企业协调发展环境和经济目标，改善企业的生产经营活动，对产品技术、设计、工艺流程进行改进和变革，主动将环保责任纳入产品创新，以尽量降低对生态环境的消极影响。鉴于以上阐述，本书将企业绿色产品创新战略分为绿色产品技术创新和绿色产品设计创新战略。

（二）企业绿色产品创新的影响因素

企业绿色产品创新的影响因素可以分为内部影响因素和外部影响因素（Menguc et al.，2010）。Bansal 和 Roth（2000）立足于生态响应模式定理，总结出来企业生态反应诱因的三大动机，即合法性、生态责任和竞争力。Ambec 和 Lanoie（2008）认为，企业受其利益相关者的压力而采取创新措施可降低环境的负面影响，这些利益相关者包括投资者、银行、媒体、消费者和非政府组织等。Triguero 等（2013）认为，企业与大学或研究机构的合作可以促进其产品、流程和组织等方面的创新。Ghazilla 等（2015）和 Chang（2016）的研究指出，环境问题的不断升级和管理者绿色环境意识的不断增强是企业采取绿色产品生产创新的动力。Hoogendoorn 等（2015）等的研究表明，中小企业的环境行为受到其自身特征的影响。

通过总结相关学者的研究，影响绿色产品创新的主要内部因素包括绿色创造力、绿色能力、企业环境能力、研发强度与能力、新产品开发潜力、企业盈利能力、动态能力、内部整合能力、企业环境领导力、企业环境文化、企业战略、知识共享、企业规模、企业环境伦理、具有顾客价值的组织生态创新战略、绿色变革型领导（具有绿色环境意识的管理者）、绿色管理等（Huang & Wong，2016；Chen & Chang，2013；Shu et al.，2016）；而影响绿色产品创新的主要外部因素包括政府、法规、政策、竞争的强制效应，利益相关者的外部合法性压力，竞争对手、供应商、投资者、客户的环境保护主义，外商直接投资的技术溢出效应，政治资本、跨组织边界的环境协作，过去的高层节能技术进步，市场需求，消费者接受偏好，国内外消费者，等等（Yang et al.，2017；Li, et al.，2017；Chen & Huang，2014）。具体可见表2.1。

表2.1　企业绿色产品创新的主要影响因素

分类	主要因素	来源
内部因素	绿色创造力、绿色能力、企业环境能力、研发强度与能力、新产品开发潜力、企业盈利能力、动态能力、内部整合能力、企业环境领导力、企业环境文化、企业战略、知识共享、企业规模、企业环境伦理、具有顾客价值的组织生态创新战略、绿色变革型领导、绿色管理和促销等	Huang 和 Wong（2016）；Chen 和 Chang（2013）；Chang（2011）；Chen 等（2012）；Tsai 等（2012）；Wu（2013）；Tsai（2012）；Wong（2013）；Shu 等（2016）
外部因素	政府、法规、政策、竞争的强制效应，利益相关者的外部合法性压力，竞争对手、供应商、投资者、客户的环境保护主义，外商直接投资的技术溢出效应，政治资本、跨组织边界的环境协作，过去的高层节能技术进步，市场需求，消费者接受偏好，国内外消费者，等等	Li 等（2017）；Zhang 和 Yang（2016）；GuoYou 等（2013）；Lin 等（2014）；Chen 等（2012）；Yang 等（2017）；Chen 和 Huang（2014）；Wu（2013）；Tsai（2012）；Wang 和 Zhang（2012）

资料来源：作者根据相关文献整理。

（三）企业绿色产品创新的维度划分

Eiadat 等（2008）等进一步细化了绿色产品创新的定义：企业协调发展环境和经济目标，改善企业的生产经营活动，对产品技术、设计进行改进和变革，主动将环保责任纳入产品创新，以尽量降低对生态环境的消极影响。根据 Lumpkin

和 Dress（1996）的创新二分法，可以把创新战略分为技术创新战略和市场创新战略，而市场创新战略主要侧重于产品设计创新（Miller & Friesen，1978；Schere，1980）；在此基础上，Rubera 等（2012）直接把产品创新分为产品技术创新和设计创新；再结合 Eiadat 等（2008）、焦俊和李垣（2011）定义的绿色产品创新，本书将其划分为绿色产品技术创新和绿色产品设计创新。

绿色产品技术创新被欧盟委员会定义为：遵循生态经济规律和原理，节俭能源以规避或消除环境污染和环境破坏，生态效应无公害化的产品、技术和工艺的总称。绿色产品技术创新包括绿色回收处理、绿色工艺、产品设计、绿色材料、绿色设备和绿色包装等（Gaia et al.，2012）。Lumpkin 和 Dress（1996）、孔如萍（2017）根据创新对象的不同，将绿色产品技术创新分为绿色产品技术创新和绿色过程技术创新两个维度，且二者的驱动因素和作用效果不同。王志平（2013）将绿色产品技术创新划分为绿色技术效率、生态足迹效率和创新资源利用效率三个维度，并运用主成分客观赋权法构建绿色产品技术创新测量模型，以利用三个维度进行综合测量评价。李婉红（2015）通过探讨排污费制度和绿色产品技术创新的关系，将绿色产品技术创新划分为绿色技术创新和工艺创新两个维度，并分别利用绿色产品专利数和绿色工艺专利数进行衡量。张倩（2015）在其研究中，立足于政策差异化视角，把绿色产品技术创新划分为绿色工艺创新和绿色产品技术创新两个维度，并以工业产值废水排放量和新产品产值综合能耗量分别对二者进行衡量。根据绿色产品技术创新的内容，可将其划分为三个维度：一是绿色工艺创新，包括旨在减少生产过程中污染的清洁工艺技术创新，以及针对端管处理技术的创新（Huang & Wong，2016；Xu et al.，2019）；二是绿色产品技术创新，即使用更便宜或更稀缺的原材料，开发各种产品，节约能源和原材料，不损害或减轻人体健康，降低使用过程中对生态环境的影响，并且易于回收利用（Tsai，2012；Xu et al.，2019）；三是绿色意识创新，主要指通过绿色教育、绿色营销、绿色消费等培育和形成保护环境、减少污染的意识的过程（Wong，2013；Xu et al.，2019）。同时，依靠经济从属关系，又可以将绿色产品技术创新划分为绿色技术创新管理和技术水平绿色技术创新两个维度。技术水平绿色技术创新属于熊彼特学派，而绿色技术创新管理属于制度创新理论。技术水平绿色技术创新是指节约资源，避免或减少会对环境造成污染的所有技术创新

（Schere，1980），主要包括末端管理创新，清洁流程创新和绿色产品创新，其核心思想是如何将排放到环境中的污染物减少到最低；绿色产品技术创新管理是指建立生态和经济协调的管理模式和系统，促进公司的生产和业务活动与生态环境的协调。绿色技术创新系统可见图2.1。

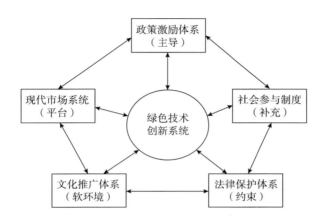

图 2.1 绿色技术创新系统

资料来源：Xu Chen X D，Zhang F F. Green Technology Innovation and Sustainable Development Based on Data Fusion Mining［J］. Ekoloji，2019，28（107）：1825-1833.

绿色产品设计创新的概念最早可见于20世纪70年代的一份美国环境污染法规当中，经过几十年的发展变化，绿色产品设计创新的概念也一直发生变化，但尚未有统一、权威的定义（胡爱武和傅志红，2003）。综合现有文献的研究，本书给出绿色产品设计创新的定义为：以保护环境资源为核心理念的设计过程贯穿于产品的整个生命周期。环境属性作为产品设计目标，一直是最优先考虑的因素，既满足环境目标又充分保证产品的自然属性（包括产品性能和质量，以及使用寿命等）（卢岚和齐二石，1999；Gaia et al.，2012）。绿色产品设计创新是综合了寿命周期设计、对象技术和并行工程等设计方法，涉及产品生命周期的整个过程，即包含了从形成产品概念到制造生产、从产品使用到废弃回收再到再利用和处理等各个阶段（胡爱武和傅志红，2003；Eiadat et al.，2008）。刘光复和刘学平（2000）将绿色产品设计创新划分为四个部分，即绿色材料选择、产品环境性能设计、绿色产品结构设计以及产品资源性能设计，每个设计维度都是从生命周期的全过程进行的。孙华丽等（2003）指出，绿色产品设计创新的指标体系应拓展为三维，即技术性、经济性和绿色环境性评价体系。

二、企业绿色产品创新的理论背景

1. 可持续发展理论

20 世纪五六十年代，可持续发展理论开始出现。1962 年，在著作《寂静的春天》中，美国女生物学家 Rachel Carson 描绘了农药污染产生的可怕现象和后果，引发了世界范围内关于人类发展观念的争辩；紧接着，1972 年，在著作《只有一个地球》中，美国学者 Rene 和 Barbara 进一步阐释了人类发展、生存与环境的可持续发展新认知；1978 年，在《我们的未来》的报告中，布特兰阐明了可持续发展的定义，既满足当代人需求的同时，也不损害后代人的发展需求；20 世纪 80 年代，国际自然资源保护联盟发表《世界自然资源保护策略》，反映了可持续发展的核心理念。历经半个多世纪的发展完善，现已形成比较完备的理论体系。随着城市化的不断发展，在资源骤减、人口激增等环境压力下出现一系列损害和破坏资源环境的行为，人们开始质疑"经济增长等同社会发展"的模式，在此背景下可持续发展理论应运而生。

由于联合国在 1987 年和 1992 年两次发起和倡导关于"可持续发展"的理论概念阐述，最终形成了全球性统一的理论和生态行动战略——可持续发展理论。可持续发展主要是指在开发自然的过程中人类要协调好环境资源、自然资源、经济资源和社会资源，在发展经济的同时，也要遵循和保护好人类赖以生存的自然环境，以保证子孙后代能够有延续性和可持续性的发展需求（王福全，2017）。而我国对可持续发展的定义是：在保护生态环境和自然资源的前提下，实现人类社会与自然的更高层次协调发展。工业革命加速了人类社会的进步，促使人类由农业转向工业发展，与此同时，工业革命也带来高消耗、高污染和不可持续的破坏性生产消费方式，这又给我们的生态敲响警钟。伴随着技术的进步，工业革命带来了环境恶化、全球变暖、雾霾增多以及沙尘暴增大等一系列环境问题。在科技进步和物质追求的同时，人类只注重短期利益而忽视了子孙后代的福祉。历经百年发展的工业革命，使人们违背了和谐开发自然资源的经济模式，仅仅是在口头或理论上打出生态可持续性发展的口号；特别是对于发展中经济体来说，可持续发展更是仅停留在人们的意识领域。疾病、贫穷、落后等一系列情况都严重威胁可持续发展观念的实践。中国作为世界上最大的发展中经济体，虽已倡导可持续发展理念多年，但当前的经济发展依然带来能源消耗和环境资源的沉重负荷，所以进行优化资源利用和经济发展模式以及产业结构调整已经迫在眉睫（Chaabouni，2018）。举例来说，石油化工等相关产业及辅助行业的经济增长方式由粗放型向集约型转变，这些支撑我国国家创新体系的技术创新能力仍需提高。可持续发展是人类克服和避免生态破坏和生态环境污染等问题而进行经济发展与生态环境资源平衡的理性抉择，它是人类对工业革命（特别是第二次工业革命）以后对环境破坏后果做出的沉痛反思。可持续发展可使人类避免走上经济发展与环境破坏的恶性循环发展之路，体现出经济社会与生态自然的平衡、和谐。进入中国特色社会主义现代化新阶段，把生态文明建设与构建小康社会的要求和目标结合起来，全面和谐发展政治经济建设、社会文化建设和生态文明建设，不仅对中国特色社会主义建设具有理论实践的指导意义，也体现了中国共产党对科学发展规律和社会文明建设规律的高度重视和正确把握。

①可持续发展的生态学理论。立足于生态系统可持续性，该理论涵盖了生态学的三大定律：一是和谐原理，指各个系统组成部分之间相互协同进化、和睦共生；二是高效原理，是指废弃物和能源的高效循环再利用；三是自我调节原理，它是一种协同演化，是内部各组织自我调节功能的完善和持续，而不是着眼于外部结构的单纯增长。②可持续发展的知识经济理论。该理论认为知识经济是未来人类可持续发展的基础，知识和信息技术是驱动经济发展的主要动力。③可持续发展的增长极限理论。该理论是由 Meadows 提出的，其核心论点是：世界系统的社会关系、物质关系和经济关系通过运用系统动力学研究方法来综合支配。污染的加剧、资源的浪费是由人口的不断增长和消费的日益提高所造成的，生产的发展被严重制约；即便是生产的发展受到科技进步的促进作用的影响，但促进作用是有限的，所以生产的增长也是有限的。

2. 生态经济学理论

生态经济学被许涤新（1985）定义为：人与自然环境系统进行物质交换的关系研究，其研究对象为人类社会与他们所处环境的相互关系。生态经济学主要是从最广泛的意义上研究经济系统和生态系统的关系，这些关系包括很多紧迫性的问题，如酸雨、全球变暖、物种灭绝等。而人类在其经济活动过程中，要在一定水平上维持对废弃物的吸纳产出和生态系统原材料的投入，以满足可持续发展的生态经济要求。Brown（2004）对生态经济的定义是：生态经济是在满足当代人需求的同时不危及后代子孙的生存需要，它是一种有益于地球生态的经济模式。Brown（2000）还指出，一种可持续发展和进步的经济模式一定是遵循了生态学的诸多原理，否则不会经久不衰、可持续地发展，那肯定会江河日下、日渐衰弱，直至崩盘。它区别于传统经济，不以单一经济增长为目的，而是立足于人类社会与自然生态、自然资源之间的关系，其基本的发展原则为：促进人类代际公平，有利于地球生态环境，推动可持续发展。从以上学者对生态经济的研究探讨和定义可知：生态经济是一种经济系统与生态环境系统的协调统一、相互促进、相辅相成，遵循自然发展规律，兼顾可持续发展和公平理念，对生态价值、生命敬畏和尊重，彰显生态伦理的观点。综上，对生态经济的界定如下：生态经济是生态学、经济学和伦理学三者的有机结合，主要揭示了经济系统和生态系统之间矛盾运动的规律，可进一步探究二者之间的功能结构和相互关系。

生态经济学是生态学和经济学结合形成的学科，是主要研究生态经济的矛盾运动发展规律和系统结构的学科（刘炳瑛，1988）。工业社会既带来生产力的极大提高和社会产品的空前丰富，也造成了严重的环境污染和生态破坏等一系列环境问题，对人类和后代子孙的可持续性发展造成严重威胁。关于经济发展与环境保护之间的关系处理一直是理论界争论的焦点（王超然，2011）。在生态经济学的研究视角下，社会经济系统和生态环境系统是相互制约、辩证统一的关系，且社会经济系统属于生态系统的范畴。社会经济系统凭借其增长方式和技术朝向决定了生态环境系统的可持续发展情况，而生态环境系统又提供资源和发展的限度给社会经济系统，在其框架中经济系统才能运行（王超然，2011；Viscusi et al.，2011）。生态经济学结合生态学和经济学，围绕人类社会经济活动和自然生态环境之间的关系，探究生态经济的功能、结构、规律、效益、数学建模和宏观管理等内容（刘炳瑛，1988）。生态经济学是20世纪60年代后期创建的一门独立学科，它旨在在生态平衡的前提下实现社会经济的持续稳定发展。生态经济学的特点包括：

（1）综合性和系统性。社会经济系统是传统经济学的主要研究对象，而社会经济系统又以四大社会生产环节为研究对象，包括生产、消费、分配和交换环节。而生态经济学是结合社会科学和自然科学进行经济问题的研究，社会经济和自然生态之间关系的研究是从生态经济系统的整体上开展的（刘炳瑛，1988）。生态经济学系统、全面地揭示了人类经济活动和生态系统之间的作用关系，在此视角下，生产和消费的规模和水平受到生态承载力的限制，而不是无拘束、无限地增长。所以，生态经济学的全面性被经济和生态系统协调发展的思想充分体现出来。生态经济的全面性是指，兼顾社会环境、经济环境及生态环境的发展模式和理念，其目标是人的全面发展，它谋求经济发展、环境优化和社会进步三者的有机统一和相互协调（Viscusi et al.，2011）。三种效益的实现说明了生态经济的系统性与综合性既符合人类物质精神需求及生态发展的需求，也符合社会、经济与生态环境协调统一的客观要求。

（2）可持续性和层次性。生态经济的最终目标是追求经济发展和环境保护之间的协调与平衡，而不仅仅是单纯追求经济利益和经济增长（王超然，2011）。从横向来看，生态经济学的研究范畴包括各类层次区域的生态经济问题；从纵向来看，生态经济学的研究包括全社会和各专业类型的生态经济问题，如森林、草原、农田、水域以及城市生态等。所以，生态经济学又具有层次性（刘炳瑛，1988）。

（3）地域性或区域性。生态经济问题具有特殊的地域性，生态经济学的研究以某个国家或地区的实际情况为依据（刘炳瑛，1988；Robbs，2010）。由于不同区域的生态承载力不同，发展生态经济和遵循生态经济规律绝对不能教条化。唯有立足于各区域的实际，把握好主次矛盾关系以及矛盾的特殊性和普遍性的关系，才能促进经济系统与生态系统的协调并进（王超然，2011）。

（4）战略性。社会经济的发展既要保护好自然资源的可再生能力，又要满足人们物质化的需求，追求近期、局部的经济效益和长远、全局的经济利益，保护好人类赖以生存和发展的生态环境。生态经济具有战略意义，其研究的目的是从宏观上给社会经济的发展指明方向，优化生态经济系统的整体效益。经济社会发展战略的转换标志就是生态经济的崛起。我国的社会发展和国民经济计划早已将环境保护作为一项基本国策纳入其中，但由于受国情、国力的限制，仅是局部的环境保护工作，前景堪忧且整体仍在恶化（郭笑撰，2003）。党的十七大报告强调，要把构建生态文明作为节约能源和保护环境的增长方式、消费模式和产业结构的奋斗目标，并明确提出增强可持续发展、加强生态环境保护和能源资源节约的要求，并做出具体的战略部署（于幼军，2007）。

生态经济学的理论有以下两个基本观点：

（1）经济系统的整体都包含于生态系统内。生态经济学认为生态系统是包含较多内容和较强承受能力的整体，经济系统乃是其一个子系统，不包括传统经济学所认为的森林、草地和矿业等环境组成部分（陈静生，2001）。生态经济学认为整个系统的其他部分会被经济系统的物质扩张所替换，经济系统只是整个系统的一部分，能够产生机会成本（迟维韵，1990）。这里的机会成本是指因经济扩张而失去的自然功能和自然空间。当经济系统的增长是不经济的时，经济系统增长的成本高于所产生的价值（Viscusi et al.，2011）。

（2）人类的生产和经济行为所产生的废弃物是生产过程的必要组成，它们不会轻易消失。任何资源都会最终被分解、分散或腐朽成废物，提供这些资源的支持系统会以废弃物的形式返回。所以，经济系统其实是由低熵能量和原材料转换为不可利用能量和高熵废弃物的有序系统，人类满意度的"精神通量"由此过程产生（Larcker，2012）。经济系统有序性产生满意的能力，通过低熵物质——能量流维持。熵是无用废弃物和有用资源质量上的差别尺度，熵与质量和有序度成反比。如图2.2所示，物品质量上的变化就是熵流，单项不可逆。低熵流的消耗是此过程中引起质变的补偿，也是维持经济过程的需要。来自生态环境的资源或原料经过各阶段程序的分配，最终到消费者手中进行消费、使用，然后变为废弃物，再返回到环境中。这些来源于生态环境的资源或原料和返回到环境中的废弃物不是简单的输入和输出的相等，它们有着极大的差别（张敦杰，2010）。

3. 企业社会责任理论

企业社会责任指的是企业不应仅仅以营利为目的，应最大限度地增加社会利益，包括环境利益、社会公共利益、社区利益、消费者利益、中小竞争者利益等；不仅包括自然人的社会权，还包括非法人和法人组织的权利（Orlitzky et al.，2011）。

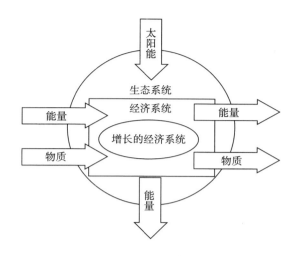

图 2.2 经济系统运行中的能量流

资料来源：作者设计。

企业社会责任理论的核心内容在于，盈利之外注重对社会性的关注。企业社会责任的核心价值观并非"以钱为本"，而是"以人为本"。企业社会责任是一种商业实践、公司治理理念和制度的安排。成熟制度的设计基础就是企业的社会责任理念（Orlitzky et al.，2011）；而企业社会责任理论的前提和基础就是企业自觉的社会责任实践，制度设计在此过程中起着承上启下的作用。企业社会责任也是一种财富观和资本观（Bowen，1953）。企业社会责任主张资本有伦理性和社会性，强调商业要有道德。企业要获取并善用"阳光财富"，这要求企业在获取、使用和处理财富的过程中符合商业伦理和法律法规的要求，企业社会责任彻底否定企业的无道德商业和无伦理资本理论。制度设计方面，法律制度和伦理制度的完善设计是企业社会责任得以贯彻落实的保障（Stern，1992）。例如，企业承担社会责任会因政府的采购和行政手续简化而得到鼓励。商业实践方面，企业应自觉主动地制定实施有益于社会公共利益、环境利益、消费者和劳动者的社会责任政策。企业社会责任实践的最好状态是将社会责任理念根植于企业经营者和投资者内心并深入骨髓，使企业社会责任成为一种自觉自愿的活动，而不是通过法律和道德舆论迫使企业被动承担社会责任（MacKenzie，1986）。企业社会责任包含实体层面和程序层面两种含义。程序层面的含义是指，企业社会责任要求企业要有社会权和社会利益性质的决策程序（Le Roux，2001）。例如，德国职工代表可以通过担任监事参与企业监督活动和决策程序。而实体层面的含义是指，企业社会责任要求企业对社会权和社会利益负责其做出的决策结果（Stern，1992）。例如，美国企业为了增加利益相关者的权益、反对收购措施，而采取不局限于股东利益最大化的决策。

企业社会责任主要探讨企业在追求经济利益之外对社会应尽的责任和贡献，它是一种意识形态层面或道德层面上的理论。"企业社会责任之父"——Bowen（1953）指出，企业应积极主动、自愿地承担社会责任而进行生产经营活动，并为此可以接受经营利润的降低；鼓励企业根据社会公众的期许制定策略目标、开展行动，以实现企业的社会价值。同时，企业策略的制定不仅要追求自身的利益利润，也要谋取和改善社会福利。随后，著名的"责任铁律"也被 Keith 提出来，即在社会能力允许的前提下，企业还要践行相应的社会责任。企业需要履行社会责任，以满足对企业法律、伦理、慈善和经济等方面的期望。Peter（1984）认为，企业履行社会责任和追逐利润并不矛盾。Robbins（1991）认为，企业社会责任是指企业承担经济规定范畴之外和超越法律的责任以谋求有益于社会的长远发展。我国学者也从不同角度不同层面对企业社会责任进行定义。例如，张梅洁（2013）认为，企业在追逐利益的同时，应承担起对利益相关者的责任，这既促进了企业的长远发展又有益于提升企业市场竞争力。

4. 利益相关者理论

利益相关者理论兴起于 20 世纪 60 年代的西方国家，20 世纪 80 年代以后该理论的影响力逐渐扩大，并开始促进英美等国家企业管理方式的转变和公司治理模式的选择（张永强，2014）。利益相关者理论认为，伴随时代的发展，企业中物质资本所有者的地位被逐渐弱化。利益相关者理论质疑"企业普通股的机构或个人的公司所有权"这一传统理念（张永强，2014；Elisa et al.，2015）。所谓利益相关者指的是受组织决策和活动影响或对组织决策和活动产生影响的群体、组织和个人（Elisa et al.，2015）。利益相关者理论的主要代表性观点包括：

（1）弗里曼利益相关者理论。弗里曼指出，利益相关者是受到某个组织实现其目标过程影响的人，或者是能够影响某个组织目标实现的人（Freeman，1986；付俊文和赵红，2006）。此概念界定包括社区、公众、环境、媒体、债权人、股东、供应商、雇员和顾客等直接或间接影响企业活动的个人与团体。弗里曼还对利益相关者进行分类，主要从社会利益、经济依赖性和所有权三个不同的角度进行。首先，是与企业拥有经济往来的群体，被称为经济依赖性利益相关者，包括消费者、雇员、内部服务机构、供应商、债权人、竞争者和管理结构等；其次，是持有该企业股票的人，被称为所有权利益相关者，包括经理人员和董事会成员；最后，是在社会利益上与企业相关的组织，被称为社会利益相关者，包括政府机构、特殊群体和媒体等。

（2）弗雷德里克利益相关者理论。弗雷德里克将利益相关者分为直接利益相关者和间接利益相关者。直接利益相关者包括供应商、消费者，以及企业股东、企业员工和企业家；间接利益相关者包括政府、社会团体、工会、媒体以及企业的竞争者。企业与直接利益相关者发生直接市场交易关系，而与间接利益相关者发生非市场关系（付俊文和赵红，2006；Wolf，2013）。

（3）费雷尔利益相关者理论。费雷尔指出，企业利益相关者是那些与企业拥有利害关系的机构或个人，企业的发展需要他们提供各种有形或无形的资源（付俊文和赵红，2006）。费雷尔引入利益相关者理论到企业社会责任理论和商业伦理理论中，并提出了费雷尔的利益相关者理论（Ferrer，1992；付俊文和赵红，2006）。该理论有三部分内容：首先，是核心理论，即识别利益相关者导向的理论；其次，是基础理论，用以限定企业社会责任和企业伦理议题的利益相关者导向；最后，是理论工具途径，即贯彻利益相关者在企业内部的结构、实践和关系程序。费雷尔的利益相关者理论对企业社会责任和企业商业伦理问题的研究具有深远的影响和意义。

企业股东、企业竞争者、债权人、供应商、零售商、政府、社会团体、消费者等均是企业的利益相关者。不能简单地把利益相关者当作一个整体进行应用推广和实证研究，这样做得不到使人信服的结论。国际通用的企业利益相关者的划分方法是米切尔平分法和多锥细分法（见图2.3）。

5. 产品创新理论

产品创新指的是，企业通过应用科学的技术方法和思路创造出来的新产品或新服务，以满足人们的新需要；这里的产品是广泛意义上的概念，既包括服务也包括商品（David & Liisa，2001）。企业产品创新项目比一般工程项目拥有更强的

图 2.3 利益相关者模型

资料来源：张永强．工程伦理学［M］．北京：高等教育出版社，2014.

复合性，就是在现有产品开展经营管理的同时进行产品的创新（Harvey，1996）。现有产品的经营管理和产品创新管理分别是企业的发展保证和生存基础，所以企业产品创新功能管理体系的构建非常关键，它可帮助企业形成产品创新的实力以及产品创新管理水平的核心动力（Frieder & Guido，1999）。

产品创新理论的基本观点包括以下两点：

（1）产品创新是企业发展的推动力。加强产品创新并不断提高创新能力是企业发展之本和生命之源（傅家骥等，1992）。产品创新对企业发展的战略意义包括：①企业主要依靠产品创新获得竞争优势。产品是企业生产经营的核心，但实现企业目标的途径却是通过产品创新（Li，2004）。产品创新的实质就是企业为获得竞争优势、实现企业发展目标而开发出的新"竞优"产品。②产品创新强调企业应提高自身技术水平。因为技术和需求相结合的产物就是产品，在产品创新的过程中必然会导致产品、工艺、管理、设备和生产等的变革，大大提升企业的技术水平和创新水平（Li，2004）。③产品创新帮助企业提高经济效益，而经济效益的提升是衡量企业创新成功的标准和依据（Lo Storto，2002）。成功的产品既体现在企业形象提升和品牌效益上，也体现在利润和销售额的增长上。④产品创新是企业员工创新精神和智慧凝聚的结晶，它有利于增强企业凝聚力、激发创新精神（Piquito et al.，1999）。从战略规划伊始，历经机会识别、创意产生、概念开发和实体开发，最后到达商业化，整个创新过程就是培养创新精神和协作精神、开拓创新、团结协作的过程。⑤产品创新推动企业持续不断地发展。市场竞争的法则是"适者生存，优胜劣汰"（Piquito et al.，1999），市场竞争的实质是企业产品间的竞争，企业只有不断进行产品结构的调整创新，推出符合技术要求和适应市场需求的新产品，才能在激烈的市场竞争中获胜。

（2）推动企业进行产品创新的最主要因素是行业技术发展和市场需求变化。其中，市场的需求变化是推动产品创新的根本原因，而进行产品创新的基础是行业技术的发展。需求无限性和资源稀缺性之间的矛盾是推动企业产品创新的深层次原因，需求占主导地位，它是所有产品创新成功的根源，也是大多数产品创新活动的原动力和出发点。就算是产品创新活动靠科学发现推动，但仍必须迎合市场的需要以及市场接受性。所以，市场需求是企业产品创新得以开启、发展和成功的基本条件，产品创新成功的关键就在于是否正确判断市场需求。特别是，企业在进行重大创新时对市场需求的重视程度。行业技术是指在技术群体构成的行业内各个企业主要生产经营活动的手段和技术水平。

行业技术生命周期描述了这样一个完整过程：出现一项根本性新技术或具有核心技术的代表性新产品而诞生一个新行业，当再次出现更先进的技术种类时，原有的行业技术会被迫退出市场，但可以借助辅助技术和相关技术延长主导行业技术的生命周期。在成熟期的行业的企业可通过产品创新和更新换代，延长行业企业生命周期的成熟期。导入期、成长期、成熟期和衰退期是行业技术生命周期的完整阶段。行业技术生命周期的各阶段划分均以曲线拐点来显示。在早期阶段，由于市场风险较大，行业新技术尚未完善，为取得技术市场的主导地位，创新能力较强的企业可以进行产品的根本性、突破性创新；等到市场不确定性降低、行业技术日趋完善、主导设计出现等时，创新能力弱的企业为攻占市场空缺而迅速仿制新产品（Harvey，1996），到达成熟阶段后，技术潜力已开发殆尽、几近极限，行业内企业间的竞争激烈程度达到最高时，创新能力弱的企业也只是微微调整现有的行业技术产品，而创新能力强的企业如果能够在此时推出新的换代产品的话（同时也很好地满足顾客的高层次需求），便可以获得更多的利润、占领更大的市场份额，以提高自身竞争力。

所以，当行业技术达到一定水平且市场需求也发生相应变化时，新产品诞生。如果行业技术水平和市场需求缺少任何一个，产品创新就不可能产生。

6. 权变理论

权变理论，也被称作情境理论，源自20世纪60年代，是由权变思想发展而产生的理论学科。权变意味着在一个变量对另一个变量产生作用时受到第三个变量的影响。这一观点加以发展并应用于管理科学，就形成了权变理论。权变理论的核心观点是组织绩效是由外部环境因素与组织内生设计变量适当结合的效果（Burns & Stalker，1961）；同时，二者还存在相互匹配和动态变化的过程。当组织内部的技术、人力、战略等能与其外部环境变化较好地匹配时，组织会更容易取得成功，获取更高水平的绩效。在不确定性环境中，相较于失败企业，成功企业往往采取更复杂的综合战略。

权变理论不断发展，目前已被广泛应用于创业领域的研究中。Wiklund 和 Shepherd（2005）认为，对创业与企业绩效之间关系的解释既要关注企业内部资源与自身能力，也要考虑外部环境因素。而 Lumpkin 和 Dess（1996）认为，权变理论有利于解释企业创业的概念模型。

权变理论近年来也被引入可持续发展和绿色创新相关的研究中。例如，基于自然资源基础观，探究外部环境影响环境战略与企业竞争优势的关系，以此提出环境复杂性、包容性和不确定性等一系列对环境战略与企业竞争优势之间关系的影响，最终提出权变自然资源基础观（Aragón-Correa & Sharma，2003）。总之，学者们纷纷指出拥有动态能力且与商业自然环境交互的环境战略，能够促使企业依据外部环境变化进行自我调节。前瞻性环境战略与组织竞争力之间的积极关系受到外部环境因素的极大影响，运用权变理论对二者之间的关系进行解释和探究尤为合理。

根据以上内容，权变理论对本书的研究同样具有重要的指导意义。权变理论有利于解释环境战略对企业绩效提升和竞争优势塑造的影响（Aragón & Sharma，2003）。同时，外部环境对于企业战略的制定和实施及其后续绩效具有显著影响。

因此，考虑到外部环境在企业战略转化为企业绩效过程中发挥的情景作用，本书的研究框架也考虑纳入外生环境变量。其中，产品创新的核心是技术和设计；在组织绿色产品创新过程中，需要考虑制度压力在绿色产品创新战略与行为和绩效水平关系方面所存在的权变影响。对此，本书将制度压力视为研究模型的边界条件，探究它在绿色产品创新战略影响企业可持续发展绩效过程中发挥的作用。

7. 战略管理理论

由于时代变迁，企业面临新的挑战，致使企业管理思想也随之变化。当前，管理学应对时代潮流的变化比较一致的观点表现在四个方面：从内向管理到外向管理、从行为管理到文化管理、从产品市场管理到价值管理、从过程管理到战略管理。确定无疑的是，战略管理在这场管理思想变革中处于核心地位。战略管理思想会出现很多新方向和新动向，把握好战略前瞻性趋势的企业将会在未来市场竞争中占据有利地位。为此，企业必须梳理战略管理理论的发展历程，以掌握其发展演进的规律和脉络。

20世纪60年代，钱德勒出版著作《战略与结构》，代表着战略研究的开始。此后学者们开始大量研究企业战略管理理论，可以概括为三个阶段：经典企业战略管理、现代企业管理和企业战略管理理论新发展（韩健，2019）。

经典企业战略管理理论是以市场和环境分析为基础的，从本质上强调战略规划和战略设计以及战略制定和实施过程，强调企业内部结构与其外部环境的适应。安索夫、钱德勒和安德鲁斯是这一时期的重要代表人物。竞争优势、成长方向、产品范围、市场范围和协作作用等是战略的几个部分，并进一步提出战略优势原理。他认为企业需要再次进行优势寻求活动，特别是在企业优势发挥到强化保持之后，因为企业的战略优势运行呈现链状发展。钱德勒奠定了研究企业战略理论的基石，他强调环境、战略和组织三者的关系。而安德鲁斯把战略制定和战略实施作为企业经营战略的两个重要组成部分，并要求重视企业的战略设计，强调战略过程控制和战略灵活性。

现代企业战略管理理论发端于20世纪80年代末，融入了产业组织理论思维，以产业结构分析和竞争优势为基础，从经济学的角度分析战略制定，以持续获取竞争优势和超额利润。波特是这一时期的主要代表，他提出了五力分析模型和价值链分析模型，强调差异化、集中化和成本领先三种基本竞争战略。到了

20世纪90年代，开始出现国家竞争力和核心竞争力理论以及创造比较优势发展模型，在静态分析基础上的战略研究出现新态势。在这一时期，由于越来越多的企业开展海外投资和经营，为了给企业跨国经营提供理论指导，波特提出了国家竞争力理论。Prahalad和Hamel（1990）提出了核心竞争力的概念，指出核心竞争力是难以模仿和不断变化的，是综合核心竞争力、技术技能、最终产品份额最大化以及核心产品或服务平台，竞争力的本质就是企业间的竞争。Gallon等（1995）将企业的核心竞争能力、战略业务单位的关键能力和自下而上的部门基本能力三个层次视作企业的核心竞争力。Hitt等（2001）提出了不可替代、稀少、可延展和有价值等核心竞争力标准。Grossman和Helpman（1991）认为企业比较优势是可以创造的，并提出创造比较优势的发展模型。

企业战略管理理论的主要观点包括：①产业基础观。20世纪80年代，企业战略管理理论由波特率先提出，并以产业基础观为核心。产业基础观认为决定企业盈利能力的根本因素是产业吸引力，强调企业从外部环境寻找机会。贝恩的SCP范式对该理论产生巨大影响，产业组织理论被引入企业战略管理理论，也由此构建了五力竞争模型。潜在竞争对手、竞争对手、供应方、购买方和替代品是五力竞争模型的五种产业结构力量。波特认为，企业的战略制定受到这五种力量综合作用的影响，因为企业战略与企业所处产业和市场环境高度相关。②资源基础观。科斯早在1937年就提出了资源基础观，并提出论断：通过组织运用相关权力来使用资源就可以节省市场成本。企业获取并维持竞争优势依赖于企业内部资源，这影响了资源基础观的理论研究。20世纪90年代，最终确立了资源基础观在企业战略管理理论中的主导地位并得到极大发展。资源基础理论的基本框架是"资源—战略—绩效"，而企业资源差异决定竞争力的差异是其核心思想，企业能否竞争成功的关键在于企业自身所具有的特有资源以及资源配置的方式。企业独特性资源具有稀缺性、不可替代性、价值性和不可模仿性等特征。Prahalad和Hamel（1990）认为，企业核心能力包括难以被复制模仿、能够为客户带来独特价值、支撑多种核心产品的能力，它使企业拥有牢固基础和持久生命力，并在市场竞争中立于不败之地。但由于忽视对外部环境的关注而过分强调、分析企业内部情况，对企业资源和企业能力的界定比较模糊，也缺乏操作性，所以资源基础观被制度基础观逐步取代。③制度基础观。斯科特是这一理论的早期代表人物，他认为制度就是认知的规范性活动和结构，包括组织行动所享有的客观稳定和静止的背景。进入 21 世纪，以彭维刚为代表的现代制度学派面对复杂多变的竞争环境展开综合性的研究，并将制度理论引入战略管理研究的范畴，形成新的现代基础观理论。

企业战略管理常用的方法主要有：

（1）PEST 分析模型。企业所处的宏观环境分析一般用 PEST 分析模型。P（Political System），是指影响企业经营活动的政治环境，包括政治制度和法律制度；E（Economic），是指经济环境，包括影响企业经营活动的地区和国家经济发展情况；S（Social），是指社会环境，包括文化价值观与社会风俗习惯；T（Technological），是指影响企业生产经营活动的技术环境，主要包括科技发展状况。

（2）五力模型。波特提出了五力分析模型，认为行业中有五种力量决定或影响着竞争程度和竞争规模，包括行业的现有竞争对手、潜在进入者的威胁、供应商的议价能力、购买方的议价能力和替代品的威胁。五力分析模型是分析企业竞争战略的有力工具。

（3）VRIO 分析框架。一般会用内部分析框架来分析企业的能力和所拥有的资源，VRIO 分析框架通过回答企业所拥有的资源和能力相关的四个问题，来判断其是不是可持续竞争优势的来源。四个问题包括稀有问题、组织问题、价值问题和可模仿性问题，如表 2.2 所示。

表 2.2　VRIO 框架及竞争意义

是否稀有？	是否被组织利用？	是否有价值？	可否被模仿？	经济绩效如何？	优劣势如何？	竞争是否有意义？
—	否	否	—	低于正常	弱势	竞争劣势
否	↑	是	—	正常	优势	竞争优势
是	↓	是	—	暂时高于正常	优势	暂时竞争优势
是	是	是	否	高于正常	优势	持续竞争优势

资料来源：作者设计。

（4）SWOT 分析法。SWOT 分析模型通过战略分析企业面临的优、劣势和机遇、挑战，依据企业外部环境状况匹配出相应的、合适的战略，作为企业的综合参考（见图 2.4）。设计学派认为，企业所处的外部环境状况既能带来机遇也能带来威胁：企业需要正确、科学地利用自身优势来迎接机遇，同时也运用劣势来应对挑战。

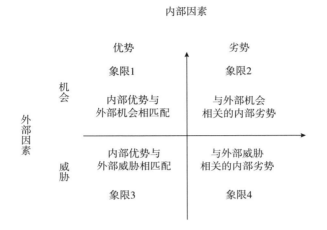

图 2.4　SWOT 分析模型

资料来源：戚金洲. 运用 SWOT 分析法对某工程公司经营战略的研究［J］. 经济研究导刊，2021（15）：13-15.

（5）企业战略管理过程。企业的战略管理过程主要包括四个阶段：战略分析、战略选择、战略实施、战略评价。

第一，战略分析阶段主要分析企业所处的环境、企业内部的资源情况、企业的竞争地位，为此给企业自身战略选择和发展提供参考和依据，从而进行有针对性的选择。第二，战略选择阶段需要进行企业的优劣势识别，分析对比潜在机会和市场风险，明确企业目标和发展方向，以正确选择战略过程从而促进企业发展。所以，战略选择是由战略制定、战略评价和战略选择共同组成。第三，战略实施阶段也被称为战略管理的行动阶段，也就是企业战略的贯彻执行阶段。具体的业务战略和战术需要各个部门制定，以保证企业全面贯彻落实其整体战略。第四，战略评价阶段主要是评价和调整企业外部环境和内部资源中已经实施的战略，及时解决发现的问题，以完美执行企业的总体战略。

三、企业绿色产品创新的绩效

Shrivastava（1995）和 Smita 等（2003）的研究阐述了以企业绿色创新技术

为基础而构建的环境质量管理能够提高企业绩效。Hart（1995）指出，制定实施绿色产品创新战略有利于构建企业先进环境管理系统，促进社会绩效的提升和更多收益的获得；而企业的环境管理系统构建又反过来促进企业自身绿色产品的开发。Porter 和 Van der Linde（1995）的研究也表明，企业通过制定实施绿色产品创新可以提高产品的资源利用效率，构建先发优势，开发新市场，提高或改进企业的财务绩效和环境绩效，实现企业发展和环境保护的双赢。Klassen 和 Mclaughlin（1996）的研究表明，企业制定实施的绿色产品创新战略与企业绩效积极正相关。Sharma 和 Vredenburg（1998）指出，绿色产品创新战略的实施能够提高企业社会声誉、降低企业成本和改善企业运营，进而提升企业财务绩效和环境绩效。Banerjee（2001）指出，通过制定实施绿色产品创新战略可以降低企业创新成本、改善创新流程和提高新产品质量等，进而促进企业绩效的提升。Chen 等（2006）发现，企业实施绿色产品创新战略既能够提高生产率、减少生产污染，也能通过绿色产品创新战略改善企业社会形象、制定更高的绿色产品价格以赢得竞争优势，并且，使企业规避环保方面的惩罚，开辟绿色产品新市场、增强企业绿色产品创新能力。Pogutz 和 Russo（2009）的研究发现，企业实施绿色产品创新战略可以在短期内提高企业绩效和市场价值。Marchi（2010）和 de Medeiros 等（2014）的研究也表明，通过实施绿色产品创新战略有利于巩固发展企业竞争优势。朱雪春和陈万明（2014）的研究也指出，绿色产品创新战略对企业组织绩效和竞争力均有正向促进作用，而管理者的环境关注正向调节企业绿色产品创新战略、企业组织绩效和竞争力三者之间的关系。

第二节　绿色环境意识的相关理论

一、绿色理念的发展脉络

绿色理念的发展是人类历史长河中对传统生产方式和生活方式进行的重要突破和变革，在此废旧立新的过程中需要科学技术、政府制度和物质基础的大力支持（佘颖和刘耀彬，2018）。国外的绿色发展理念经历了从"可持续发展"到"绿色理念"两次大的跃升，总体概括为萌芽、发展和突破三个阶段；相比于发达经济体而言，我国绿色理念的发展共经历了自发、追赶、并跑到创新四个阶段（佘颖和刘耀彬，2018）。

（一）国外绿色理念发展的脉络

第一个阶段：绿色理念的萌芽阶段（20世纪50年代初期至20世纪90年代初期）。这一阶段的绿色理念的发展得益于西方伦理意识的兴起和发展，政府设立了专门的环保部门和组织机构，并制定了一些相关的环境保护制度和法规。随着20世纪50年代水土污染和大气污染等环境公害问题的出现，西方学者开始反思这些经济、社会和环境问题，并发表了一系列相关的文献，如《生存的蓝图》《增长的极限》《建立一个可持续发展的经济》等，催化了公众绿色意识的形成，世界性的绿色规制得以产生（Pearce，1972；Brown，1989；Meadows，1996）。萌芽阶段的主要特点是：尚未形成绿色发展的价值观，然而各种"绿色思潮"奠定了绿色理念的发展基础，也为其指明了未来发展的方向，致使"零星""粗糙"的行政性绿色法律法规在一些西方国家制定和颁布。

第二个阶段：绿色理念的发展阶段（20世纪90年代至2008年）。在此阶段，逐渐出现区域化的环境问题，因为工业化的发展导致环境自我净化成为泡影。对此，1992年的联合国环境与发展会议提出了"可持续发展理念"，进一步催化了公众绿色意识转化为绿色价值观念。与此同时，在全球范围内掀起了以"可持续发展理念"和"低碳消费理念"为技术路线和价值观的绿色新高潮。并且，各国政府和国际机构都制定和出台了环境标准以满足公众对绿色产品的需求。这一阶段的绿色理念发展由碎片化走向系统化（佘颖和刘耀彬，2018）。这一阶段绿色理念发展的主要特点是：以可持续发展为引领，以低碳消费理念为支撑，西方国家开始探索以循环经济和低碳经济为核心的经济发展模式，发展环境友好型消费，满足公众对绿色产品的需求，并着手构建绿色节能环保体系。

第三个阶段：绿色理念发展的突破阶段（2008年至今）。进入21世纪以来，环境问题已经成为全球性问题，国际社会对此达成共识：用绿色发展取代"褐色发展"，原有经济增长模式不可持续，应将绿色发展付诸实践（尹希果和霍婷，

2010）。联合国环境规划署（UNEP）在 2008 年为催生新的绿色产业革命而提出"全球绿色新政"的倡议。这一阶段的绿色理念发展注重市场发展的规律，将凯恩斯理论应用于实践。为抢占新一轮科技革命的制高点，许多刺激本国绿色产业发展的政策在世界各国相继出台。

国外两次绿色理念发展的大飞跃总结如图 2.5 所示。

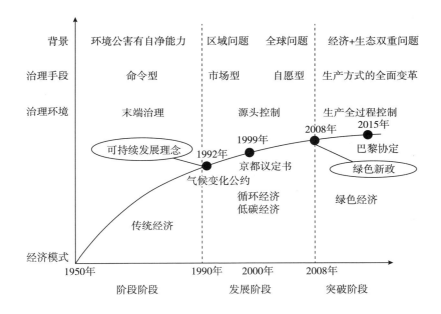

图 2.5　国外绿色理念的发展演进脉络

资料来源：余颖．刘耀彬．国内绿色演化的历史脉络及启示［J］．长江流域资源与环境，2018，27（7）：1490-1500.

（二）国内绿色理念发展的脉络

第一阶段：绿色理念的初创阶段（20 世纪 50 年代至 80 年代）。我国在这一阶段处于国际污染情况严重和国内污染频发的时代背景，由此掀起了绿色理念发展的浪潮。首先，通过引进国外环境主义的文献和译著，绿色意识开始觉醒，公众的绿色理念也由节约用水和环境卫生等传统观念转变为更高层次的绿色环保理念。我国政府于 1979 年出台《中华人民共和国环境保护法（试行）》，以法律的形式确定了绿色环保的理念（周宏春和季曦，2009）。此阶段的绿色理念的主要特点是：公众的绿色意识开始发生转变，由传统的崇尚节俭卫生理念向绿色环保理念转变，并出现了环保相关的法律法规，初步形成了绿色环保行为规范。

第二阶段：绿色理念发展的追赶阶段（20 世纪 90 年代至 2000 年）。随着我国工业化进程的加快，造成区域层面的经济增长和生态环境的矛盾激化。因受到联合国提出的可持续发展理念的启发，我国政府创新性地提出"区域可持续发展"的理念，标志着我国绿色意识从单一环保理念发展为区域协调发展理念，绿色理念的发展正式进入追赶阶段。这一阶段绿色理念发展的主要特点是：存在于经济增长和环境资源之间的矛盾在产业体系发展完善的同时开始被激化，区域可持续发展的理念深入人心，中国公众更高层次的绿色环保意识得到进一步深化，社会经济和环境保护的长远发展开始被着重考虑。

第三阶段：绿色理念发展的并跑阶段（21 世纪初至 2008 年）。在这一阶段，中国的绿色理念发展加速，显著缩小了与发达经济体之间的差距。特别是在社会环境问题上出现了"毒奶粉"和"地沟油"等一些严重的生态安全问题，人们对环境安全和产品安全的需求日益迫切。中共十六届五中全会上提出，要延续可持续发展理论，构建环境友好型和资源节约型社会。这一阶段绿色理念发展的特点是：与西方国家差距缩小但仍有差距，形成了既有市场机制又有行政命令的绿色理念践行体系（佘颖和刘耀彬，2018）。

第四阶段：绿色理念发展的创新阶段（2008 年至今）。2008 年以后，在雾霾等环境问题以及金融危机造成的经济下滑的双重压力下，我国绿色理念的发展速度加快并进入创新探索期，在中国探索出一条环境保护与经济发展相协调的路径已迫在眉睫。在 2010 年召开的中央经济工作会议强调，要大力扶持绿色经济的发展，尽可能地节能减排以应对全球气候变化危机。这一阶段绿色理论发展的特点是：围绕绿色理念的发展，开展了一系列创新探索，并以"绿色文件"的形式出台。

我国绿色理念的发展演进脉络如图 2.6 所示。

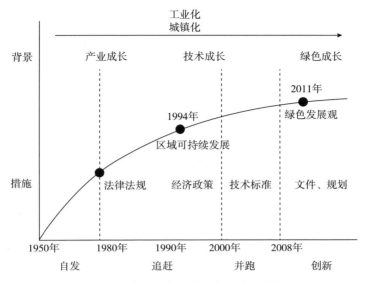

图 2.6　我国绿色理念的发展演进脉络

资料来源：余颖．刘耀彬．国内外绿色发展制度演化的历史脉络及启示［J］.长江流域资源与环境，2018，27（7）：1490−1500.

二、绿色环境意识的概念界定和影响因素

（一）绿色环境意识的概念界定

绿色环境是人类赖以生存的基础和保障。随着人们意识的觉醒和提高，这种绿色环境意识和生态文明建设成为社会关注的焦点。绿色环境意识是指，以人与自然和谐发展的整体理念为出发点，处理好人与自然的关系，寻求人与自然的协同发展。随着人们绿色环境意识的增强，出现了一系列的绿色环保词，如绿色技术、绿色标志、循环利用和绿色投资等（张淑英，2014）。人们绿色环境意识的逐渐确立，其目的是创造一种节约资源、保护生态平衡和环境的绿色生活方式和行为。现在的人们越来越多地将环境意识转化为绿色行动，例如，中国绿化博览会的举办以及地球一小时熄灯行动等。不断增强的绿色环境意识也促进和推动了人类可持续发展的绿色文化的形成，以倡导人与自然的和谐发展。绿色文化的形成和不断发展，推动绿色环境理念与实践的结合，并产生了绿色经济和绿色产业。绿色环境意识的内涵包括"简约不简单"和"低碳也高效"两个方面。首先，人们合理的消费方式正是对应着"简约不简单"。人类是生态系统的重要组

成部分,与自然界时刻保持着能量和物质的交换,这种合理的消费方式正是对文化和自然的双性适应。所以,人们应该采用绿色消费和可持续发展的消费方式,使用不过度包装、加工少和不过度依赖肥料的消费物,在自然承载范围内进行适度消费,避免奢侈和过度重复的消费;进行可持续消费,保留下消费物的续存空间。其次,低碳消费已经成为绿色理念意识的重要问题之一,在倡导人们选用低消耗和低能量的消费习惯和生活方式的同时,形成低碳消费观和价值观,以此来践行生态环境的可持续发展和生态健康的维护。

(二)绿色环境意识的影响因素

学术界研究了绿色环境意识的影响因素,并从年龄、性别、政治倾向、社会等级和居住地五大方面进行深入研究,发现老年人的环境意识低于年轻人,女性的环境意识要明显高于男性,政治倾向保守的人的绿色环境意识低于倾向自由的人,社会等级高的人的绿色环境意识高于社会等级低的人,农村居民的绿色环境意识低于城镇居民(胡雪峰,2017)。Bohlen 等(1993)表示,个人生态环境的态度显著影响其生态环境行为;个人对待生活方式的态度会受到其对待污染态度的直接影响,具有环保积极态度的人会更有可能产生环保行为(Boeve & Van,2010)。胡雪峰(2017)的研究表明,绿色环境意识与人们的绿色环境知识之间存在着显著的正向作用。Ziadat(2010)的研究表明,受教育程度越高的人,其绿色环境意识越高,女性的绿色环境意识要高于男性(胡雪峰,2017)。万基财和张捷等(2014)对九寨沟研究区域的居民的绿色环境意识开展实地调研,结果发现:当经济发展与环境保护出现冲突时,多数人会首选环境保护,但人们认为个人为环保做出的贡献较为微小,主要还是依靠国家。欧阳斌(2015)依据2010 年的中国综合社会调查(CGSS)城市居民数据对中国不同省份居民的绿色环境知识、绿色环境意识、绿色环境的现状认知以及环保行为进行研究,结果发现:绿色环境意识、绿色环境知识、收入水平之间相互影响并共同作用于居民的环保行为,但政治倾向和教育水平对居民的环保行为没有影响。夏凌云(2016)等以湿地公园的游客为调查对象进行实证研究,结果显示:游客们对绿色环境知识了解得越多,其绿色环境意识越强,环境保护的参与度就越高;姚丽芬和龙如银(2017)通过实证研究,得出结论:绿色环境意识受到六个主要因素的影响,包括社会因素、促进性条件、情感因素、态度因素、习惯因素和特征因素。

综上所述，绿色环境意识的影响因素主要有：年龄、性别、政治倾向、社会等级和居住地；绿色环境知识和收入水平；社会因素、促进性条件、情感因素、态度因素、习惯因素和特征因素。

三、绿色环境意识对企业战略的影响

绿色时代潮流背景下，企业家、企业高层的绿色环境意识至关重要（赵传蕙，2001）。1993 年，麦肯锡公司调查了 400 名企业首席执行官（CEO），结果显示：92%的企业首席执行官（CEO）都认为环保问题是优先考虑的三个问题之一（赵传蕙，2001）。企业绿色战略制定的内容包括：企业绿色环保目标和使命的确立、绿色环保的远景确立、绿色创新战略的制定、绿色文化的形成、企业绿色结构的构建，以及对企业员工的绿色化培训和教育，等等（赵传蕙，2001）。企业管理者或企业管理层如果缺乏这些绿色环境意识，将无法认识到企业进行绿色战略构建的战略意义，无法实现绿色化组织管理，无法使企业员工树立绿色环境意识，也就无法营造企业绿色文化和构建企业绿色化结构（赵传蕙，2001）。企业家的理念、价值观和态度等特征影响相同经济、政治背景下的企业制定不同的绿色创新战略（陈泽文和曹洪军，2019）。企业家的绿色环境意识有助于企业识别绿色创新的市场机会和潜在收益（彭雪蓉和魏江，2015）。一方面，绿色环境意识能够促使企业抓住供应商、竞争者和消费者对绿色产品创新需求的市场机遇，与供应商开展合作以分散绿色创新的风险，关注竞争对手的创新战略以争夺绿色市场份额，研发绿色新产品以迎合和满足消费者的绿色需求，最终形成企业的市场竞争优势（Egri & Herman，2000）。另一方面，绿色环境意识强的企业能够积极主动地争取政府市场激励资源，这样做不仅仅是为了达到政府环境规制的最低目标，即末端治理，更重要的是它们能够感知到政府环境规制等激励措施所带来的潜在福利，这些都足以抵消绿色产品创新投入的成本（彭雪蓉和魏江，2015）。拥有绿色环境意识的企业通常具有绿色产品创新的责任感和紧迫感，它们更愿意把能力和资源投入到绿色创新的领域中去。由于投资收益比是企业在资源有限的情况下投资项目所必须考虑的第一要素，且绿色产品创新和开发的成本高、投入资源多、创新风险大，只有企业把绿色环境意识纳入企业社会责任范畴

才有可能将其视作战略高度并投入资源（Dhaliwal et al.，2011；和苏超等，2016）。拥有绿色环境意识的企业往往对绿色创新秉持着积极支持和开放开明的态度，善于编码整合所获取的信息资源，吸收运用企业内外部知识服务于绿色创新，并积极主动地回应所面临的环境问题（Tseng et al.，2013）。绿色环境意识能够帮助企业识别外部市场机会，合理配置企业能力和内部资源；企业同时也会将绿色环境意识纳入绿色战略规划的范畴。Sharma（2000）认为把环境问题视为发展机会的企业会更侧重于选取积极型绿色创新战略。Burki 和 Dahlstrom（2017）指出，企业家的绿色环境意识影响企业绿色创新，有利于推动绿色创新合作环境的构建。

第三节　企业绩效的相关理论

一、企业可持续发展绩效及其划分

"可持续发展"一词原本是用于林业，起源于 18 世纪。1972 年，梅多斯的一篇名为《增长的极限》的报告引发国际性讨论，自此，可持续发展方面的研究和发展路径开始崭露头角。而国内外学者对可持续发展绩效的研究主要集中在可持续发展绩效的定义和指标衡量上。

首先，可持续发展绩效的定义方面。最初的定义是围绕利益相关者压力、经济社会、受管理者公司价值驱动的道德动机、法律管制四个要素共同影响企业生态责任；在此基础上，增加了企业的制度安排、产权选择以及与其治理结构具有的关系；后续又构建了可持续发展的研究模型，探究个人、组织和生态环境对企业环境责任动机的影响力和竞争力（Bansal，2000）。除此之外，一种超越资源和环境保护约束，超越企业增长过度或增长不足以及产品生命周期的企业生存状态也被描述为可持续发展绩效（钟陆文，2002）；企业对社会、环境及短期财务需求反映的就是可持续发展绩效（Bansal，2005）。其次，是对可持续发展绩效的指标衡量。国内学者主要采用第三方机构发布的企业社会责任评级总得分来衡量企业的可持续发展绩效（贾兴平和刘益，2014）；也有采用总资产报酬率衡量财务绩效，用百分比形式表示可持续发展绩效（邵帅和吕长江，2015）。国外学者的最新研究，则是采用财务绩效和环境社会责任绩效两个维度来衡量（Ilias et al.，2018）。综上可知，可持续发展绩效包括环境绩效和财务绩效。

二、企业环境绩效内容及影响因素

（一）企业环境绩效内容

企业环境绩效就是在实现经济的可持续发展过程中，需要个人、企业和政府三者的共同努力协作，企业将环境保护和污染治理纳入其绩效考核，成为企业绩效的重要构成部分。企业环境绩效是指企业依据既定环境方针和目标，控制自身与环境进行相互作用、相互影响的产品服务和经营活动要素，由此所获得的环境管理水平（甄国红和张天蕻，2010）。基于可持续发展理论，社会责任的承担已成为现代企业核心竞争力的关键。同时，Enderle 认为，企业社会责任包括环境和经济责任，而环境责任是企业在其生产经营活动中资源消耗和环境污染的最低程度；他还指出，为实现企业可持续发展的目标，企业只有兼顾生产和环境，将经济利益和环境责任结合起来（Enderle，2002）。拥有两层含义的企业环境绩效，其内容包括：第一，由环境质量引起的企业生产经营活动的变化；第二，环境质量也会影响企业环境价值和经济效益。企业环境绩效反映了企业自身的环境管理水平，也是对企业环境管理工作的考核和测评（郑季良，2007）。杨东宁和周长辉（2004）从组织能力和影响自然环境方面入手，狭义和广义地诠释企业环境绩效：广义上，企业环境绩效包括优化资源利用和持续改善污染治理，泛指企业环保投入的综合效果，彰显了企业环境保护行为的系统性和动态性变化；而狭义上的企业环境绩效只是指规定的现有生产经营活动的环境标准，并反映了标准化、定量化和可直接测量的环境指标情况。朱纪红（2012）认为，企业经营活动中所取得的环境保护和污染治理总效果和成绩就是企业的环境绩效。

综上所述，企业环境绩效主要指企业把环境保护和污染治理作为管理目标和利润追求目标，并在企业的生产经营活动中体现出来。企业对环境绩效的追求，其实质是对环境保护和污染治理进行有效投入，将环境外部效应进行内生化。企业对环境治理投入的增加以及对资源利用效率的提高和污染排放的减少反映了企业环境绩效的提升。基于可持续发展理论，企业环境绩效不仅要考虑企业自身经济利益目标和追求，也要兼顾环境价值的实现。如果忽略了环境保护只一味地追求经济价值，会导致环境污染问题严重，即便实现了经济价值也无法弥补环境的损失（Gholami et al.，2013）；反之，如果只考虑环境价值而忽视了企业生产和经济增长，便无法提供有力的物质基础来维持环保行为。所以，企业生产经营既要创造利润、提高经济效益，也要创新机制、加大环保投入、尽可能地减少污染物的排放、促进环境绩效的提升，以实现企业最终的可持续发展。

（二）企业环境绩效影响因素

企业环境绩效的影响因素可分为内部因素和外部因素，它们共同驱使企业采取积极主动的环保行动。对这些影响企业环境绩效的因素的研究主要从利益相关者和企业环境信息披露等视角开展（Cho & Patten，2007）。首先，国内外学者从利益相关者视角出发，展开对企业环境绩效的影响因素研究，所涉及的利益相关者包括竞争者、消费者、金融机构、社区公众以及政府部门等外部利益相关者，以及企业员工、企业家和股东等内部利益相关者。例如，Zhang 等（2008）以及Groot 和 Steg（2010）的研究表明：来自消费者和社区公众的压力积极影响企业的环境绩效，但这一结论主要是以发达国家和地区的消费者和用户为研究对象，因为他们更偏好于绿色环保型产品和服务。刘蓓蓓等（2009）通过采用层次分析对企业环境绩效进行测评，并构建了外部利益相关者环境压力模型，得出结论：在市场竞争者、消费者、社区公众、新闻媒体、企业相关投资者以及政府部门的综合作用下，巨大的竞争压力、舆论压力、融资压力以及监督压力迫使企业不得不采取相应举措，以推动自身环境绩效、福利绩效的提升。de Villiers 等（2011）通过分析企业董事会特征与环境绩效之间的关系发现，除首席执行官（CEO）外，企业执行力强的董事数量、董事会成员的相对独立性、董事会成员的规模等对企业环境绩效均具有积极的正向影响。王秀玲（2011）的研究表明，企业的员工持股计划可以培养员工主人翁意识、增强员工归属感，紧密地将企业利益与员工利益联系在一起。基于此，员工会更关注企业生产经营活动对环境的影响，致力于企业环境形象的积极改善，以更强烈的意愿去实现企业环境绩效的提升，从而吸引更多消费者和投资者，有益于增加企业的经济利益和每位员工的个人收益。梁帆（2013）指出，薪酬激励机制能够调动员工的主动性和积极性，增强企业员工的主人翁意识；同时，也增强了企业高管的社会责任感，能够约束其自身行为，促使企业环境责任意识从高层管理者到基层员工的增强，最终达到提升企业环境绩效的目的。

其次，从企业环境信息披露视角出发，学者们均认为企业环境绩效的改善提升与企业环境信息披露具有正相关关系，企业环境信息披露积极、正向地影响企业环境绩效。例如，Shang 等（2007）的研究表明：企业披露的环境信息有限，但在披露环境信息获益之后，企业将会更加主动地披露积极有利的环境信息，而规避不利的负面的环境信息。Cormier 等（2005）通过对德国企业的研究，得出结论：企业环境信息的披露和环境绩效的提升受到企业规模、所有者权益、企业面临风险、固定资产折旧以及企业章程的影响。何丽梅和侯涛（2010）对中国 112 家重度污染企业上市公司数据进行实证研究，实证结果表明：受到环境监管力度较大的上市企业环境信息披露的水平更高，且上市公司的资产规模正向作用于企业环境信息披露水平。吕峻（2012）的研究表明：环境绩效较好的企业为强化自己的环境形象，并不愿意披露较多环境信息；相反，环境绩效不好的企业为提升自身企业环境形象，会更倾向于披露较多对其发展有利的环境信息。

三、企业财务绩效内容及评价方法

（一）企业财务绩效内容

财务绩效的基础是企业的财务数据，财务数据可以直接呈现企业的经营业绩和运营效率，还呈现了企业的运营能力、盈利能力、发展能力、财务结构以及偿债能力五个方面的水平（周新雅，2019）。盈利能力分为净资产盈利能力、收入盈利能力和资产盈利能力，是企业现有技术资金基础上的扩张能力（周新雅，2019）。运营能力包括市场运作能力、资金周转能力和存货周转能力三个方面，是企业资金运用能力和经营管理效率的体现。投资者非常关心企业是否能持续平稳地发展，企业盈利能力的成长及财务状况的优劣是其发展能力的主要体现，也是企业经营状况的变化趋势的集中体现（周新雅，2019）。企业偿债能力越弱，企业经营风险就越大，企业偿债能力分为两大类：长期偿债能力和短期偿债能力。财务结构由资产结构和负债权益结构构成，企业综合竞争能力的强弱由财务结构直接体现（Christopoulos et al.，2016）。

企业财务绩效的测评终极目的是服务企业更好地发展。依据企业财务数据，并结合企业绩效评价，可以直观地看出企业运营状况是否优良、企业发展战略是否获得有效实施以及企业各项资源是否得以有效利用等。同时，横向对比企业财务数据与行业数据，企业自身财务绩效的薄弱点可以被直观地找出，进而可有针对性地进行改进；纵向对比企业财务数据与行业数据，可以通过分析财务数据发展趋势，找出能够加以改进的地方。

（二）企业财务绩效的评价方法

由于财务绩效对于企业的经营发展越来越重要，企业财务绩效的评价方法也变得越来越多详细化、科学化。通过阅读、梳理相关文献，本书总结和罗列了以下几种比较常见的财务绩效评价方法：

第一，经济增加值评价法。主要是通过经济增加值（EVA）来测量企业绩效，以真实地反映企业盈余。具体做法是计算企业投资成本与纳税后利润的差值。通过经济增加值与投资回报指标进行对比研究，发现经济增加值是较好的评价指标，能够更加符合实际、更加合理地考核评价企业业绩，操作性强。张洁和赵娟（2018）通过研究生物制药企业的财务绩效发现，经济增加值评价法的计算方法过于复杂，会致使结果具有一定偏向性，其更适用于规模大、收益低的企业的绩效评价。

第二，层次分析评价法。通过层层排列所要进行评价的因素，对每层因素的重要性赋予权重，经过加权获得最后绩效结果（张利辉，2014）。Safaei Ghadiko-laei 等（2014）通过评估伊朗汽车公司的财务业绩，并运用分层次财务绩效评估模型，得出了六家公司业绩排名。史兹国和邢亚彬（2018）认为，通过专家判断的层次分析指标权重所获得的结果具有更多主观性成分。

第三，数据包络分析法。其评价指标主要分为投出指标和投入指标，以形成决策单元来进行评价，分别进行多指标产出和多指标投入的相对效益评价，以此获得的各个决策单元效率值作为评价财务绩效的结果（George 和 Nickolaos，2012）。Christopoulos 等（2016）通过运用两种不同数据的包络分析法对希腊建筑业企业进行调查研究，发现两种方法所获得的企业效率的评价结果不同，并给出了管理层视角的企业资产政策的建议。我国学者景琦（2017）指出，传统数据包络分析法的最终评价结果不能看到企业绩效的全排序结果，而只能将企业财务业绩分为非有效和有效两类。

第四，因子分析评价法。该评价方法主要是提炼整合众多评价指标为几个最具代表性的主因子来评价企业绩效。该方法可以获得最终的完整排序结果，适用于多样本容量分析（李梦婕，2017）。王巧霞（2018）从资产质量状况、资本和杠杆情况、流动性、成长能力和盈利水平五个维度来构建企业财务绩效评价指标体系，通过因子分析实证检验，获得企业财务绩效排名，并从五个方面来分析企业发展状况。

第四节　企业外部制度压力的相关理论

一、制度压力概念界定

制度可分为正式和非正式制度，它代表着一个社会所制定的用来规范、限制和约束人类彼此间的互动形式（North，1993）。制度理论强调了组织决策和行为受到制度的影响（Meyer & Rowan，1977）。剖析制度压力的首要任务是理解"压力"的含义。其实，从心理学和物理学两个视角可以对压力进行解析，因此从这两个角度也可以解释制度压力的概念（见表2.3）。而现阶段只有少部分研究是从压力心理感知方面来定义制度压力的，例如，宋铁波和沈征宇（2014）指出，制度压力就是组织主观上感知到的制度力度。其余多数研究是站在物理学视角，例如Yiu和Makino（2002）的研究中指出，制度环境影响企业的生存发展并对其构成服从压力，所以制度压力就是促使企业结构、形态和行为变为合理的、可接受的社会规范、社会文化、社会规则和社会观念。Noshua（2009）的研究也认为外部环境的社会规则、心态和规范对组织具有巨大的形塑作用。

表 2.3　制度压力的两种解释

学科	压力	制度压力
物理学	两个物体由于互相接触、相互挤压发生形变而导致的作用力	制度压力是客观存在的作用力，它是双向的，既有作用力也有反作用力。企业与制度环境接触和交互的过程中会促使双方发生形变，只是研究中通常特指制度对企业的作用力
心理学	外部事件引发的一种内心体验	制度压力是企业对制度的主观认知，是企业与制度环境接触和交互的过程中，感知到的制度对其影响或制约的心理认知

资料来源：作者根据相关文献整理。

综上所述，制度压力是指由科学合理、被普遍接受的社会文化、社会观念、社会规范以及社会规则导致的企业结构形态和企业行为发生改变的作用力（Wang et al.，2008）。

二、制度压力维度划分

早期的制度主义者，如 Selznick（1949）和 Parsons（1960），着重强调制度系统规范性和管制性。而新制度主义者把它们视作重要因素，同时，新制度主义者还强调关注它们对象特征要素作用，因为这些要素在组织结构和组织行为方面扮演着独立和重要的角色（Scott，2001）。DiMaggio 和 Powell（1983）把制度压力分为规范压力、规制压力和模仿压力三种机制。

规制压力指的是政府通过奖励、处罚、规制和控制影响或管制企业。规制压力是政府部门或者权威性非营利组织颁布、规定的相关法律法规和行业准则。规制压力对企业行为规范履行情况的监督主要是通过构建行为规范，并且为达到规范目的而决定奖惩的情况（Scott，1995）。

模仿压力是企业在不明确何种战略行为有效的情况下而采取模仿业内成功企业的实践和行为。模仿压力也被称为认知压力，包括行业内已被认可的经验以及行业中已经成熟存在的行为规范。模仿压力会因所处环境的不同而产生不同的行为（Scott，1995）。

规范压力是组织行为所受到的职业化因素的影响而产生的压力。竞争者的模仿、规章制度的限制以及职业的导向，使管理者坚信这种结构或行为能够带来好的绩效，组织为此而采取了相似结构或行为（云嘉敏，2018）。相比于规制压力，规范压力没有强制性的法律效应，更多的是约定俗成的一种无形行为规范，包括社会价值观和文化信仰，对企业行为规范和选择具有直接的影响（Scott，1995）。制度压力是由公众意见和政府监管机构等特定行为者授予的（Galaskiewicz，1985）。Scott（1995）在此基础上把制度压力划分为规制压力、规范压力、认知压力三类。

对制度压力维度的主要划分如表2.4所示。

表 2.4 制度压力维度划分

代表学者	制度压力
魏泽龙和谷盟（2015）	政府压力和商业压力
Berrone（2013）	规范压力和规制压力
Scott（1995）	规制压力、规范压力和认知压力
Suchman（1995）	道德压力、实用压力和认知压力
Aldrich 和 Foil（1994）	社会政治压力和认知压力
Singh（1986）	内部压力和外部压力
Galaskiewicz（1985）	公众意见压力和政府监管机构压力
DiMaggio 和 Powell（1983）	规制压力、规范压力和模仿压力

资料来源：云嘉敏.制度压力、环境信息披露与企业价值——基于重污染行业经验数据［D］.内蒙古财经大学硕士学位论文，2018.

第三章　研究模型构建和研究假设推导

　　绿色时代的到来，人们普遍开始具有强烈的环境责任感，接受、认可绿色环境意识的概念。由于企业家绿色环境意识的影响，一方面，企业家根据消费者对企业产品的绿色诉求，要求企业进行绿色产品的设计和绿色产品生产技术的规范。另一方面，企业为了迎合消费者需求和占领绿色消费市场，企业家也不得不制定实施绿色创新战略，改进原有产品、生产流程和新技术，注入"绿色成分"（Christmann & Taylor，2001；Ramayaht et al.，2010）。在企业家的绿色环境意识影响下，企业开展了相关的绿色产品创新。但是，对于绿色产品创新对企业可持续发展绩效提升的作用机制研究不充分，尚未清晰深刻地揭示出哪些因素产生了关键性的作用；同时，对绿色产品创新与企业外部面临的制度压力如何匹配才能更好地促进企业可持续发展绩效的提升和创新成本的降低的研究也不足。所以，本书重点以企业家绿色环境意识为切入点，构建绿色产品创新与外部制度压力的匹配对企业绩效的概念模型，探讨企业绿色创新对企业环境绩效和财务绩效的作用机制。

　　基于此，本章根据以往文献和现有研究的不足，将重点阐述绿色产品创新与制度压力对企业可持续发展绩效的作用机制，同时关注在开展绿色产品创新过程中的调节效应。本章具体内容包括以下五个部分：①阐述整体研究模型的提出和逻辑思路，包括研究模型提出的理论和现实基础、逻辑思路，以及研究模型各个部分板块的构成维度，例如，绿色产品创新和制度压力的构成、绿色环境意识的构成和企业可持续发展绩效的构成等；②从企业家绿色环境意识为切入点，构建绿色产品创新与外部规制压力、规范压力、模仿压力的战略匹配对企业可持续发展绩效的影响模型，并提出研究假设；③探讨企业绿色产品创新对企业环境绩效和财务绩效的作用机制，并提出相应的研究假设；④关注企业家的绿色环境意识对绿色环保的支持以及在开展绿色产品创新过程中的作用机制，提出研究假设；⑤探究企业可持续发展绩效中的环境绩效对财务绩效的作用和影响。

第一节 研究模型的提出和理论思路

本节是对本书整体研究模型的提出和理论思路的阐述：首先描述了研究模型提出的理论基础，内容涵盖生态可持续发展理论、绿色产品创新理论、制度理论、战略匹配理论等；在此基础上，提出了本书整体研究的模型和逻辑思路的推导以及各模型板块的具体阐述。

一、研究模型的理论基础

从前文文献综述中可知，企业外部制度压力的适应和开展绿色产品创新过程中涉及了很多理论，包括生态可持续发展理论（Ecological Sustainable Development Theory）、绿色产品创新理论（Green Product Innovation Theory）、制度理论（Institutional Theory）和战略匹配理论（Strategic Matching Theory）。具体而言，生态可持续发展理论体现了人们与生态需要相契合的人生观、价值观和道德观（Peattie，1992）；绿色产品创新主张利用和发挥人们创造性思维、领域知识和经验，融合各种创新方法，符合环境保护的要求，节能、低耗、高效，对环境危害极小或对环境无公害，同时也满足顾客对产品的基本需求（Zussman et al.，1994）；制度理论中的制度压力是企业所处外部环境中最重要的环境因素，因为它能够促使企业结构、形态和行为变为合理的、可接受的社会规范、社会文化、社会规则和社会观念（Yiu & Makino，2002）；战略匹配是企业在寻求竞争优势过程中用以获取管理政策和竞争优势的流程、能力之间的契合与一致性（Najafi-Tavani et al.，2015）。

此外，从企业绿色产品创新绩效的相关文献中可知，针对企业绿色产品创新与外部规制压力、规范压力、模仿压力和企业可持续发展绩效之间的作用机制的研究不够清晰，一种可能的解释是将企业的绿色产品创新和外部制度压力进行一个有效的匹配，它们之间在匹配进程中相互影响，能够对企业绩效产生积极的促进作用（Venkatraman & Camillus，1984）。所以，本书所构建的整体概念模型提出的理论基础也包括战略匹配理论。

（一）生态可持续发展理论

可持续发展的生态学理论立足于生态系统的可持续性，涵盖了生态学的三大定律：第一，和谐原理，是指各个系统组成部分之间相互协同进化、和睦共生；第二，高效原理，是指废弃物和能源的高效循环再利用；第三，自我调节原理，是指协同的演化不是着眼于其外部结构或控制的单纯增长，而是内部各组织完善的和持续性的自我调节功能（White & Simpson，2013；王福全，2017）。生态经济的最终目标是追求经济发展和环境保护之间的协调与平衡，而不仅仅是单纯追求经济利益和经济增长。从横向来看，生态经济学的研究范畴包括各类层次区域的生态经济问题（王超然，2011）；而从纵向来看，生态经济学的研究包括全社会和各专业类型的生态经济问题，如森林、草原、农田、水域以及城市生态经济等。所以，生态经济学又具有层次性（刘炳瑛，1988）。

绿色环境意识是一种高层次的理性生态意识，它体现了人们与生态需要相契合的人生观、价值观和道德观。绿色环境意识是企业家因意识到生态环境问题而制定并采用绿色战略的出发点，企业生产或销售对环境保护最大的商品，以达到盈利和环保契合的双重目的，体现了可持续性和担负社会责任的现代企业理念（Peattie，1992）。

（二）绿色产品创新理论

产品创新是指企业通过应用科学的技术方法和思路创造出来的新产品或新服务，以满足人们的新需要，这里的产品是广泛意义上的概念，既包括服务也包括商品。企业产品创新项目比一般工程项目拥有更强的复合性，就是在现有产品开展经营管理的同时进行产品的创新。企业生存的基础就是现有产品的经营管理，而企业发展的保证却是产品创新管理，构建企业产品创新功能的管理体系是企业生存和发展的关键。产品创新管理体系使企业形成产品创新管理水平的核心能力和产品创新实力。

　　绿色产品创新是指利用和发挥人们的创造性思维、领域知识和经验，将各种创新方法融合起来，改进原有产品的形态、结构、方案、功能，使之符合顾客或消费者个性需求和行为习惯，以及符合环境保护的要求，节能、低耗、高效，对环境危害极小或对环境无公害（Zussman et al.，1994）。区别于以往的创新方式，绿色产品创新是综合考虑资源效率和环境影响的创新模式，可持续性改造产品的整个生命周期，包括产品制造、产品设计、产品包装、运输直到报废和处理，均要求资源利用率最高、环境污染极少（胡树华，2010）。绿色产品创新促使企业调查研究并分析市场现有产品，要求企业抵制和放弃破坏生态平衡的产业或产品，例如：过度狩猎和过度砍伐等；污染环境的产业、产品以及"三废"和有毒物质的工艺和材料；难分解、难回收及有毒物质的包装。进行"绿色化"处理应该在产品设计和开发阶段就增加可再生资源的利用，减少废弃物和危险性的技术设备和工艺，节省能源和原材料，且采用可回收或易回收的产品。开发设计绿色清洁产品，以满足顾客或消费者安全健康、无污染的需求；尽可能地做到在环境净化容量以内排污。绿色产品创新过程中尽量少用或不用有害物质，并选用低污染、易回收的材料；投入资金来进一步净化、处理所产生的废物，以避免产生新的污染；促进企业的可持续发展，大力开发环保新材料和新能源。

　　（三）制度压力理论

　　制度可分为正式和非正式，一个社会用制度来规范、限制和约束人类彼此间的互动形式（North，1993）。制度理论强调了组织决策和行为受到制度的影响（Meyer & Rowan，1977）。企业生存受到制度环境的影响，制度环境对其构成服从压力，所以，制度压力就是促使企业结构、形态和行为变为合理的、可接受的社会规范、社会文化、社会规则和社会观念（Yiu & Makino，2002），外部环境的社会规则、心态和规范对组织具有巨大形塑作用（Noshua，2009）。综上，制度压力指的是促使企业结构、形态和行为变为合理的、可接受的社会规范、社会文化、社会规则和社会观念的作用力（Wang et al.，2008）。

　　DiMaggio 和 Powell（1983）把制度压力分为规范压力、规制压力和模仿压力三种。规制压力指的是政府通过奖励、处罚、规制和控制影响或管制企业。相比于规制压力，规范压力没有强制性的法律效应，更多的是约定俗成的一种无形行为规范，如社会价值观和文化信仰，这些行为规范对企业行为和选择具有直接的影响（Scott，1995）。模仿压力是指企业在不明确何种战略行为有效的情况下而采取模仿业内成功企业的实践和行为。规制压力对企业行为规范履行情况的监督主要是通过构建行为规范，并且为达到规范目的而决定奖惩的情况（Scott，1995）。模仿压力也被称为认知压力，包括行业内已被认可的经验以及行业中已经成熟存在的行为规范。模仿压力会因所处环境的不同而产生不同的行为（Scott，1995）；而规范压力是组织行为所受到的职业化因素的影响。竞争者的模仿、规章制度的限制以及职业的导向，使管理者坚信这种结构或行为能够带来好的绩效，组织为此而采取了相似的结构或行为（云嘉敏，2018）。

（四）战略匹配理论

战略匹配是指企业在寻求竞争优势过程中用以获取管理政策和竞争优势的流程和能力之间的契合与一致性（Najafi-Tavani et al.，2015）。战略匹配理论在战略制定和市场营销的理论研究中有着极其重要的作用。它的主要观点是不同类型的战略间的匹配能够产生良好的企业绩效，尽管单个战略本身也可以促进绩效的提升，而不同类型的战略间的匹配却可以更好地诠释和说明企业间绩效的差异程度和水平（Tavani et al.，2015）。学者们断言，不同类型的战略间的动态匹配相互影响，它们之间的有效匹配对企业绩效产生良好的效应（Venkatraman & Camillus，1984）。因此，企业应该进行不同类型战略的合适有效匹配。

本书所涉及的不同类型战略的有效匹配包括两大方面，即绿色产品创新与企业外部所处制度压力之间的匹配。所以，企业家或战略制定者应清醒地认识到获得良好的企业可持续发展绩效关键在于绿色产品创新与制度压力之间的有效匹配，而不是将两者割裂分离。在绿色产品创新战略与制度压力匹配方面，Tavani等（2015）认为，有效的战略实施需要合适的、不同类型战略间的有效匹配。制度压力作为一种强制、传统且无可避免的外部环境已在前文进行阐述，所以，企业家或战略制定者也应该认识到绿色产品创新作为企业获得可持续发展绩效的重要战略类型，应该与企业外部所处的制度压力进行动态匹配。

二、绿色产品创新与制度压力匹配的构成

绿色产品创新和外部制度压力的有效匹配（也必然要与制度压力进行匹配），也是获得企业可持续发展绩效的重要手段（Rabinovich et al.，2008；云嘉敏，2018）。绿色产品创新虽然是将各种创新方法融合起来，进行产品形态、结构、方案、功能等方面的创新，使之符合顾客或消费者个性需求和行为习惯，但这一切都必须在制度框架内有效进行，它也必须符合环境保护的要求，节能、低耗、高效，以及对环境危害极小或对环境无公害（Zussman et al.，1994）。根据制度压力理论的分类可知，制度压力包括规制压力、规范压力和模仿压力（DiMaggio & Powell，1983）。规制压力是企业制定和实施绿色产品创新战略的重要推动力和约束力，更被视为一种外部的强制性压力（Carter & Ellram，1998）。政府适当的环保法律法规可有效推动企业开展绿色产品创新的采用（Porter & Van der Linde，1995）。本书认为，企业绿色产品创新和规制压力的有效匹配能够对企业可持续发展绩效产生积极的影响。随着当今社会的绿色环保氛围和形式的不断增强和丰富，消费者开始钟爱于绿色环保型产品，为此，企业是否开展与之相匹配的绿色产品创新以满足消费者的绿色需求已经成为一种外部行业规范（Zhu & Sarkis，2007）；而企业也一定会密切关注竞争对手的战略变化，若其竞争对手通过绿色产品创新的开展成功吸引了消费者并获得竞争优势，那么企业也一定会迅速做出反应，进行绿色战略调整，包括绿色产品创新和模仿（Lewis & Harvey，2001）。

综上，本书把绿色产品创新与外部制度压力的匹配分成三个部分：绿色产品创新战略分别与规制压力、规范压力和模仿压力的匹配。具体可分为：绿色产品技术创新、绿色产品设计创新、绿色产品协同式创新、绿色产品平衡式创新分别与规制压力的匹配；绿色产品技术创新、绿色产品设计创新、绿色产品协同式创新、绿色产品平衡式创新分别与规范压力的匹配，以及绿色产品技术创新、绿色产品设计创新、绿色产品协同式创新、绿色产品平衡式创新分别与模仿压力的匹配。

三、绿色环境意识的构成

根据张淑英（2014）的观点，绿色环境意识是以人与自然和谐发展的整体理念为出发点，处理好人与自然的关系，谋求人与自然的协同发展。Kent 和 Riky Dunlap（1980）研究发现，年龄、性别、政治倾向、社会等级和居住地五大方面影响企业家的绿色环境意识。Bohlen 等（1993）表示，管理者个人生态环境的态度显著影响其所在企业的生态环境行为。姚丽芬和龙如银（2017）的研究发现，企业家的绿色环境意识受到六个主要因素的影响，即社会因素、促进性条件、情感因素、态度因素、习惯因素和特征因素。综上，影响企业家绿色环境意识的主要因素包括：性别、年龄、社会等级、政治倾向以及居住地；绿色环境知识和收入水平；社会因素、促进性条件、情感因素、态度因素、习惯因素和特征因素。

基于以上内容以及第二章对绿色环境意识相关理论、概念的阐述，本书借鉴Banerjee 等（2003）的研究做法，把企业家的绿色环境意识分为环保创意来源、契合环境目标、考虑环境问题和降低对环境的影响等方面，具体内容包括：企业已将环境问题纳入战略规划过程、企业认为质量包括降低产品和工艺对环境的影响、企业会尽一切努力将环境目标与其他企业目标联系起来、企业在开发新产品时始终会考虑环境问题。

四、企业可持续发展绩效：环境绩效、财务绩效

通过对现有文献研究的梳理可知，企业绿色战略或环境战略的制定实施目标众多，例如，使企业承担社会责任而获得环境绩效（Torugsa et al.，2012）、环境文化和定位（Menguc & Ozanne，2005）、财务成本的降低以及绿色营销绩效和市场绩效（Fraj-Andrés et al.，2009）。在学者们对企业绿色战略或环境战略与企业绩效之间关系的研究中，也多聚焦于企业的环境绩效（Torugsa et al.，2012）和财务绩效（Julian & O'Cass，2002）。本书对企业环境战略或绿色战略与企业可持续发展绩效的研究主要分为两个部分：一是企业绿色产品创新对企业可持续发展绩效的影响。绿色产品创新包括绿色产品技术创新和绿色产品设计创新，企业可持续发展绩效包括环境绩效和财务绩效。二是企业绿色产品创新与外部制度压力匹配产生的企业绩效。

（一）环境绩效

Enderle（2002）的研究表明，立足于可持续发展理论，现代企业核心竞争力的关键乃是企业所承担的社会责任，而企业的社会责任包括环境责任和经济责任。其中，环境责任是指企业在其生产经营活动中使资源消耗和环境污染达到最低程度，为实现企业可持续发展的目标，企业只有兼顾生产和环境，将经济利益和环境责任结合起来。Porter 和 Van der Linde（1995）的研究也表明，企业通过制定实施绿色产品创新战略可以提高产品的资源利用效率、构建先发优势、开发

新市场，提高或改进企业的财务绩效和环境绩效，实现企业发展和环境保护的双赢；企业的绿色产品创新战略实施可以帮助企业预防和减轻环境危机；Chen 等（2006）的研究指出，企业实施绿色产品创新战略能够提高生产率、减少生产污染，也能通过绿色产品创新战略改善企业社会形象、制定更高的绿色产品价格以赢得竞争优势，并且，使企业规避环保方面的惩罚，限制法规遵从性以外的环境影响。Geyskens 等（2002）以及 Judge 和 Douglas（1998）的研究认为，企业绿色产品创新战略的实施也同样节省了能源、人力物力的损耗，使渠道更加绿色化；同时，还应对企业员工和公众进行环境教育。综上，本书对企业绿色产品创新战略实施所产生的环境绩效主要包括：促使企业遵守环保规例、预防和减轻环境危机、限制法规遵从性以外的环境影响以及对员工和公众进行环境教育等方面。

（二）财务绩效

Porter 和 Van der Linde（1995）的研究指出，企业通过制定实施绿色产品创新战略可以提高产品的资源利用效率、构建先发优势、开发新市场、提高或改进企业的财务绩效和环境绩效、实现企业发展和环境保护的双赢。Metters 和 Walton（2007）认为，企业绿色产品创新战略的实施能够降低人力和物力成本，降低企业的物流管理成本和交易成本，但需要一定的履行能力。Sharma 和 Vredenburg（1998）指出，企业通过制定实施绿色产品创新战略可以降低企业成本、改善运营、提高企业社会声誉，进而提升企业财务绩效和环境绩效。Rabinovich 等（2007）认为，企业制定实施绿色产品创新战略可以通过专有的绿色销售网络完成网上订单，降低了运输的成本和费用。Klassen 和 McLaughlin（1996）、Russo 和 Fouts（1997）以及 Jacobs 等（2010）的研究均指出，企业实施绿色产品创新战略给企业带来了高边际收益和高市场份额，促进了企业财务绩效的进一步提升。综上，本书对企业绿色产品创新战略实施所产生的财务绩效主要侧重于企业的盈利能力大大提高、投资回报率大大提高以及销售增长明显更好三个方面。

五、企业外部制度压力的构成

企业制定实施绿色战略转化为企业绩效的过程中势必会受到来自外部环境和企业内部的制约和影响。外部环境中的制度环境压力对企业制定和实施绿色战略的影响最大也最明显，而企业内部的营销能力是配合企业绿色产品战略转化为企业良好绩效的最有效的助力。制度可分为正式制度和非正式制度，它是一个社会用来规范、限制和约束人类彼此间的互动形式的（North，1993）；而营销能力是企业内外部与市场营销相关的人力资产、组织资产和市场资产的一种综合能力（Möller et al.，1987）。下面将着重介绍外部制度压力。

Wang 等（2008）认为，制度压力是促使企业结构、形态和行为变为合理的、可接受的社会规范、社会文化、社会规则和社会观念的作用力。North（1993）指出，制度可分为正式制度和非正式制度，它是一个社会的用来规范、限制和约束人类彼此间的互动形式的。制度理论强调组织决策和行为受到制度的影响（Meyer & Rowan，1977）。剖析制度压力的首要任务是理解"压力"的含义，并从心理学和物理学两个视角对压力进行解析。DiMaggio 和 Powell（1983）把制度压力分为规范压力、规制压力和模仿压力三种。

根据 Scott（1995）的研究可知，规制压力指的是政府通过奖励、处罚、规制和控制影响或管制企业。规制压力是政府部门或者权威性非营利组织颁布、规定的相关法律法规和行业准则。规制压力对企业行为规范履行情况的监督主要是通过构建行为规范，并且为达到规范目的而决定奖惩的情况（Scott，1995）。而规制压力包括：政府对违反相关环境法律法规的经营行为有严厉的惩罚措施、政府通过严格执法来保障绿色市场主体的利益、政府通过各种形式宣传企业应该遵守相关环境法律法规、政府对公众反映的企业违反相关环境法律法规的行为有迅速反应。

规范压力是组织行为所受到的职业化因素的影响。竞争者的模仿、规章制度的限制以及职业的导向，使管理者坚信这种结构或行为能够带来好的绩效，组织并为此而采取相似的结构或行为（云嘉敏，2018）。规范压力包括：企业从行业或职业协会中了解各种环境规范、对社会负责的绿色经营理念备受公众的推崇、公众对企业负责任地对待绿色利益相关者的行为非常赞赏、企业遵循各种绿色环保规范对企业有很强的影响力。

相比于规制压力，规范压力没有强制性的法律效应，更多的是约定俗成的一种无形行为规范，如社会价值观和文化信仰，这些行为规范对企业行为和选择具有直接的影响（Scott，1995）。制度压力是由公众意见和政府监管机构等特定行为者授予的（Galaskiewicz，1985）。

模仿压力是企业在不明确何种战略行为有效的情况下而采取模仿业内成功企业的实践和行为。模仿压力也被称为认知压力，包括行业内已被认可的经验以及行业中已经成熟存在的行为规范。模仿压力会因所处环境的不同而产生不同的行为（Scott，1995）。模仿压力包括：企业遵循相关环境法律法规是理所当然的、企业理应承担社会环保责任、企业应当为顾客创造绿色价值。

依据以上阐述，本书将企业家绿色环境意识作为切入点，基于绿色产品创新、环境责任意识、企业可持续发展绩效及制度压力、战略匹配等领域的相关理论研究，着重探究企业家的绿色环境意识对企业绿色产品创新战略的前置影响，以及企业外部制度压力在绿色产品创新转化为企业可持续发展绩效过程中的作用影响，即深入探究绿色产品创新的吸收机制和转化机制。对吸收机制的探究，能够帮助企业从绿色环境意识出发，选择制定合适的绿色产品创新战略，包括绿色产品技术创新、绿色产品设计创新、绿色产品协同式创新、绿色产品平衡式创新；对转化机制的探究，可以促进企业有计划、有目地进行绿色产品创新，以此来改善和提高企业可持续发展绩效，也有助于解释企业是否实施绿色产品创新对其获得的竞争优势、环境绩效和财务绩效方面产生的差异。基于此，本书构建了"如何通过企业家绿色环境意识实现企业可持续发展"的概念模型（见图3.1）。

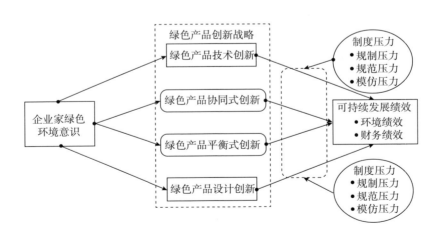

图 3.1　"如何通过企业家绿色环境意识实现企业可持续发展"概念模型

资料来源：作者设计。

第二节　绿色产品创新战略前置因素的研究假设

根据前文所述，开展绿色产品创新的前置因素主要是企业家的绿色环境意识。绿色环境意识是一种高层次的理性生态意识，它体现了人与生态需求相契合的人生观、价值观和道德观。拥有绿色消费意识的企业家能够意识到企业战略行为可能涉及的生态环境问题，他们积极倡导企业生产开发对环境保护最大的绿色商品，以达到消费和环保契合的双重目的，能够体现可持续发展和社会责任担当的企业形象（Peattie，1992）。

企业家的绿色环境意识对企业绿色战略的制定实施具有直接影响，这种影响体现在环保意识对企业感知绿色市场需求产生的实际效力上（Peattie，2001）。在管理者绿色环境意识的影响下，企业制定绿色战略对环境保护产生的实际效果影响着企业绩效，如果没有企业家的绿色环境意识，可能会削弱企业的绿色行为。

当今绿色消费时代的到来，促使企业将绿色产品创新作为自身发展的最终目标和永恒主题，绿色产品创新也被视作未来企业竞争优势的主要来源。绿色产品创新是指企业以绿色环保为导向，全面拓展产品或服务的绿色功能和绿色质量，可持续性地推进企业绩效和环境协调性发展的战略规划（焦俊和李垣，2011）。企业环境绩效和环境管理能力的提升得益于企业环保事业与管理者绿色环境意识的契合（伊晟和薛求知，2016）。Christmann 和 Taylor（2001）的研究发现，企业家的绿色环境意识会在很大程度上给企业环境管理和绿色产品创新战略制定带来强大推力。由于绿色环境意识，企业家会考虑到市场绿色环保的诉求，进而推动企业进行绿色产品的设计和生产流程的规范。为了迎合市场需求和占领绿色消费市场，企业也不得不改进原有产品、生产流程和技术，注入"绿色成分"（Christmann & Taylor，2001）。企业绿色产品创新的实施与管理者绿色环境意识的契合，可以促进企业与消费市场之间在绿色环保知识上的分享和理解，引领绿色潮流，促进企业绿色产品的创新，提高绿色产品创新能力。企业家的绿色环境意识也有助于增强企业对顾客或消费者环保诉求的理解，开展绿色产品创新以革新绿色产品设计和绿色产品的生产工艺流程，重构企业与消费者对话、解决问题的惯例，从而更好地满足消费者的绿色需求（Vachon & Klassen，2006）。

绿色产品创新包括以下内容：①从绿色产品技术创新方面来看，它通过运用新产品技术来节约和循环利用资源，研发节能、环保、健康的新产品，并始终遵循社会经济和生态协调发展的原则。绿色产品技术创新是指开发环境友好型、可节约能源和材料的技术产品，尽量减少使用或不使用稀缺、昂贵、不可再生的材料，以避免危害生态环境；并注重对产品的回收、再生产，以达到从技术开发到产品使用后的残余物均对人体健康和自然环境没有或只有最小的危害（Eiadat，2008；焦俊和李垣，2011）。②从绿色产品设计创新方面来看，它是指在产品设计阶段就已融入了预防污染和环境保护的理念。产品设计的出发点是将可能造成环境影响的概率降至最低，以符合生态环境指标。绿色设计创新的目的是以最少的资源消耗设计出合乎人类社会与生态环境和谐的创新产品，提高创新产品在绿色消费市场的竞争力和地位（李琳等，2005；Eiadat，2008）。

诚然，管理者的绿色环境意识促使企业产生强烈的环境责任感，激励企业产生环境责任意识，主动参与环境治理和环境保护。企业家的环境责任意识又激发企业开展绿色创新，融入"绿色因素"到其产品设计和工艺流程中；同时，拥有强烈环境责任意识的企业也会投入更多的企业资源到绿色产品创新中，以在绿色产品技术创新、设计创新探索中获得环境管理能力和绿色创新技术（李冬伟和张春婷，2017）。不仅如此，具有强烈环境责任意识的企业管理者在企业环境管理中的影响力也较高，他们会推动企业将"绿色技能"和环境管理理念纳入可持续性发展的战略规划，通过绿色创新改进产品的生产流程和产品的质量（Wong，2013）。此外，在企业家绿色环境意识的影响下，企业更有可能进行绿色产品的设计，并在产品设计流程中节约能源、防治污染，进行废物回收。企业家的绿色环境意识常常驱使企业运用严格环境标准进行绿色产品的设计和绿色工艺的创新，有助于企业高门槛行业壁垒的构建；特别是拥有领导战略优势的企业，管理者已将绿色环境意识、绿色环境思想、绿色环境管理体系和绿色环境道德付诸实践，例如，拥有较强绿色环境意识的企业家会推动企业为弥补自身环境成本而通过开展绿色产品创新来提高资源的利用效率。因此，企业家的绿色环境意识促进企业更加致力于开发绿色环保产品，更注重研究绿色环保工艺技术，以构建行业生态环境标准，从而成为行业绿色环保创新的"领头羊"。并且，拥有较强绿色环境意识的企业家更有可能向其员工传输绿色环保理念和信息，将绿色创新融入员工的日常工作中，进一步提升了企业的绿色创新能力（Chen et al.，2006）。综上，本书提出以下假设：

H1：企业家绿色环境意识推动企业开展绿色产品创新战略。

H1a：企业家绿色环境意识促进企业开展绿色产品技术创新。

H1b：企业家绿色环境意识促进企业开展绿色产品设计创新。

企业家绿色环境意识通常将其环保行为内化为价值观，直接影响企业关注环境问题，主动开展绿色产品创新以减少环境污染，并影响企业的绿色创新模式。企业家的绿色环境意识使他们关注到绿色产品创新带来的市场机遇，也意识到企业生产活动所产生的对环境的不利影响。因此，企业家绿色环境意识可推动企业开展绿色产品协同式创新。绿色环境意识越强的企业家越具有冒险精神。企业更倾向于大胆探索与开发绿色新产品、新工艺以及绿色设计流程，有针对性地满足消费者对于绿色产品的需求；与此同时，通过协同绿色产品技术创新树立良好绿色形象以拓展市场份额，赢得更多市场青睐。企业家绿色环境意识越高，越能意识到消费者绿色需求的迫切性，企业家会敏锐地察觉企业某些行为对生态环境造成的破坏，进而产生环保责任感，促使企业开展绿色产品工艺技术协同绿色产品设计，来满足市场的绿色需求，即企业开展绿色产品协同式创新。

企业家绿色环境意识可推动企业积极实施绿色产品平衡式创新，主动适应环境规制并避免遭受强制性惩罚，平衡优化绿色产品技术创新和绿色产品设计创新。由于供应商、消费者和媒体等利益相关者对环境保护的关注，企业家绿色环境意识会把利益相关者的期望和需求视为自身责任，并提至战略高度，投入资源来平衡优化绿色产品技术创新和绿色产品设计创新。企业家绿色环境意识越强，对市场信息越敏锐，越具有前瞻性，他们会时刻关注竞争企业的战略动向并及时调整。企业家绿色环境意识越强，越倾向于将外部市场压力视为发展机遇，统筹协调各方面创新资源，积极引导企业开展绿色产品平衡式创新：不仅通过开展绿色产品技术创新掌握环保核心技术，发挥在该行业领域的领导者先动优势；而且通过开展绿色产品设计创新与竞争企业的产品形成差异化优势。需要注意的是，相较于绿色产品协同式创新，企业家绿色环境意识对企业开展绿色产品平衡式创新的推动作用更明显。由此，本书提出以下假设：

H1c：企业家的绿色环境意识促进企业开展绿色产品协同式创新。

H1d：企业家的绿色环境意识也促进企业开展绿色产品平衡式创新。

第三节　企业绿色产品创新战略对企业可持续发展绩效影响的研究假设

企业开展绿色产品创新不仅能够满足环境保护和绿色生态的要求，而且能够为企业创造新的价值、带来新的市场机遇，促使企业保持持久的竞争力（赵立雨和张丹，2017）。绿色产品创新是企业战略业务目标与可持续性发展相统一的手段、筹划和指导。绿色产品创新对企业的正向影响主要表现在对企业环境绩效方面（赵立雨和张丹，2017）。一方面，绿色产品创新可以作为企业提升自我竞争能力的特有途径和方法；另一方面，企业对绿色环境责任越重视，对绿色环保创新意愿越强烈，开展绿色产品创新就越有效。

一、企业绿色产品创新对企业可持续发展绩效的影响

波特认为，污染既是浪费也是资源利用效率低下的表现，这种表现的存在说明企业仍有产品、服务或流程方面的问题。通过实施绿色产品技术创新战略、绿色产品设计创新战略，不仅能够节省能源、原材料和劳动力成本，而且能够使企业发现新的利润"源泉"，提高企业资源利用效率和生产效益（Porter & Van der Linde，1995）；同时，也可以抵消因环境改善而生成的成本，获取更大的市场机会和竞争优势。生态现代化理论的观点认为：通过制定和实施绿色产品技术创新战略、绿色产品设计创新战略，企业可以获得环境绩效，促进环境友好型社会的构建（Murphy & Gouldson，2000）。通过绿色产品创新战略的制定和实施，很多国际知名大企业已获得了优良的环境绩效和积极的社会影响。

企业开展绿色产品技术创新，通过绿色技术工艺生产能够节约资源以及降低

生产成本和运营成本，从而实现运营优势（Porter & Van der Linde，1995），最终提升企业财务绩效。同时，企业通过开展绿色产品技术创新深耕绿色产品创新领域，使新增绿色产品创新与现有产品线的关联度增强，积累更多的创新知识、经验，提高创新能力，从学习经济、整合经济以及通过与其他创新项目共享和联合使用资源的范围经济中获益，进而提升了企业财务绩效。

企业通过开展绿色产品设计创新能够带来较高的利润和丰厚的资产回报。首先，绿色产品设计创新可带来绿色产品的差异化，降低或避免顾客对同一种绿色产品的审美疲劳，设计样式独特、外观优美、体现以人为本的绿色产品毋庸置疑将受到消费者的青睐；同时，绿色产品设计创新式是对绿色产品的艺术化表达，绿色产品设计的附加值可转化成市场中绿色产品的高价格（Hertenstein & Platt，2000）。其次，绿色产品设计创新还提升了企业的品牌效应，品牌则又给企业带来无形的社会效益和经济效益，这种无形效益的积累可转化为企业资产（Kreuzbauer & Malter，2005），进而提升企业资产回报率。因此，本书提出以下假设：

H2：绿色产品创新战略促进了企业可持续发展绩效的提升。

H2a：开展绿色产品技术创新不仅提升了企业财务绩效也提升了环境绩效，即促进了企业可持续发展绩效的提升。

H2b：企业开展绿色产品设计创新既提升了财务绩效又提升了环境绩效，即促进了企业可持续发展绩效的提升。

二、绿色产品协同式创新对企业可持续发展绩效的影响

绿色产品协同式创新是由绿色产品技术创新和绿色产品设计创新互补协同而成的，它对企业财务绩效的促进提升效果最明显。企业在合适的时机、合适的条件下需要进行绿色产品技术创新和绿色产品设计创新的协同与平衡，以弥补自身产品创新方面的能力短板，把企业产品创新资源完整地投入到两种创新活动中，做好"两手都硬"以获得长期效益和短期效益。绿色产品技术创新活动过程中的知识、智力可能会为绿色产品设计创新活动开辟成功路径，促进企业长远利益的提升；绿色产品设计创新活动的新知识会对绿色产品技术创新过程的有效开展有所帮助，两者相辅相成产生的协同效应会在一定程度上促进财务绩效的提升。

绿色产品技术创新和绿色产品设计创新的协同开展不仅会积极影响企业的财

务绩效和持续性竞争能力，也有助于提升企业环境绩效（黄雪，2019；Long et al.，2017；曹翠珍和冯娇龙，2022）。首先，企业的绿色产品协同式创新可以通过绿色产品设计、清洁技术工艺和设备、回收以及再利用生产材料等降低环境污染（Xie et al.，2019），提高环境价值，促进企业在实现环境绩效方面的可持续性。其次，绿色产品协同式创新以协同利用全新的绿色技术和设计全新的绿色产品为目标，通过有效利用绿色产品新设计在新市场中的机会，对绿色产品或服务开展市场推广和商业化（黄雪，2019；Long et al.，2017；曹翠珍和冯娇龙，2022）；同时，协同利用绿色产品新技术可改善现有目标市场的产品和服务，不断拓展、延伸现有绿色技术，改进产品的生产工艺流程，从源头上预防环境污染，最小化废弃物排放，提高资源能源的利用效率以减少浪费（黄雪，2019；Long et al.，2017；曹翠珍和冯娇龙，2022），最终提升环境绩效。

综上，企业实现绿色产品创新过程中的产品技术和设计流程改进，以满足消费者绿色需求，获得绩效的增长，实现企业财务绩效与环境绩效的平衡（El-Kassar & Singh，2019），即实现了企业可持续发展绩效的提升。由此，本书提出以下假设：

H2c：绿色产品协同式创新提升了企业财务绩效也提升了环境绩效，即促进了企业可持续发展绩效的提升。

三、绿色产品平衡式创新对企业可持续发展绩效的影响

相较于绿色产品协同式创新，绿色产品平衡式创新由绿色产品技术创新和绿色产品设计创新通过平衡优化效应交互形成，它对企业可持续发展绩效的提升效果最突出。因为二者的优化平衡有助于企业获取长期的绿色化发展轨迹、市场绿色需求信息、所需绿色资源配备以及未来市场的创新价值等（黄雪，2019；曹翠珍和冯娇龙，2022）。一方面，企业开展的绿色产品技术创新，探索的新产品技术、开发的新绿色产品市场，获得的新技能、新知识，能够激发企业绿色产品设计创新的思路与灵感，促进企业对现有绿色产品设计和市场进行创新与拓展，进而正向影响财务绩效。另一方面，企业绿色产品设计创新行为带来的市场扩张、产品升级可以为绿色产品技术创新活动提供参考，帮助企业获得吸收消化新技能和新知识的能力，激发企业寻求新市场（黄雪，2019；曹翠珍和冯娇龙，2022）、

新技能和新知识，两者的平衡优化作用明显有利于财务绩效的提升。

绿色产品设计创新侧重于在整个生命周期中关注产品或服务的创新设计，并通过绿色产品技术工艺提高生产率，以实现能源消耗和原材料使用的降低和减少；绿色产品技术创新则致力于实施新的绿色产品工艺或交付过程，通过原材料的投入或替代能源和回收材料的使用来减少资源和能源的使用，降低污染物排放，从而减轻对环境的不利影响（Brasil et al.，2016）。因此，通过绿色产品技术创新和绿色产品设计创新的平衡优化可促进企业环境绩效的提升。综上，绿色产品平衡式创新既促进了企业财务绩效也有助于企业环境绩效的提升，故有助于提升企业的可持续发展绩效。由此，本书提出以下假设：

H2d：绿色产品平衡式创新提升了企业财务绩效也提升了环境绩效，即促进了企业可持续发展绩效的提升。

第四节 企业绿色产品创新战略与制度压力匹配的研究假设

企业绿色创新转化为企业可持续发展绩效的过程中，受到了来自外部制度压力的作用影响。新制度主义理论认为，企业绿色产品创新与外界制度压力的有效匹配能够产生正向积极的企业可持续发展绩效；企业开展相应的绿色产品技术创新和绿色产品设计创新以满足产品市场的绿色诉求已经成为一种行业规范。因此，本书在接下来的研究中将重点讨论制度压力对企业开展绿色产品创新与企业可持续发展绩效之间所具有的正向影响，以及所体现出来的绩效差异。

一、企业绿色产品技术创新与制度压力匹配对企业可持续发展绩效的影响

新制度主义理论认为，企业要想提高自身生存和发展的能力就应极力满足其外部利益相关者的需求，为此也把制度压力分为规制压力、规范压力和模仿压力三类（DiMaggio & Powell，1983）。

规制压力是社会文化期望和企业外部其他组织对企业行为施加的正式与非正

式压力（DiMaggio & Powell，1983），强制企业达到并符合统一的污染控制标准和环境规制标准，督促、激励企业进行绿色产品的技术革新和绿色产品的设计创新。而规范压力是指由于社会合法化的影响，企业会被迫采用业界流行的做法、规范和标准（Lai et al.，2006；Zhu & Sarkis，2007；Alvarez-ail et al.，2007）。消费者的绿色需求和业内制定的行业规范正是企业开展绿色产品技术和设计创新的直接推动力。同时，企业一定会密切关注其竞争对手的战略变化，若其竞争对手通过开展绿色产品创新而成功吸引了消费者、获取了竞争优势，那么企业也一定会迅速做出反应，模仿行业中成功企业或其竞争对手的行为进行绿色产品创新战略调整，包括绿色产品技术创新和绿色产品设计创新，以实现企业环境绩效的提升（Lewis & Harvey，2001）。

政府强制性的环保法律法规是企业开展绿色产品技术创新的重要推动力和约束力，也被视为一种来自企业外部的强制性、规制性压力（Carter & Ellram，1998）。政府适当的环保法律法规有效地推动了企业开展绿色产品技术创新（Porter & Van der Linde，1995）。Frondel 等学者认为，强制性的环保法律法规比其他激励制度都更有效，强制企业达到并符合统一的污染控制标准和环境规制标准，包括设置产品禁令、收取污染费和税费、制定排放标准以及颁发交易许可证等，督促、激励企业开展绿色的产品技术创新。

规制压力可使企业树立良好的企业形象，消除不利于企业的负面宣传；也可以产生积极的联想，促进消费者对企业及其产品产生亲近的态度，提高对企业产品或服务的质量感知，使企业获得更加满意的忠诚客户；此外，还能够节省能源、原材料和劳动力成本，更能够促使企业发现新的利润源泉，获得环境绩效，促进环境友好型社会的构建（Murphy & Gouldson，2000）。因此，本书认为，企业绿色产品技术创新与政府强制性压力的有效匹配和充分适应对企业环境绩效具有显著的正向促进作用，强制性压力对企业绿色产品技术创新与企业环境绩效之间的关系具有显著的调节作用。

消费者的绿色需求和绿色消费意愿往往就会形成一种绿色规范性压力，迫使企业纷纷开展绿色产品技术创新（Lai et al.，2006；Zhu & Sarkis，2007；Alvarez-Gil et al.，2007）。随着当今社会绿色环保氛围和环保形式的不断加强，消费者开始热衷于绿色环保产品消费，并期望通过绿色渠道购买到这些产品。为此，企业开展相应的绿色产品技术创新来满足消费者的绿色需求已成为一种行业规范。例如，消费者对无氟产品的需求刺激企业开发出无氟冰箱和无氟空调，促使企业进行绿色产品技术创新，并通过适应这种外部规范而将绿色产品推入"绿色渠道"，最终送达消费者手中。所以，消费者的绿色需求正是企业绿色产品技术创新和规范压力进行有效匹配的直接推动力。

Galaskiewicz 和 Wasserman（1989）认为，企业会模仿行业中成功企业的行为或其他有关联成员的行为。随着绿色消费和绿色理念的不断深化，企业能否提供环境友好型产品或服务以及开展与之配套的技术创新成为行业内实现成功差异化战略的标志，为企业提供新的竞争优势和利润源泉（Porter & Van der Linde，1995）。企业密切关注着其竞争对手的战略变化，如果竞争对手通过开展绿色产品技术创新，成功吸引了消费者并获得了竞争的优势，那么企业也一定会迅速做出反应，进行绿色战略的调整，包括进行绿色产品技术创新同模仿压力的匹配（Lewis & Harvey，2001）。例如，西门子高效利用绿色能源产品创新进行技术创新与外部环境的适应，相关绿色创新产品和销售占西门子总收入的1/4，通过绿色产品技术创新和外部环境模仿压力的匹配、适应，西门子实现了企业与消费者和社会三方互利共赢的局面。因此，本文提出以下假设：

H3：企业绿色产品技术创新和制度压力的有效匹配对企业可持续发展绩效具有显著的正向影响。

H3a：企业绿色产品技术创新和规制压力的匹配对企业可持续发展绩效具有显著的正向促进作用。

H3b：企业绿色产品技术创新和规范压力的匹配对企业可持续发展绩效具有显著的正向促进作用。

H3c：企业绿色产品技术创新和模仿压力的匹配对企业可持续发展绩效具有显著的正向促进作用。

二、绿色产品设计创新与外部制度压力的匹配对企业可持续发展绩效的影响

随着中国经济的腾飞和新兴经济体地位的确立，在制度理论框架下分析企业的创新行为，尤其是制度因素以何种方式或在多大程度上对企业"创新战略—绩效"产生影响，并形成一种正式研究范式，即研究企业创新战略产生绩效影响时无法避免地要考虑制度因素带来的影响（李继学和高照军，2013）。对于企业绿色产品设计创新实践来说，规制压力主要反映环境规制的压力，它源于政府或监管机构的强制要求、行政法令以及法制法规的强制性实施（DiMaggio & Powell，1983）。

规制压力被实践者和理论界公认为企业实施绿色环境战略最重要的一项强制性压力，是政府或监管机构通过运用国家权力强制性地对企业施加环境管理压力（Li，2014）。而规制的强度和执行的严厉性是决定企业开展绿色产品创新的重要因素，它促使企业的绿色产品设计创新与外部的环境压力进行匹配适应，如开展清洁能源利用、设计创新设备以提升效率等，给企业带来绿色创新产品产出的相对增加以及竞争优势的获得，进一步促使企业更有动力去开展持续性创新，提升了企业形象和品牌形象，提高了顾客忠诚度和满意度，也预防和减轻了企业的环境危机，限制了企业从事法规遵从性以外的商业活动等（马玎等，2016）。

另外，企业开展绿色产品设计创新与规制压力的匹配，可进一步增强企业将绿色创新设计产品传递给最终消费市场的驱动力和积极性。例如，在政府环保法律法规的要求下，耐克将其鞋子设计环节的标准进行量化，把详细数据输入电脑程序，再根据数据来减少有毒黏合剂，完全使用聚酯纤维等绿色材料。因此，在规制压力下，企业不仅要达到政府环境治理政策的要求，积极开展绿色产品设计创新，也受到政府环境优惠政策的吸引、鼓励和支持，将绿色产品设计创新与外部规制压力进行匹配适应，开拓绿色产品消费市场。这些都会提升企业环境绩效（马玎等，2016）。

规范压力主要来自外部利益相关者（包括社区和消费者等）之间构建的行业规范和价值观，或者来自特定行业赋予的专业工作条件和方法（DiMaggio & Powell，1983）。作为社会合法化的一种形式，企业的行为都受到外部利益相关者的规范、标准和期望的约束（Cavusoglu et al.，2015）。随着人类社会环保意识的增强，消费者对绿色环保产品的偏好也越来越大，企业通过开展绿色产品设计创新来服务于环保产品创新，已经形成了一种行业规范。在这种行业规范的约束下，开展绿色产品设计创新的企业不断努力探索与其外部规范压力进行有效匹配，来满足消费者环境保护的需求。而这一战略匹配也是满足消费者需求和企业绿色创新最直接的驱动力之一（Liao，2018）。与此同时，持续性绿色产品设计创新可以使企业成为公众关注的焦点。相对于那些公众较少关注的企业而言,当公众关注较多的企业出现损害消费者利益、污染环境的报道时,很可能会受到公众的指控,甚至引起行政机构的调查。所以,企业最明智的选择就是开展绿色产品设计创新,并与外部规范压力相匹配以避免环境违规事件的发生,同时积极宣扬企业的绿色设计创新(Liao,2018)。互联网、电视、报纸等媒体的监督形式会把社会期望传递给企业,开展绿色产品设计创新,将发展决策偏好与外部制度环境压力进行匹配,可成功地把绿色设计创新产品推向市场,从而树立企业绿色环保形象,提高顾客和消费者的满意度,以获得社会和行业的高度评价。

模仿压力主要体现在企业仿效学习行业内领先企业或标杆企业的行为做法,据此而形成竞争优势以带来企业间的竞争压力(Bansal & Roth,2000;沈洪涛和苏亮德,2012)。企业的模仿行为来自自身感知到的"模仿压力"。在模仿压力的影响下,企业开始对环境保护责任的认知发生转变,产生理性的绿色环保动机,相应地制定实施绿色产品设计创新战略等举措,积极推动企业绿色产品设计创新与外部制度环境压力的匹配适应。同时,在激烈的市场竞争中,许多企业都可以提供高质量的绿色产品或服务,所以,绿色产品设计创新的开展能否为顾客提供环保产品已经成为企业进行差异化战略的一个重要手段。绿色产品设计创新与模仿压力的有效匹配又将为企业寻找新的利润来源、获得竞争优势提供了可能(Liao,2018)。企业绿色产品设计创新和外部制度压力的匹配有助于企业获得合法性认可和社会声誉,使其通过绿色设计、绿色创新出来的产品能够受到市场的接受和欢迎(Terlaak,2007)。因此,本书提出以下假设:

H4:企业绿色产品设计创新和制度压力的有效匹配对企业可持续发展绩效具有显著的正向影响。

H4a:企业绿色产品设计创新和规制压力的匹配对企业可持续发展绩效具有显著的正向促进作用。

H4b:企业绿色产品设计创新和规范压力的匹配对企业可持续发展绩效具有显著的正向促进作用。

H4c:企业绿色产品设计创新和模仿压力的匹配对企业可持续发展绩效具有显著的正向促进作用。

三、制度压力对绿色产品协同式创新和平衡式创新与可持续发展绩效的调节作用

我国政府通过制定各项法律和相关法规对市场进行监管，并掌握大量优质资源，对企业构成制度压力（DiMaggio & Powell，1983）。因此，政府制定出台相关规章制度以规范引导企业开展绿色产品技术创新和产品设计创新，促使企业满足市场绿色需求与公众社会期待进而提升企业财务绩效。首先，规范压力通过各种社会媒体将社会对企业绿色产品创新的期望反馈给企业，同时，行业协会制定的行业标准影响企业绿色产品创新行为，以各种行业规范来督促企业察觉绿色创新影响并在社会中广泛传播（Cavusoglu et al.，2015；Burki & Dahlstrom，2017）。社会媒体是社会舆论导向的引领者，在企业开展绿色产品协同式创新和平衡式创新过程中具有推动作用，引领社会公众的关注焦点，既是企业绿色产品创新的压力施加者也是企业的魅力增强者（Cavusoglu et al.，2015；Burki & Dahlstrom，2017；曹翠珍和冯娇龙，2022）。对于重污染企业而言，正面积极报道更能促进企业为保持和维护自身形象而积极开展绿色产品协同式创新和平衡式创新，进而提升企业财务绩效。其次，同行业竞争者对企业产生行业管理或规则规范的压力，以及行业内盛行并被逐步推广采纳的新管理模式的压力（Cavusoglu et al.，2015）。规范压力促使企业仿效其同行的绿色创新行为，这种行为被社会普遍接受；并且，同行业企业开展绿色产品协同式创新和平衡式创新的水平越高越会在行业内产生规模效应。由此可知，规范压力正向调节企业绿色产品协同式创新和平衡式创新与财务绩效之间的关系。

当竞争企业因积极开展绿色产品创新而提升了环境效益、提升了合法性，进而获得相应资源时，企业会与其竞争对手争夺资源并开展合法性竞争，此时企业更倾向于模仿竞争对手以获得竞争优势（Bansal & Roth，2000；沈洪涛和苏亮德，2012）。当开展绿色创新实践的预期目标较为模糊时，模仿同类企业的绿色创新行为是最安全的做法（Burki & Dahlstrom，2017）。模仿压力推动企业向竞争者学习，进而开展绿色产品协同式创新和平衡式创新以达到节能减排目的。由此，当企业所处行业环境绩效均值越高，企业面临的模仿压力越大，此时企业会选择开展实质性的绿色产品协同式创新和平衡式创新来提升企业环境绩效。

近年来，随着我国环境执法力度的不断加强，不断出台各种环境制度，为降低成本和环境违法风险，企业更倾向于开展实质性的绿色产品协同式创新和平衡式创新，以切实提高企业环境绩效（Burki & Dahlstrom，2017；曹翠珍和冯娇龙，2022）。自此，绿色产品协同式创新和平衡式创新与环境绩效之间的正关联性因规制压力的调节而得到进一步加强。

规范压力主要来源于制度理论行业协会和非政府组织等专业化组织，它们定义的一系列组织与职业行为的规范性准则会约束企业的绿色创新行为（Bansal & Roth，2000）。其对企业创新行为方面的期望会影响企业的绿色产品协同式创新和平衡式创新过程，进而影响环境绩效。例如，环保非政府组织一旦发现上市公司出现相关环境违法行为，就会通过诉讼方式向企业施加规范压力，以期纠正企业的环境违法行为。环保非政府组织是由环保人士和专业的公司或机构构成的，相较于其他监管机构会更具专业性，但强制性法规对某些不对环境造成直接影响的行为很难有精力去识别。因此，来自于环保非政府组织的规范压力会督促企业更多地开展绿色产品协同式创新和平衡式创新，使真实的环境绩效与企业绿色创新实践过程更趋于一致。基于此，本书提出以下假设：

H5a：规制压力促进了开展绿色产品协同式创新与企业财务绩效之间的正相关关系。

H5b：规制压力会加强企业绿色产品协同式创新与其环境绩效之间的正关联性。

H6a：规制压力会加强企业绿色产品平衡式创新与其财务绩效之间的正关联性。

H6b：规制压力正向调节企业绿色产品平衡式创新与其环境绩效之间的正关联性。

H7a：规范压力促进了开展绿色产品协同式创新与企业财务绩效之间的正相关关系。

H7b：规范压力会加强企业绿色产品协同式创新与其环境绩效之间的正关联性。

H8a：规范压力会加强企业绿色产品平衡式创新与其财务绩效之间的正关联性。

H8b：规范压力正向调节企业绿色产品平衡式创新与其环境绩效之间的正关联性。

H9a：模仿压力促进了开展绿色产品协同式创新与企业财务绩效之间的正相关关系。

H9b：模仿压力会加强企业绿色产品协同式创新与其环境绩效之间的正关联性。

H10a：模仿压力会加强企业绿色产品平衡式创新与其财务绩效之间的正关联性。

H10b：模仿压力正向调节企业绿色产品平衡式创新与其环境绩效之间的关系。

第五节　企业环境绩效对企业财务绩效的影响

绿色产品创新是通过绿色环保资源配置和市场营销活动不断寻求竞争优势的（Porter，1996）。绿色产品创新和资源禀赋之间的良好对应关系可以产生环境绩效，但企业的最终目标还是要获得优良的财务绩效（Bharadwaj et al.，1993）。

财务业绩意味着市场份额、现金流、年度销售增长、年度销售、年度收益和净值等目标（Srivastava et al.，1998）。本书将绿色产品创新所产生的企业可持续发展绩效划分为两个方面：环境绩效和财务绩效。由绿色产品创新产生的环境绩效给企业带来了高边际收益和高市场份额，优化配置企业资源消耗，降低企业环境治理成本，因此促进了企业财务绩效的进一步提升（Klassen & McLaughlin，1996；Russo & Fouts，1997；Jacobs et al.，2010）。在绿色范式下，企业环境绩效的提升能够更好地整合评估企业绿色战略实现的目标以及对绿色消费者需求的满足程度。如果向消费者提供产品绿色属性等信息，这些信息会影响消费者的购买决策。基于绿色可持续范式的协调、定位和推广，可使企业环境绩效转化为企业的优良财务绩效。因此，本书提出以下假设：

H11：企业环境绩效对财务绩效具有正向促进作用。

第六节   整体研究模型

　　绿色时代的到来、绿色新产品的开发生产给企业带来了无限的商机和利润，例如，对绿色无公害产品、绿色有机食品和环境友好型设备的开发生产，给相关企业创造了国际贸易商机，开辟了新的国际市场，使企业攫取巨额利润。同时，绿色时代的到来、绿色新产品的开发生产还带给企业良好、稳定和健康的市场环境，为企业发展指明了方向；促进了企业工艺优化和技术革新，既顺应了绿色时代的发展又满足了市场需求，实现了企业可持续性发展；树立了企业环保形象和环境信誉，由此获得顾客信任，提升了企业绿色新产品知名度和市场竞争力。随着人们收入水平和生活质量的提高，绿色消费的需求也日益强烈，人们的消费行为趋向绿色环保和生态化。人们不仅要求消费品能够满足自身的需求，而且要求不破坏生态环境，广大消费者对绿色产品产生青睐。根据中国绿色食品发展中心统计，2010—2018 年全国绿色食品的年均增长率为 29%，且年均增幅仍在不断上升，2018 年我国的绿色食品销售额达到 5200 亿元。并且，人们对绿色家电、绿色服装、绿色家具等绿色产品的消费呈现不断上升趋势。

　　结合许涤新（1985）的生态经济学理论、Zussman 等（1994）的绿色产品创新理论、DiMaggio 和 Powell（1983）的制度压力理论，以及 Venkatraman 和 Camillus（1984）与 Tavanietal（2015）的战略匹配理论，本书把企业适应绿色时代而制定实施的匹配战略设定为绿色产品创新与制度压力部分：绿色产品创新和制度压力匹配作用于企业可持续发展绩效（见图 3.2）。企业绿色产品创新的开展不仅能够满足环境保护和绿色生态的要求，而且能够为企业创造新的价值、带来新的市场机遇，促使企业保持持久的竞争力（赵立雨和张丹，2017）。一方面，绿色产品创新可以作为企业提升自我竞争能力的特有途径和方法；另一方面，企业对绿色环境责任越重视，对绿色环保创新意愿越强烈，绿色产品创新的开展就越有效。而这一绿色战略与外部制度环境压力的有效匹配和适应更能增加企业绿色产品的销售总额和利润，由此树立企业的环境友好形象，提高企业环境福利的市场战略地位，进而对企业财务绩效产生积极的促进作用（吕洁和余颖，2013）。

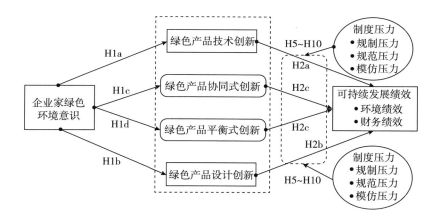

图 3.2 本书的研究模型

第四章 研究设计

研究设计是本章重点阐述的内容，包括四个方面：首先是界定本书的调研对象和调研受访者、样本选择和设计整个调研流程。其次是根据前文提出来的研究模型，梳理大量的文献，并结合实地访谈和专家访谈，使本书所需初始量表得以开发出来；接着进行预调研，分析量表的探索性因子和信度检验，修正初始量表，最终获取本书的正式量表。再次是介绍本书研究的调研时间、调研方法和调研问卷的回收情况等。最后是简要概述实证方法。

第一节 设计调研流程和选择样本

本节主要是对设计调研流程和选择样本的相关内容进行介绍。首先，设计本书研究的调研流程，以提供指导性研究思路；其次，对本书研究的调研对象和受访者选取进行清晰的界定；最后，本书研究调研样本的抽选是通过子抽样框界定和非概率抽栏方法进行的。

一、设计调研流程

获取高质量调研数据的前提和基础是科学、规范地设计调研流程。所以，本书在正式开展研究前，先设计了调研流程，如图 4.1 所示。本书研究调研流程的步骤包括以下几个方面：第一，根据本书"在企业家环境意识影响下的企业绿色产品创新与外部制度压力匹配对企业可持续发展绩效影响研究"的主题，对本书研究的调研对象和受访者进行清晰界定；第二，制定调研对象和受访者标准，并在此基础上进行调研样本的甄选，然后进行样本框的确定和抽样方法的选取，以完成抽样；第三，测量变量，立足于已有文献研究，结合战略专家和企业人士的建议，进行问卷的开发，并实地访谈部分企业，以完善调整问卷；第四，开展预调研以保证问卷的有效性，根据调研所得信、效度检验的结果对问卷的量表再次进行修正；第五，立足于上述工作，对样本企业进行正式调研，包括甄选调研方法、开展问卷回收、统计回收数据等。

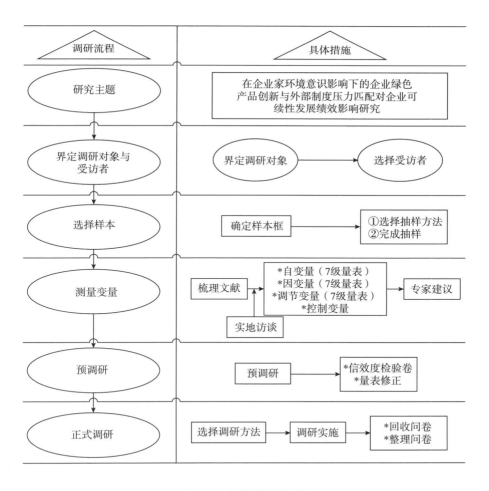

图4.1 本书的调研流程

二、确定调研对象和选择受访者

（一）确定调研对象

根据本书的研究主题——"在企业家环境意识影响下的企业绿色产品创新与外部制度压力匹配对企业可持续发展绩效影响研究"，研究企业在开展绿色产品创新过程中，由于企业家的绿色环境意识对其产生的影响，企业所采用的对应绿色战略，包括：绿色产品创新战略以及绿色产品创新战略和外部制度压力匹配战略；企业在绿色环境意识的影响下选择了相应的绿色战略后，在企业家绿色环境意识影响下开展的绿色战略带来了企业差异化的绩效结果。依据所考察的"绿色环境战略"研究需求，本书的研究以重污染企业为调研对象。

从分布地域来看，本书研究结合调研需求将调研对象聚焦于中西部省份的重度污染行业企业和少数东部沿海省份的典型污染行业企业。这些企业包括中国中西部省份的河南安阳钢铁股份有限公司、河南新天科技股份有限公司、四川川投能源股份有限公司、四川升达林业产业股份有限公司、中国石油化工股份有限公司金陵分公司、昆仑燃气安徽分公司、铜陵化工集团、马钢股份有限公司、中国石油大庆石化公司、新能源汽车、柳州钢铁集团、海螺集团、宝武集团，以及少数东部沿海省份的天津创业环保集团股份有限公司和北京中煤能源、北京三元食品股份有限公司。需要强调的是，本书是从制定实施绿色战略企业的角度出发，所以本书强调"重度污染行业领域的企业"，具体包括以下几类企业：①重度污染行业领域的食品类企业（如北京三元食品股份有限公司）；②重度污染行业领域的煤炭、钢铁、石油、天然气等行业企业（如北京中煤能源、柳州钢铁集团和马钢股份有限公司、大庆石油、昆仑燃气安徽分公司等）；③重度污染行业领域的林业类企业（如四川升达林业产业股份有限公司）。

由于重度污染行业企业进行绿色化战略实施的迫切性最强烈，也最具代表性，它们也是我国政府最为关注的"绿色改革"前沿，是生态环境部加强重污染企业综合治理的核心，因此，本书将以重污染企业为调研对象，主要涉及的行业领域包括煤炭、钢铁、石化、天然气、林业、食品加工、制药等行业。

（二）选择受访者

由于本书研究在企业家绿色环境意识影响下的绿色产品创新以及企业可持续

发展绩效问题，涉及企业的战略和绩效管理，所以，对于绿色产品创新和企业绩效管理都熟悉的受访者才是最合乎研究需求的，而此类受访者几乎都是企业产品部门的主管或企业的高层管理者；考虑到现实情境的限制，完成本书研究的调研工作全部依赖此类受访者比较困难。因此，本书借鉴当前学者们普遍接受的做法，即考虑调研对象的企业中基层管理人员作为受访者。并且，企业中的这些中基层管理者具体的工作内容、工作年限以及他们所在的部门等也被考虑在内，以确保本书的研究所收集的数据客观和有效。

根据以上内容的探讨和分析，调研对象得以确定。本书按照理想的受访者排列顺序把调研对象确认为以下几类：①董事长和董事、总经理和副总经理。该类受访者是最为理想的受访者，因为他们是企业的高层管理人员，他们相当熟悉企业所开展的绿色产品创新以及有效的战略匹配与企业绩效管理等相关的内容，这些对他们来说可谓是了如指掌。所以，该类受访者对本次调研的内容具有较好判断力。②董事会或总经理办公室的秘书。此类受访者通过参加战略决策会议可以整体把握企业的战略决策，但他们对企业绿色战略的制定并无决定权。③生产部门、研发部门、品质部门、采购部门和营销部门等相关部门的主管。此类受访者归属于企业中层管理人员，主要就是负责企业绿色产品创新和绿色促销与企业绩效管理的部门，他们比较熟悉、比较了解战略实施的情况。④其他部门主管。此类受访者也应归属于企业中层管理者，除负责采购部门、生产部门和研发部门外的其他业务部门，虽然不负责企业绿色战略管理的具体实施，但能够提供一定的帮助和资源，因为它们是主管部门的辅助部门。⑤工作内容与研发部门、采购部门、生产部门、品质部门和营销部门等部门密切相关的基层管理者。作为企业战略的具体践行人和执行者，他们能够对上述部门的管理提供执行层面的理解。

三、选取样本

样本选取前，本书收集了大量关于中国企业绿色产品战略的制定情况以及中国企业家绿色环境意识情况的相关资料，以更好地感知整体样本的选择情况。根据中国绿色食品发展中心统计，2010—2018年全国绿色食品的年均增长率为29%，年均增幅仍在不断上升，截至2017年底，我国绿色食品的销售额已达4898亿元，绿色消费的趋势已日渐凸显。而鉴于我国重污染企业的绿色创新层次较低、与其他类别企业的绿色创新差距明显以及绿色产品创新的数量较少，并且，随着中国绿色时代的到来，绿色消费市场的趋势日益凸显，加之政府一系列的绿色经济政策倡导和支持，例如，政府经常通过鞭策落后、褒扬先进的手段，督促更多的重污染企业自主开展和实施绿色战略、强化绿色技术创新意识，以应对政府部门的环保核查和监管，获取新的发展机遇（Qinghua & Joseph，2004），此类企业开展绿色产品创新和制度环境匹配适应已经被提上日程。最后，通过检索所收集的大量关于绿色环境、绿色消费、绿色产品创新、制度压力、企业绩效等相关数据，以及近年来企业制定实施绿色战略的真实案例，并从国家统计局发布的《中国统计年鉴 2017》和《中国统计年鉴 2018》、中国绿色食品发展中心发布 2010—2018 年的《绿色食品统计年报》、生态环境部公布的《上市公司环境信息披露指南》中的 16 类重度污染行业，来掌握、洞悉绿色环境和绿色消费的企业绿色产品创新和促销战略最新、最完整的情况。

（一）基本抽样框

根据前文所述，本书所确定的调研对象是生态环境部公布的《上市公司环境信息披露指南》中的 16 类重污染行业领域内的企业。但按照此分类行业去选择符合本书研究所需的样本企业，其数量过于庞大且调研对象难以掌握；考虑到人力、财力、物力和时间成本，更无法将符合要求的全部企业纳入进来，因此，界定本书的基本抽样框是很有必要的。

本书共选定了四个基本抽样框：首先是来源于现有文献，特别是中文顶刊（如《管理世界》《南开管理评论》《中国工业经济》《中国软科学》《科学学研究》等）上所调研获取的成熟有效的样本企业以及以往课题研究中积累的符合本次调研的样本企业；重点借鉴这些中文顶刊文献中选用重污染行业企业开展研究的。其次，借助南开大学商学院 EMBA、MBA 学员以及南开大学优秀校友资源等平台联系相关重污染企业或其所在企业。从可获得性来讲，利用南开大学的优秀校友、商学院 MBA 和 EMBA 学员资源开展调研工作是比较便捷的，既能保证回收问卷的效率，又可以保证回收问卷的质量；而从可靠性来讲，南开大学的优秀校友很多都是企业董事或总经理，EMBA 学员中少数人是董事或总经理、多数为企业中高层领导人员或管理层成员，MBA 学员多为中基层管理者，这些都确保了所回收来的调研问卷具有可靠性。再次，根据《上市公司环保核查行业分类管理名录》可以详细获得 16 个重污染企业的名录。这个企业名录可以作为重度污染企业子抽样框的来源。最后，从国泰安数据库（CSMAR）数据中心可以获取 16 个重污染行业领域的上市公司名录。该名录公布的上市公司披露了详细的财务报表信息，它可以作为重污染企业的一个子抽样框。

（二）选用抽样方法和抽样的完成

现有的抽样方法主要有两类：非概率抽样和概率抽样（见表 4.1）。虽然非概率抽样方法存在着缺陷，但它却是学者们较为普遍使用的方法。非概率抽样方法的样本估计准确性难以保证，抽样者的主观性也无法排除，其具有一定的合理性和逻辑性，可以提供有用的范本给社会调查。本书也选用非概率抽样方法来选择调研样本，包括滚雪球抽样、便利性抽样和判断式抽样。滚雪球抽样方法是一种由既定调研个体介绍其他合适的个体作为被试者参与调研；便利性抽样方法主要是选择最便利个体和就近个体为样本；判断式抽样方法是指选择目标样本时要依据调研的需求。

表 4.1　抽样方法分类

	抽样方法	优点	缺点
非概率抽样	滚雪球抽样 配额抽样 就近抽样/便利性抽样 目标式抽样/判断式抽样	既简单易行，又成本低廉	样本估计的准确性难以保证；抽样者的主观性也无法排除
概率抽样	系统抽样、多级整群抽样 分层抽样、简单随机抽样	主要进行随机选择，样本的代表性较好；估计精准度能得到保证	成本过高

资料来源：作者根据相关文献整理。

根据前文选定的四个基本抽样框，本书采用非概率抽样方法选择样本。首先，采用判断式抽样方法对第一个子抽样框进行抽样，即从以往成熟的文献研究中总结、归纳、梳理出来的有效样本企业中抽选 169 个有效样本。其次，采用判断式抽样方法并结合滚雪球抽样方法对第二个子抽样框进行抽样。利用判断式抽样方法抽选出符合条件企业样本的 EMBA 学员，再通过滚雪球抽样方法，使 EMBA 学员中一切符合调研条件的人员都参与进来，很难确定通过这个子抽样框选取出来的样本企业的数量。最后，采用判断式抽样方法结合便利性抽样方法对第三和第四个子抽样框进行抽样，具体又可分三个步骤：第一，采用判断式抽样方法来选择符合调研需求的样本企业（特别是钢铁水泥业企业、化工及纺织业企业、生物制药业企业、酿造业企业、煤炭业企业等重度污染行业企业）。第二，立足于以上工作，利用判断式抽样方法选取北京、安徽、四川、河南、广西、山东、天津这些省份的企业，调研的确切需求得到了尽可能的满足；同时，通过关系资源，调研团队联系和接近目标企业样本的受访人员也比较方便。第三，针对能够利用网络渠道获得但无法通过关系资源联络的上述 7 个省份的样本企业的受访者，本书通过判断式抽样方法来进行选取。经过以上三个步骤，855 个样本企业被选取出来，完全满足了本书研究的调研需求；其中通过第三个子抽样框选取出来 734 个样本企业，通过第四个子抽样框选取出来 121 个样本企业。

第二节　变量的测量和修正量表

本节主要描述了量表的开发和问卷的设计，详细介绍了本书研究的问卷设计步骤和变量测项，开展预调研及后续调研量表的修正。

一、问卷的设计步骤

本书主要是研究绿色产品创新与企业可持续发展绩效之间关系的现实问题，研究样本选用的是重污染行业企业。在开始正式调研时，与大多数研究相同，本书邀请受访者以自我报告的形式填写调研问卷。这一方法也有弊端：由于受到文化价值观的影响，受访者的个体行为具有社会趋同性，会因此而产生受访者的反应偏差。为此，本书采取三种方式来减少这种偏差：首先，在量表开发阶段就尽量借鉴使用文献中的成熟量表，这样可以确保测项的准确性和操作性以及定义的清晰化，具有较高的内容效度；其次，成功开发初始量表以后，经过对专家的访谈和实地访谈，并积极听取专家们和受访者针对量表测项提出的修改建议，最大限度地使用中性词汇，并考虑到受访者的语言和文化，避免不必要的误导或引导；最后，为消除受访者顾虑，采用匿名方式进入正式的调研阶段，最大限度地减少受访者反应偏差。

具体的问卷设计步骤包括：①全面梳理现有文献，整理总结出经典文献中的成熟量表和变量测项。借鉴 Malhotra 等（2006）的研究做法，采用倒译法对本书所借鉴外文文献的成熟量表进行了一系列处理工作，然后邀请 2 名营销专家、2 名战略专家以及 3 名企业人士对问卷的科学性、适当性进行评定，最后认证通过。②实地访谈了部分样本企业的受访者，在本书研究需要和积累的基础上自主开发一些以往文献中的量表没有涉及的测项。③与部分样本企业中高层管理者以及相关领域专家学者进行访谈，最终确定和完善初始设计量表的语义和内容。④开展预调研，在整理、录入预调研数据的基础上，进行删减无效问卷，然后运用软件 SPSS 21 检验有效问卷的信度和效度，再次修正量表，对量表中信、效度不达标的测项进行剔除，确定最终测项。

（一）梳理文献

本书研究模型中主要变量包括绿色环境意识、绿色产品创新、制度压力、营销能力、环境绩效以及财务绩效。梳理以上述变量和变量组合为核心词、关键词的所有相关文献，并汇总整理这些文献中涉及该变量的测量问项。需要注意的是，对于相关变量的使用很多学者的研究并不是完全相同的概念和定义，例如，有的研究者使用"绿色消费意识"的概念进行测量，而也有学者使用"绿色环境意识"进行测量；还有研究者把"可持续发展绩效"划分为"环境绩效"和"财务绩效"。所以，本书在梳理文献时，既收集了上述变量也收集了具有包容关系或含义相近的变量。对于英文文献的测项，本书采用倒译法进行处理：邀请一位精通中英文的专业翻译人员将国外学者开发的成熟量表由其原始的英文语言直译为中文，再把翻译完成的中文量表交给另一位专业翻译人员，由他回译为原始英文语言，比对两个翻译过程中的中英文语言是否一致，找出不一致的地方，再请翻译人员进行分析、讨论和题项修善，直至消除所有的明显分歧（Corbett et al.，2011；吴晓云和杨冠华，2019）。

（二）实地访谈与专家访谈

本书于 2019 年 5—8 月对天津创业环保集团股份有限公司、北京中煤能源、北京三元食品股份有限公司、河南安阳钢铁股份有限公司、河南新天科技股份有限公司、四川川投能源股份有限公司、四川升达林业产业股份有限公司、昆仑燃气安徽分公司、马鞍山钢铁股份有限公司、广西柳州钢铁集团 10 家重度污染行业企业的 20 位中高层管理者进行实地半结构化访谈，主要针对的是 8 个预调研问题。预调研通过以下几个步骤逐步开展：详细制定访谈提纲，积极联络样本企业的受访者并利用微信或邮件向受访者发送此次访谈的提纲，与受访者预约好确切的访谈时间，等等；最后，与这些样本企业受访者进行访谈，如表 4.2 所示。在进行访谈前，调研组工作人员声明：本问卷所涉及的所有信息及内容仅限于研究使用，无论在何种情况下都将严格保密被调研人员和相关企业的资料，绝不会在研究报告中出现具体的企业名称和被访者资料。访谈过程中，调研组全程纸质记录并完整录音；结束访谈以后，整理汇总好所有的访谈内容。

表 4.2　访谈对象

访谈企业	访谈地点	访谈对象	访谈时间
北京中煤能源	北京	企业管理总部，党委常委、副总经理	1 人次，每次 60 分钟
北京三元食品股份有限公司	北京	科研开发中心主任和副主任，主管新品开发、检测分析、科研课题研究	4 人次，每次 90 分钟
天津创业环保集团股份有限公司	天津	环保技术及产品销售部，部门经理及副总	4 人次，每次 90 分钟
河南安阳钢铁股份有限公司	安阳	科研开发技术中心主任和副主任，负责科研管理、产品开发、技术攻关和生产检验	3 人次，每次 60 分钟
河南新天科技股份有限公司	郑州	研发部，部门经理	1 人次，每次 90 分钟
四川川投能源股份有限公司	成都	战略发展部，部门经理	1 人次，每次 90 分钟
四川升达林业产业股份有限公司	成都	部门经理	1 人次，每次 90 分钟
昆仑燃气安徽分公司	合肥	安徽分公司副总经理	2 人次，每次 60 分钟
马鞍山钢铁股份有限公司	马鞍山	总部经理和副总经理	2 人次，每次 90 分钟
广西柳州钢铁集团	柳州	产业发展部，部门经理	1 人次，每次 90 分钟

资料来源：作者设计。

本次访谈中所使用的提纲内容涉及的问题包括：

问题1：企业采用什么样的产品材料进行产品开发或设计？这些产品材料都有哪些特点？

问题2：企业的制造过程是怎样的？都考虑了哪些绿色环保因素？

问题3：企业管理层是否倾听了关于企业绿色新产品方面的建议、创意和解决方案？是否诠释了企业绿色新产品的绿色知识？是否表达了对企业绿色产品创新的可行性判断？

问题4：企业是否考虑采取污染控制措施？是否在提高资源和能源效率方面做出具体努力？

问题5：企业是否将环境问题纳入战略规划过程？

问题6：政府相关环境法律法规对企业经营行为是否产生严厉限制和管控？

问题7：行业绿色环保规范是否对企业有很强的影响力？

问题8：企业是否认为遵循相关环境法律是理所当然的？是否认为承担社会环保责任是理所当然的？是否应当为顾客创造绿色价值？

问题1~4主要是考察企业对绿色产品创新战略的了解；问题5是考察企业家对绿色环境意识的了解；问题6~8是考察企业对所面临的外部制度压力的了解。

通过实地访谈样本企业的受访者，既增加了本书研究对企业绿色战略制定实施的过程、绿色产品创新和促销战略以及企业绩效的了解，也了解到在访谈受访者过程中他们所反映出来的一些测量量表的问题，包括语义措辞、难易程度、问项顺序以及问卷指示性程度等。例如，一些受访者建议增加对"绿色产品创新"概念的指引性界定，并增加了一些受访者比较重视但现有文献并无涉及的测量问项，此类问项会在后文进行详细阐述。立足于这些实地访谈和对文献的梳理，本书又邀请营销领域的专家、战略专家以及企业人士评定、审核和严格筛选测量问项的科学性和适当性，确定本书所需的最终测量变量的量表。最终，本书的初始量表通过专家访谈与实地访谈等方式进行了修正，得到了进一步的完善和提高，确保测量量表的效度达到需求。

（三）问卷布局和构成

本书的调研问卷包含三个部分：第一部分是封面信，即给受访者简要介绍本次调研的目的、内容和填写说明，以及保密承诺等，既消除了受访者的心理顾虑又使他们对本次调研基本内容和情况有了清晰的了解。第二部分是问卷测量的量表，这是本次调查问卷的核心部分，涉及研究模型中所有变量的测量条目如绿色产品创新、绿色环境意识、制度压力、环境绩效和财务绩效等核心变量。这些变量的测量都采用7级Likert量表。第三部分是调研的受访者个人信息和所在企业信息，包括年龄、性别、工作年限、受教育程度、担任职位、所在部门，以及企业规模、企业成立时间和所在行业，等等，这样，样本数据的基本分布情况就得以充分、清晰地掌握。此外，这些变量还作为控制变量在数据分析中使用。

二、测量变量

（一）绿色环境意识的变量测量

绿色环境是人类赖以生存的基础和保障（张淑英，2014）。随着企业家意识的觉醒和提高，绿色环境意识和生态文明建设成为社会关注的焦点。企业家的绿色环境意识是从企业与自然和谐发展的整体理念出发的，处理好企业行为与自然的关系，谋求企业发展与自然的协同（Hirsh，2010；张淑英，2014）。根据前文可知，Kent和Riky（1980）的研究指出，年龄、性别、政治倾向、社会等级和居住地五个方面影响企业家绿色环境意识；Bohlen等（1993）表示，管理者生态环境的态度显著影响其所在企业生态环境行为；姚丽芬和龙如银（2017）的研究发现，企业家的绿色环境意识受到六个主要因素的影响，包括社会因素、促进性条件、情感因素、态度因素、习惯因素和特征因素。由此可得，企业家绿色环境意识的影响因素主要有：年龄、性别、政治倾向、社会等级和居住地；绿色环境知识和收入水平；社会因素、促进性条件、情感因素、态度因素、习惯因素和特征因素。Banerjee等（2003）的研究做法是：把绿色环境意识分为环保创意来源、契合环境目标、考虑环境问题和减少环境影响等方面，具体内容又包括：企业管理者已将环境问题纳入战略规划过程、企业家认为质量包括降低产品和工艺对环境的影响。综上，立足于上述学者们的研究，并借鉴Banerjee等（2003）的研究做法，根据实地访谈的受访者的建议，本书又开发了两个测量问项：企业管理者或战略制定者会尽一切努力将环境目标与其他企业目标联系起来、企业管理者在决策开发新产品时始终会考虑环境问题。最终，本书把企业家绿色环境意识的测量量表整理如表4.3所示。

表 4.3 绿色环境意识初始量表

变量	概念界定	测量问项	问项来源
绿色环境意识（Green Environmental Awareness, GEA）（4 项）	主要描绘企业管理者对绿色环境的认知，是企业具有环境责任的体现	我们公司已将环境问题纳入我们的战略规划过程	Banerjee 等（2003）；姚丽芬和龙如银（2017）
		在我们公司，质量包括降低产品和工艺对环境的影响	
		在我们公司，我们尽一切努力将环境目标与我们的其他企业目标联系起来	
		开发新产品时，始终会考虑环境问题	

资料来源：作者设计。

（二）绿色产品创新的变量测量

绿色产品创新是指利用和发挥人们创造性思维、领域知识和经验，将各种创新方法融合起来，改进原有产品的形态、结构、方案、功能，使之符合顾客或消费者个性需求和行为习惯，以及符合环境保护的要求，节能、低耗、高效，对环境危害极小或对环境无公害（Zussman et al.，1994；Suk et al.，2013）。根据 Lumpkin 和 Dress（1996）、Eiadat 等（2008）、焦俊和李垣（2011）以及 Gaia 等（2012）等对绿色产品创新战略的定义细化，可以将绿色产品创新划分为：绿色产品技术创新和绿色产品设计创新。

其中，绿色产品技术创新是依据 Chen 等（2006）和张倩（2015）的研究。张倩（2015）把绿色产品技术创新分为绿色产品工艺创新和绿色产品技术创新两个维度，主要的测量问项有两个方面。①绿色产品工艺创新方面：贵公司常常精简生产步骤或者改进生产工艺来降低和减少环境污染、贵公司常常精简生产步骤或者改进生产工艺来降低和减少资源浪费、贵公司常常精简生产步骤或者改进生产工艺来遵守环保法律法规、贵公司常常为了进行生产制造而引进新的节能技术、贵公司常常为了改善生产流程而循环使用生产废料。②绿色产品技术创新方面：贵公司开发的新产品常常是包装简化和结构简化、贵公司开发的新产品常常是容易回收且可以再利用的、贵公司开发的新产品常常是那种原材料易降解的、贵公司在产品使用阶段常常减少资源的消耗、贵公司在产品使用阶段常常减少对环境的污染。绿色产品设计创新借鉴了 Schulze 和 Hoegl（2006）的研究，分为倾听、诠释和表达三个过程阶段。本书对绿色产品创新的量表开发如表 4.4、表 4.5 所示。

表 4.4　绿色产品技术创新量表

变量	概念界定	测量问项	问项来源
绿色产品技术创新（Green Product Technology Innovation，GPTI）（8 项）	描述企业绿色产品在技术方面的创新程度	公司选择产生污染最少的产品材料进行产品开发或设计	Chen 等（2006）；张倩（2015）；Huang 和 Wong（2016）；Xu 等（2019）
		公司选择消耗最少能源和资源的产品材料进行产品开发或设计	
		公司使用最少的材料构成产品进行产品开发或设计	
		公司会谨慎地审议产品是否易于回收、再利用和分解，以进行产品开发或设计	
		公司的制造过程可有效减少有害物质或废物的排放	
		公司的制造过程可回收废物和排放物，使其得到处理和再利用	
		公司的制造过程可减少水、电、煤或石油的消耗	
		公司的制造过程可减少原材料的使用	

资料来源：作者设计。

表 4.5　绿色产品设计创新量表

变量	概念界定	测量问项	问项来源
绿色产品设计创新（Green Product Design Innovation，GPDI）（15 项）	描述企业绿色产品在设计方面的创新程度	除正式会议外，我们花大量时间与公司内外部创新者讨论绿色新产品的建议、创意、解决方案	Schulze 和 Hoegl（2006）；Eiadat（2008）；Gaia 等（2012）；Shu 等（2016）
		我们花大量时间与创新者面对面讨论绿色新产品的建议、创意、解决方案	
		我们花大量时间与创新者讨论，以达成绿色新产品共识	

变量	概念界定	测量问项	问项来源
绿色产品设计创新（Green product design innovation，GPDI）（15项）	描述企业绿色产品在设计方面的创新程度	我们花大量时间研究讨论，形成对绿色技术知识的想法或解决方案	Schulze 和 Hoegl（2006）；Eiadat（2008）；Gaia 等（2012）；Shu 等（2016）
		我们花大量时间研究讨论，形成绿色社会文化发展趋势的想法或解决方案	
		我们花大量时间采访绿色技术创新者，了解他们对绿色新产品相关技术的想法或解决方案	
		我们花大量时间采访绿色社会文化创新者，了解他们对绿色社会文化发展趋势的想法或解决方案	
		针对每个绿色新产品，我们会系统地编辑收集到的绿色技术知识	
		针对每个绿色新产品，我们会系统地编辑收集到的绿色社会文化知识	
		针对每个绿色新产品，我们会系统地编辑收集到的关于创造新的绿色产品理念的步骤	
		我们及时在组织内部扩散关于绿色社会文化发展趋势的最新知识	
		我们花大量时间实验，为的是在绿色技术功能方面形成可行性判断	
		我们花大量时间实验，为的是在创造新的绿色产品理念的过程中形成可行性判断	
		我们花大量时间实验，为的是开发出符合绿色社会文化发展趋势的新产品	
		我们花大量时间系统测试关于绿色社会文化发展趋势的理论知识	

资料来源：作者设计。

（三）绿色产品协同式创新的变量测量

绿色产品协同式创新=绿色产品技术创新+绿色产品设计创新。绿色产品协同式创新是将绿色产品技术创新和绿色产品设计创新的关系视为正交关系，其基本假设是面对"技术+设计"以及企业资源的有限性，通过绿色产品创新联盟并购或绿色知识的循环使用发掘资源潜力，凭借"绿色产品创新"拓展绿色技术的"宽度"、依靠"绿色设计创新"加深数字化产品的"深度"，在组织层面同时追求绿色产品设计和绿色产品技术两种创新，使二者彼此互补形成协同效应。绿色产品协同式创新更注重彼此借力将"蛋糕做大"。

依据现有文献，数字产品技术和绿色产品设计的协同式创新测算方法存在相加与相乘两种，参考陈建勋等（2016）、Lubatkin 等（2006）的研究做法，本书采用相加的方法，假设 x 代表绿色产品技术创新水平，y 代表绿色产品设计创新水平，即绿色产品协同式创新由两类创新水平相加而得，即式（4-1）。

绿色产品协同式创新 = x+y　　　　　　　　　　　　　　　　　　　　　（4-1）

（四）绿色产品平衡式创新的变量测量

绿色产品平衡式创新 = 绿色产品技术创新×绿色产品设计创新。绿色产品平衡式创新是企业寻找绿色产品创新资源配置平衡点和优化线路最佳方案的创新模式。绿色产品平衡式创新的基本假设是"绿色产品技术"和"绿色产品设计"两种创新会对有限的资源形成竞争，是将绿色产品技术创新和绿色产品设计创新的关系视为一个连续的统一体的两端，存在此消彼长的零和博弈，故强调二者的有效平衡，避免在绿色产品创新过程中的极化与过度倾斜，降低绿色产品创新和资源分配失衡的风险，是"分配蛋糕"的优化问题。

本书借鉴和参考了国内外相关文献，并依照王凤彬等（2012）的有机平衡观，假设 x 代表绿色产品技术创新水平，y 代表绿色产品设计创新水平，计算式（4-2）可用来衡量两者的相对平衡度。

绿色产品平衡式创新 = 1-｜x-y｜/｜x+y｜　　　　　　　　　　　　　（4-2）

当绿色产品技术创新和绿色产品设计创新的水平趋同时，平衡度的值为1；当两者水平存在差异时，对于既定的差值的绝对值来说，相较于创新水平较低时的情况，创新水平较高时计算出来的值更接近于1（陈建勋等，2016）。

（五）外部制度压力的变量测量

制度压力是促使企业结构、形态和行为变为合理的、可接受的社会规范、社会文化、社会规则和社会观念的作用力（Wang et al.，2008）。早期的制度主义者，如 Selznick（1949）和 Parsons（1960），着重强调制度系统规范性和管制性。而新制度主义者把它们视作重要因素，同时，新制度主义者还强调关注它们对象特征要素作用，因为这些要素在组织结构和组织行为方面扮演着独立和重要的角色（Scott，2001）。DiMaggio 和 Powell（1983）把制度压力分为规范压力、规制压力和模仿压力三类。制度压力是由公众意见和政府监管机构等特定行为者授予的（Galaskiewicz，1985），Scott（1995）在此基础上把制度压力划分为规制压力、规范压力、认知压力三类。本书主要借鉴 DiMaggio 和 Powell（1983）的研究，将制度压力分为规范压力、规制压力和模仿压力三类；并参考了 Qu（2007）、沈奇和泰松（2010）的研究。制度压力测量问项主要包括以下几方面：①规范压力：从行业协会或行业中企业了解了各种环境规范；公众非常推崇对社会负责的绿色经营理念；对企业负责任地对待绿色利益相关者的行为备受公众赞赏；各种绿色环保规范的遵循对企业影响力极大。②规制压力：对违反相关环境法律法规的经营行为，政府有相应严厉的惩罚措施；为保障绿色市场主体的利益，政府严格执法；企业应该遵守相关环境法律法规受到政府各种形式宣传的影响；对公众所反映的企业违反相关环境法律法规的行为，政府反应迅速。③模仿压力：遵循相关环境法律法规是企业理所当然的；企业理应承担社会环保责任；企业应当为顾客创造绿色价值。根据上述文献的梳理并结合实地访谈和专家访谈时的受访者建议，在外部制度压力测量问项的语义和语境方面进行了修缮，详见表4.6。

表 4.6　制度压力测量问项

变量	概念界定	测量问项	问项来源
规范压力（Normative Institutional Pressure，NIP）（4 项）	描述企业行为所受到的职业化因素的影响程度	企业从行业或职业协会中了解各种环境规范	Qu（2007）；沈奇和泰松（2010）
		对社会负责的绿色经营理念备受公众的推崇	
		公众对企业负责任地对待绿色利益相关者的行为非常赞赏	
		企业遵循各种绿色环保规范对企业有很强的影响力	

变量	概念界定	测量问项	问项来源
规制压力（Regulatory Institutional Pressure，RIP）（4项）	描述企业行为规范履行情况的监督	政府对违反相关环境法律法规的经营行为有严厉的惩罚措施	Qu（2007）；沈奇和泰松（2010）
		政府通过严格执法来保障绿色市场主体的利益	
		政府通过各种形式宣传企业应该遵守相关环境法律法	
		政府对公众反映的企业违反相关环境法律法规的行为反应迅速	
模仿压力（Imitation System Pressure，ISP）（3项）	描述企业模仿业内成功企业的实践和行为	企业遵循相关环境法律法规是理所当然的	Qu（2007）；沈奇和泰松（2010）
		企业理应承担社会环保责任	
		企业应当为顾客创造绿色价值	

资料来源：作者设计。

（六）企业可持续发展绩效的变量测量

本书所涉及的企业可持续发展绩效方面的研究主要是指企业环境绩效和企业财务绩效两类。通过前面章节对相关文献的梳理可知，学者们对企业绿色战略或环境战略与企业绩效之间关系的研究，也多聚焦于企业的环境绩效（Torugsa et al.，2012）和财务绩效（Julian & O'Cass，2002）。

Enderle（2002）等认为，企业环境绩效就是在实现经济的可持续发展过程中，需要个人、企业和政府三者的共同努力协作，企业将环境保护和污染治理纳入其绩效考核，成为企业绩效的重要构成部分。企业追求环境绩效的实质就是对环境保护和污染治理进行有效投入，将环境外部效应进行内生化。企业对环境治理投入的增加以及对资源利用效率的提高和污染排放的减少都反映了企业环境绩效的提升。本书所涉及的企业环境绩效其实是本书开发的一个全新变量，它是立足于现有文献中的环境绩效衍生而来。而研究企业环境绩效方面的学者代表Judge（1998）所开发出来的测量题项为：促使企业遵守环保规例、预防和减轻环境危机、限制法规以外的环境影响以及对员工和公众进行环境教育等方面。本书立足于Judge（1998）开发的环境绩效，再开发出本书所需的环境绩效量表。

Porter 和 Van Der Linde（1995）的研究指出，企业通过开展绿色产品创新可以提高产品的资源利用效率、构建先发优势、开发新市场，提高或改进企业的财务绩效和环境绩效，实现企业发展和环境保护的双赢。周新雅（2019）指出，财务绩效的基础是企业的财务数据，其最能直观地呈现企业运营效率和经营业绩。财务数据直观地呈现了企业的盈利能力、运营能力、发展能力、偿债能力以及财务结构五个方面的水平。本书主要借鉴 Judge（1998）开发的成熟量表题项：我们的盈利能力大大提高了、我们的投资回报率大大提高了、我们的销售增长明显更好。综上所述，根据文献的梳理，借鉴相关学者开发的企业营销绩效、环境绩效和财务绩效的成熟量表，结合本书研究实地访谈和专家访谈时的受访者建议，对上述企业营销绩效和财务绩效的测量问项在语义和语境方面进行了修缮，对企业环境绩效测项进行开发，赋予新的定义。具体见表4.7。

表 4.7　企业可持续发展绩效的初始量表

变量	概念界定	测量问项	问项来源
环境绩效（Environmental Welfare Performance, EWP）（4 项）	描述企业环境保护和污染治理方面绩效考核内容	遵守环保规例 预防和减轻环境危机 限制法规以外的环境影响 对员工和公众进行环境教育	Judge（1998）；Enderle（2002）；Torugsa 等（2012）；芦云鹏（2015）
财务绩效（Financial Performance, FP）（3 项）	描述企业的经营业绩和运营效率	企业的盈利能力大大提高了 企业的投资回报率大大提高了 企业的销售增长明显更好	Porter 和 Van der Linde（1995）；Judge（1998）；周新雅（2019）

资料来源：作者设计。

（七）企业特征和基本情况

调研问卷的最后一部分是调研企业和受访者的基本信息，具体包括：企业所在行业，即化工及纺织业、煤炭业、生物制药业、钢铁水泥业、酿造业以及其他重度污染行业；企业成立年限；企业员工数量；企业的性质；企业的年均销售总额；以及受访者年龄、性别、受教育程度、在企业担任的职位（高、中、基层管理者）、所在部门等。

三、预调研和修正量表

本书中所选用的初始量表多数是现有文献中学者们开发的成熟量表，内容效度有了一定的保障；并且结合实地访谈和专家访谈中受访者的建议和意见进行完善修正；同时，为了研究的需要也自主开发一些测量问项。因此，在正式进行市场调研之前，有必要开展预调研以进一步完善量表。

（一）预调研

本书研究是从 2019 年 9 月开始进行预调研的，主要选取第二个子抽样框中的南开大学优秀校友、MBA 学员和 EMBA 学员所在样本企业开展。这样开展预调研的优势有：拥有高便利性，因为是通过大学的优秀平台且受访者多数是南开大学的关系资源，在很大程度上确保了问卷回收率和质量。截至 2019 年 9 月底，调研组进行实地发放问卷，并通过 E-mail、微信以及线上问卷星链接转发等方式共发出 130 份问卷，收回 107 份。随后，剔除不符合要求的所有无效问卷，获得最终有效问卷为 89 份，其有效回收率为 83.18%。导入数据进行整理后，对本书开发的量表进行 Cronbach's α 信度检验及探索性因子分析。

（二）修正量表

在预调研阶段回收的 89 份有效问卷中，有 54 家钢铁水泥业企业、15 家化工及纺织业企业、8 家生物制药业企业、4 家酿造业企业、2 家煤炭业企业以及 6 家其他重度污染行业企业；24 份问卷来自高层管理者，44 份问卷来自中层管理者，31 份问卷来自基层管理者。

1. 信度检验 Cronbach's α 系数

研究者们检验内部信度最常用的方法是 Cronbach's α。Cronbach's α 系数越大表明量表的信度越高（Bagozzi & Yi，1988）。Cronbach's α 系数至少要大于 0.5，最好大于 0.7（Nunnally，1978）。据此，本书通过 SPSS 21 软件检验了预调研获得的 89 份有效问卷的变量量表，进行了问项的调整和删减，具体结果如表 4.8 至表 4.13 所示。

可以看到，本书的各个变量 Cronbach's α 系数值均大于 0.7，说明各变量的内部一致性信度较好。

表 4.8 绿色环境意识的 Cronbach's α 系数

	Scale Mean if Item Deleted	Scale Variance if Item Deleted	Corrected Item-Total Correlation	Cronbach's Alpha if Item deleted
我们公司已将环境问题纳入我们的战略规划过程	16.53	14.116	0.829	0.869
在我们公司,质量包括降低产品和工艺对环境的影响	16.85	14.763	0.775	0.889
在我们公司,我们尽一切努力将环境目标与我们的其他企业目标联系起来	16.60	15.857	0.795	0.882
开发新产品时,始终会考虑环境问题	16.56	15.999	0.787	0.885
Cronbach's α = 0.909				

资料来源:作者设计。

表 4.9 绿色产品技术创新的 Cronbach's α 系数

	Scale Mean if Item Deleted	Scale Variance if Item Deleted	Corrected Item-Total Correlation	Cronbach's Alpha if Item deleted
公司选择产生污染最少的产品材料进行产品开发或设计	38.62	49.011	0.735	0.925
公司选择消耗最少能源和资源的产品材料进行产品开发或设计	38.66	47.431	0.830	0.918
公司使用最少的材料构成产品进行产品开发或设计	38.74	48.080	0.690	0.928
公司会谨慎地审议产品是否易于回收、再利用和分解,以进行产品开发或设计	38.76	45.932	0.805	0.919
公司的制造过程可有效减少有害物质或废物的排放	38.49	48.071	0.816	0.919
公司的制造过程可回收废物和排放物,使其得到处理和再利用	38.56	47.863	0.805	0.920
公司的制造过程可减少水、电、煤或石油的消耗	38.55	46.818	0.873	0.915
公司的制造过程可减少原材料的使用	38.94	48.690	0.601	0.936
Cronbach's α = 0.932				

资料来源:作者设计。

表 4.10　绿色产品设计创新的 Cronbach's α 系数

	Scale Mean if Item Deleted	Scale Variance if Item Deleted	Corrected Item- Total Correlation	Cronbach's Alpha if Item deleted
除正式会议外，我们花大量时间与公司内外部创新者讨论绿色新产品的建议、创意、解决方案	71.31	287.309	0.763	0.973
我们花大量时间与创新者面对面讨论绿色新产品的建议、创意、解决方案	71.37	286.600	0.793	0.973
我们花大量时间与创新者讨论，以达成绿色新产品共识	71.24	281.091	0.865	0.972
我们花大量时间研究讨论，形成对绿色技术知识的想法或解决方案	71.18	282.899	0.891	0.971
我们花大量时间研究讨论，形成绿色社会文化发展趋势的想法或解决方案	71.31	284.309	0.791	0.973
我们花大量时间采访绿色技术创新者，了解他们对绿色新产品相关技术的想法或解决方案	71.40	283.925	0.742	0.974
我们花大量时间采访绿色社会文化创新者，了解他们对绿色社会文化发展趋势的想法或解决方案	71.36	284.574	0.816	0.973
针对每个绿色新产品，我们会系统地编辑收集到的绿色技术知识	71.25	283.075	0.838	0.972
针对每个绿色新产品，我们会系统地编辑收集到的绿色社会文化知识	71.26	284.080	0.877	0.972
针对每个绿色新产品，我们会系统地编辑收集到的关于创造新的绿色产品理念的步骤的知识	71.16	285.384	0.803	0.973
我们及时在组织内部扩散关于绿色社会文化发展趋势的最新知识	71.21	284.533	0.815	0.973
我们花大量时间实验，为的是在绿色技术功能方面形成可行性判断	71.26	277.217	0.892	0.971
我们花大量时间实验，为的是在创造新的绿色产品理念的过程方面形成可行性判断	71.35	279.252	0.880	0.971

	Scale Mean if Item Deleted	Scale Variance if Item Deleted	Corrected Item- Total Correlation	Cronbach's Alpha if Item deleted
我们花大量时间试验，为的是开发出符合绿色社会文化发展趋势的新产品	71.28	276.295	0.891	0.971
我们花大量时间系统测试关于绿色社会文化发展趋势的理论知识	71.40	274.221	0.867	0.972
Cronbach's α = 0.974				

资料来源：作者设计。

表4.11 制度压力的 Cronbach's α系数

	Scale Mean if Item Deleted	Scale Variance if Item Deleted	Corrected Item- Total Correlation	Cronbach's Alpha if Item deleted
企业从行业或职业协会中了解各种环境规范	57.06	106.054	0.748	0.960
对社会负责的绿色经营理念备受公众的推崇	57.09	102.969	0.854	0.957
公众对企业负责任地对待绿色利益相关者的行为非常赞赏	57.08	102.096	0.879	0.956
企业遵循各种绿色环保规范对企业有很强的影响力	57.09	102.401	0.888	0.956
政府对违反相关环境法律法规的经营行为有严厉的惩罚措施	57.24	103.728	0.789	0.959
政府通过严格执法来保障绿色市场主体的利益	57.13	102.959	0.857	0.957
政府通过各种形式宣传企业应该遵守相关环境法律法	57.10	102.433	0.847	0.957
政府对公众反映的企业违反相关环境法律法规的行为反应迅速	57.10	105.524	0.767	0.960
企业遵循相关环境法律法规是理所当然的	57.03	103.965	0.802	0.959
企业理应承担社会环保责任	56.84	104.611	0.777	0.960
企业应当为顾客创造绿色价值	56.88	104.791	0.781	0.959
Cronbach's α = 0.962				

资料来源：作者设计。

表 4.12 环境绩效的 Cronbach's α 系数

	Scale Mean if Item Deleted	Scale Variance if Item Deleted	Corrected Item-Total Correlation	Cronbach's Alpha if Item deleted
遵守环保规例	17.29	8.141	0.762	0.840
预防和减轻环境危机	17.27	8.540	0.775	0.839
限制法规以外的环境影响	17.66	7.794	0.755	0.843
对员工和公众进行环境教育	17.65	7.911	0.693	0.869
Cronbach's α = 0.881				

资料来源：作者设计。

表 4.13 财务绩效的 Cronbach's α 系数

	Scale Mean if Item Deleted	Scale Variance if Item Deleted	Corrected Item-Total Correlation	Cronbach's Alpha if Item deleted
企业的盈利能力大大提高了	10.78	4.494	0.832	0.852
企业的投资回报率大大提高了	10.83	4.460	0.901	0.794
企业的销售增长明显更好	10.66	5.067	0.719	0.945
Cronbach's α = 0.907				

资料来源：作者设计。

2. 探索性因子分析

在检验完量表的信度以后，由于部分变量是本书自主开发的，所以需要对量表再做进一步的探索性因子分析（Exploratory Factor Analysis，EFA）以确保其构念效度。而在此之前需要先进行 KMO 值和 Bartlett 球形检验来验证量表是否适合进行探索性因子分析。KMO 值的标准范围是：0.6~0.7 为不合适；0.7~0.8 为一般；0.8~0.9 为适合；0.9 以上为非常适合。

（1）绿色环境意识的 EFA 分析。本书把绿色环境意识的变量量表进行 KMO 值和 Bartlett 球形检验，检验的结果如表 4.14 所示。其 KMO 值是 0.844，远远大于0.7；同时，Bartlett 球形检验显著，说明量表适合进行探索性因子分析（EFA）。

接着，本书把因子固定数量为 1，同时采用方差最大旋转法进行 EFA 分析。其分析结果如表 4.15 所示。它们的因子载荷都在 0.7 以上，方差累计贡献率为78.780%，说明这些量表具有较高的构念效度。

表 4.14 绿色环境意识变量的 KMO 值和 Bartlett 球形检验

Kaiser-Meyer-Olkin Measure of Sampling Adequacy		0.844
Bartlett's Test of Sphericity	Approx. Chi-Square	230.847
	df	6
	Sig.	0.000

资料来源：作者设计。

表 4.15 绿色环境意识变量因子载荷

变量	问项	因子载荷
绿色环境意识	我们公司已将环境问题纳入我们的战略规划过程	0.826
	在我们公司，质量包括降低产品和工艺对环境的影响	0.763
	在我们公司，我们尽一切努力将环境目标与我们的其他企业目标联系起来	0.785
	开发新产品时，始终会考虑环境问题	0.777

资料来源：作者设计。

（2）绿色产品创新的 EFA 分析。本书把绿色产品创新的变量量表进行 KMO 值和 Bartlett 球形检验。其 KMO 值是 0.917，远远大于 0.7；同时，Bartlett 球形检验显著，说明量表适合进行探索性因子分析（EFA）。但是，初次检验的探索因子分析显示：绿色产品技术创新中的问项"公司的制造过程减少了原材料的使用"因子载荷为 0.456 小于 0.5 的标准，因此，把此问项进行删除。

接着，对删减后的量表进行 KMO 值和 Bartlett 球形检验，检验的结果如表 4.16 所示。其 KMO 值是 0.923，远远大于 0.7；同时，Bartlett 球形检验显著，说明量表适合进行探索性因子分析（EFA）。本书按照特征值大于 1 的标准，同时采用方差最大旋转法进行 EFA 分析。其分析结果如表 4.17 所示。它们的因子载荷都在 0.5 以上，并明显聚合成两个因子，方差累计贡献率为 65.650%，说明这些量表具有较高的构念效度。

表 4.16 绿色产品创新的 KMO 值和 Bartlett 球形检验

Kaiser-Meyer-Olkin Measure of Sampling Adequacy		0.923
Bartlett's Test of Sphericity	Approx. Chi-Square	2411.286
	df	231
	Sig.	0.000

资料来源：作者设计。

表 4.17 绿色产品创新变量因子载荷

变量	问项	因子	
		1	2
绿色产品技术创新	公司选择产生污染最少的产品材料进行产品开发或设计	0.271	0.783
	公司选择消耗最少能源和资源的产品材料进行产品开发或设计	0.266	0.846
	公司使用最少的材料构成产品进行产品开发或设计	0.440	0.634
	公司会谨慎地审议产品是否易于回收，再利用和分解以进行产品开发或设计	0.464	0.733
	公司的制造过程可有效减少有害物质或废物的排放	0.388	0.783
	公司的制造过程可回收废物和排放物，使其得到处理和再利用	0.249	0.826
	公司的制造过程可减少水、电、煤或石油的消耗	0.299	0.856
	公司的制造过程可减少原材料的使用		
绿色产品设计创新	除正式会议外，我们花大量时间与公司内外部创新者讨论绿色新产品的建议、创意、解决方案	0.734	0.312
	我们花大量时间与创新者面对面讨论绿色新产品的建议、创意、解决方案	0.819	0.209
	我们花大量时间与创新者讨论，以达成绿色新产品共识	0.863	0.250
	我们花大量时间研究讨论，形成对绿色技术知识的想法或解决方案	0.806	0.414
	我们花大量时间研究讨论，形成绿色社会文化发展趋势的想法或解决方案	0.656	0.503
	我们花大量时间采访绿色技术创新者，了解他们对绿色新产品相关技术的想法或解决方案	0.637	0.442
	我们花大量时间采访绿色社会文化创新者，了解他们对绿色社会文化发展趋势的想法或解决方案	0.771	0.326
	针对每个绿色新产品，我们会系统地编辑收集到的绿色技术知识	0.798	0.331
	针对每个绿色新产品，我们会系统地编辑收集到的绿色社会文化知识	0.791	0.421
	针对每个绿色新产品，我们会系统地编辑收集到的关于创造新的绿色产品理念的步骤的知识	0.764	0.337
	我们及时在组织内部扩散关于绿色社会文化发展趋势的最新知识	0.652	0.574
	我们花大量时间实验，为的是在绿色技术功能方面形成可行性判断	0.844	0.344
	我们花大量时间实验，为的是在创造新的绿色产品理念的过程方面形成可行性判断	0.810	0.383
	我们花大量时间实验，为的是开发出符合绿色社会文化发展趋势的新产品	0.846	0.336
	我们花大量时间系统测试关于绿色社会文化发展趋势的理论知识	0.834	0.312

资料来源：作者设计。

（3）外部制度压力的 EFA 分析。本书把制度压力的变量量表进行 KMO 值和 Bartlett 球形检验，检验的结果如表 4.18 所示。其 KMO 值是 0.900，远远大于 0.7；同时，Bartlett 球形检验显著，说明量表适合进行探索性因子分析（EFA）。

表 4.18　制度压力变量的 KMO 值和 Bartlett 球形检验

Kaiser-Meyer-Olkin Measure of Sampling Adequacy		0.900
Bartlett's Test of Sphericity	Approx. Chi-Square	1105.710
	df	55
	Sig.	0.000

资料来源：作者设计。

接着，本书按照特征值大于 1 的标准，同时采用方差最大旋转法进行 EFA 分析。其分析结果如表 4.19 所示。它们的因子载荷都在 0.5 以上，并明显聚合成三个因子，方差累计贡献率为 72.528%，说明这些量表具有较高的构念效度。

表 4.19　制度压力变量因子载荷

变量	问项	因子		
		1	2	3
规制压力	政府对违反相关环境法律法规的经营行为有严厉的惩罚措施	0.308	0.834	0.210
	政府通过严格执法来保障绿色市场主体的利益	0.369	0.843	0.306
	政府通过各种形式宣传企业应该遵守相关环境法律法	0.361	0.787	0.420
	政府对公众反映的企业违反相关环境法律法规的行为反应迅速	0.548	0.629	0.387
规范压力	企业从行业或职业协会中了解各种环境规范	0.851	0.332	0.201
	对社会负责的绿色经营理念备受公众的推崇	0.733	0.429	0.343
	公众对企业负责任地对待绿色利益相关者的行为非常赞赏	0.748	0.343	0.406
	企业遵循各种绿色环保规范对企业有很强的影响力	0.730	0.292	0.349
模仿压力	企业遵循相关环境法律法规是理所当然的	0.505	0.310	0.657
	企业理应承担社会环保责任	0.202	0.469	0.801
	企业应当为顾客创造绿色价值	0.447	0.222	0.792

资料来源：作者设计。

（4）企业环境绩效的 EFA 分析。本书把企业环境福利绩效的变量量表进行 KMO 值和 Bartlett 球形检验，检验的结果如表 4.20 所示。其 KMO 值是 0.755，大于 0.7；同时，Bartlett 球形检验显著，说明量表适合进行探索性因子分析（EFA）。

表 4.20　环境绩效的 KMO 值和 Bartlett 球形检验

Kaiser-Meyer-Olkin Measure of Sampling Adequacy		0.755
Bartlett's Test of Sphericity	Approx. Chi-Square	199.044
	df	6
	Sig.	0.000

资料来源：作者设计。

接着，本书把因子固定数量为 1，同时采用方差最大旋转法进行 EFA 分析。其分析结果如表 4.21 所示。它们的因子载荷都在 0.5 以上，方差累计贡献率为 74.298%，说明这些量表具有较高的构念效度。

表 4.21　企业环境福利绩效变量的因子载荷

变量	问项	因子载荷
环境绩效	遵守环保规例	0.769
	预防和减轻环境危机	0.776
	限制法规以外的环境影响	0.748
	对员工和公众进行环境教育	0.679

资料来源：作者设计。

（5）企业财务绩效的 EFA 分析。本书把企业财务绩效的变量量表进行 KMO 值和 Bartlett 球形检验，检验的结果如表 4.22 所示。其 KMO 值是 0.875，大于 0.7；同时，Bartlett 球形检验显著，说明量表适合进行探索性因子分析（EFA）。

表 4.22　企业财务绩效变量的 KMO 值和 Bartlett 球体检验

Kaiser-Meyer-Olkin Measure of Sampling Adequacy		0.875
Bartlett's Test of Sphericity	Approx. Chi-Square	208.742
	df	3
	Sig.	0.000

资料来源：作者设计。

接着，本书把因子固定数量为 1，同时采用方差最大旋转法进行 EFA 分析。

其分析结果如表 4.23 所示。它们的因子载荷都在 0.7 以上，方差累计贡献率为84.518%，说明这些量表具有较高的构念效度。

表 4.23　企业财务绩效变量因子载荷

变量	问项	因子载荷
财务绩效	企业的盈利能力大大提高了	0.867
	企业的投资回报率大大提高了	0.923
	企业的销售增长明显更好	0.746

资料来源：作者设计。

经过上述步骤的 Cronbach's α 系数检验和探索性因子分析，进一步修正了本书调查问卷的测项，最终确定了调查问卷的所有题项，如表 4.24 所示。

表 4.24　调查问卷的测项修正

变量	问项
绿色环境意识（GEA，4 项）	GEA1：我们公司已将环境问题纳入我们的战略规划过程
	GEA2：在我们公司，质量包括降低产品和工艺对环境的影响
	GEA3：在我们公司，我们尽一切努力将环境目标与我们的其他企业目标联系起来
	GEA4：开发新产品时，始终会考虑环境问题
绿色产品技术创新（GPTI，7 项）	GPTI1：公司选择产生污染最少的产品材料进行产品开发或设计
	GPTI2：公司选择消耗最少能源和资源的产品材料进行产品开发或设计
	GPTI3：公司使用最少的材料构成产品进行产品开发或设计
	GPTI4：公司会谨慎地审议产品是否易于回收、再利用和分解，以进行产品开发或设计
	GPTI5：公司的制造过程可有效减少有害物质或废物的排放
	GPTI6：公司的制造过程可回收废物和排放物，使其得到处理和再利用
	GPTI7：公司的制造过程可减少水、电、煤或石油的消耗
绿色产品设计创新（GPDI，15 项）	GPDI1：除正式会议外，公司花大量时间与公司内外部创新者讨论绿色新产品的建议、创意、解决方案
	GPDI2：公司花大量时间与创新者面对面讨论绿色新产品的建议、创意、解决方案
	GPDI3：公司花大量时间与创新者讨论，以达成绿色新产品共识
	GPDI4：公司花大量时间研究讨论，形成对绿色技术知识的想法或解决方案
	GPDI5：公司花大量时间研究讨论，形成绿色社会文化发展趋势的想法或解决方案

续表

变量	问项
绿色产品设计创新（GPDI，15项）	GPDI6：公司花大量时间采访绿色技术创新者，了解他们对绿色新产品相关技术的想法或解决方案
	GPDI7：公司花大量时间采访绿色社会文化创新者，了解他们对绿色社会文化发展趋势的想法或解决方案
	GPDI8：针对每个绿色新产品，公司会系统地编辑收集到的绿色技术知识
	GPDI9：针对每个绿色新产品，公司会系统地编辑收集到的绿色社会文化知识
	GPDI10：针对每个绿色新产品，公司会系统地编辑收集到的关于创造新的绿色产品理念的步骤的知识
	GPDI11：公司及时在组织内部扩散关于绿色社会文化发展趋势的最新知识
	GPDI12：公司花大量时间实验，为的是在绿色技术功能方面形成可行性判断
	GPDI13：公司花大量时间实验，为的是在创造新的绿色产品理念的过程方面形成可行性判断
	GPDI14：公司花大量时间实验，为的是开发出符合绿色社会文化发展趋势的新产品
	GPDI15：公司花大量时间系统测试关于绿色社会文化发展趋势的理论知识
规制压力（RP，4项）	RP1：政府对违反相关环境法律法规的经营行为有严厉的惩罚措施
	RP2：政府通过严格执法来保障绿色市场主体的利益
	RP3：政府通过各种形式宣传企业应该遵守相关环境法律法
	RP4：政府对公众反映的企业违反相关环境法律法规的行为反应迅速
规范压力（NP，4项）	NP1：企业从行业或职业协会中了解各种环境规范
	NP2：对社会负责的绿色经营理念备受公众的推崇
	NP3：公众对企业负责任地对待绿色利益相关者的行为非常赞赏
	NP4：企业遵循各种绿色环保规范对企业有很强的影响力
模仿压力（IP，3项）	IP1：企业遵循相关环境法律法规是理所当然的
	IP2：企业理应承担社会环保责任
	IP3：企业应当为顾客创造绿色价值
环境绩效（EP，4项）	EWP1：遵守环保规例
	EWP2：预防和减轻环境危机
	EWP3：限制法规以外的环境影响
	EWP4：对员工和公众进行环境教育
财务绩效（FP，3项）	FP1：企业的盈利能力大大提高了
	FP2：企业的投资回报率大大提高了
	FP3：企业的销售增长明显更好

资料来源：作者设计。

第三节　开展正式调研和问卷回收

本节主要介绍了开展正式调研和问卷回收的过程，包括调研方法的选取、实施调研的前期准备工作以及调研问卷的回收情况。

一、调研方法选取

常用的调研方法共有四种：电话访谈、电子访谈、人员访谈和邮寄访谈。这些访谈方法的优劣比较体现在问题多样性、数据收集的速度、回答率/回收率、数据数量、调研成本、数据收集灵活性和敏感信息的获取，具体如表 4.25 所示。

表 4.25　常用调研方法

	电话访谈	电子访谈	人员访谈	邮寄访谈
问题多样性	低	中	高	中
数据收集的速度	高	高	中	低
回答率/回收率	中	低	高	低
数据数量	低	中	高	中
调研成本	中	低	高	低
数据收集灵活性	中	低	高	低
敏感信息的获取	高	高	低	高

资料来源：作者设计。

根据前文所述的四个子样本框的特点并综合采用上述四种调研方法，本书进行了以下几个方面的工作：从第一个子样本框中抽取了 169 个有效样本企业。在以往的联系簿里有部分样本企业受访者的联系方式有所保留，所以对于这部分受访者，本书采取人员访谈、邮件或微信等电子访谈以及邮寄访谈方式综合进行；另一部分主要通过网站等途径进行，通过电子访谈、电话访谈和邮件访谈等途径进行调研。从第二个子样本框中抽选出的样本企业（除去在预调研阶段已经访谈过的企业）拥有着丰富的关系资源，因此，针对这部分企业，本书采用现场人员访谈的方式以及邮件或微信等电子访谈和电话访谈相结合的方法。有 855 个样本企业是从第三、第四子样本框中选取的，这部分企业受访者是通过互联网搜集的联系方式以及其他的相关信息。最终，491 家企业的联系方式及信息被成功获取。针对这些企业，本书开展调研的方式主要是电子访谈、电话访谈和邮件访谈等。

二、实施调研和问卷回收

（一）前期准备

本书在开启正式调研之前成立了专业的调研小组。专业调研小组的成员有 1 名大学教师、3 名博士研究生和 4 名硕士研究生，他们制定了翔实的调研反馈机制以及调研计划实施表。此次调研的样本企业、调研目的以及调研内容等均将向调研小组成员进行阐明和详述，并培训他们遇到突发情况时的应变能力以及相关的调研技巧。立足于上述工作，本书课题组平均分配给调研组成员样本企业受访者的联系方式，它们均来自第一至第四子抽样框，并严格保密以上企业和受访者的信息；按照从高层管理者到基层管理者的顺序选择样本企业受访者。

（二）实施调研和回收问卷

从 2019 年 10 月初至 2019 年 11 月底正式开始调研，共耗时两个多月。在整个调研过程中，通过综合使用多种方式方法，共发放出 1206 份问卷，收回 515 份，回收率为 42.70%；删除答案缺失和答案连续相同的问卷（这些都是无效问卷），最终共获得 367 份有效问卷，为 71.26% 的有效回收率。电话调研、邮寄调研、微信或邮件等网络调研、现场发放/面谈调研等方式所获得的有效问卷数量，包括具体的问卷发放和回收情况（如表 4.26 所示）。

表 4.26　问卷回收情况统计

调研方式	发放数目（份）	回收数目（份）	回收率（%）	有效问卷（份）	有效率（%）
电话调研	56	49	87.50	35	71.43
邮寄调研	90	51	56.67	40	78.43
网络调研（微信/邮件）	725	214	29.52	168	78.50

调研方式	发放数目（份）	回收数目（份）	回收率（%）	有效问卷（份）	有效率（%）
现场发放/面谈	335	201	60.00	124	61.69
合计	1206	515	42.70	367	71.26

资料来源：作者设计。

第四节　数据分析的方法

本节主要介绍实证研究部分进行数据分析和数据判断的标准。核心内容和步骤有：描述性统计、信效度检验、探索性因子和验证性因子分析、层级回归以及调节效应检验。

一、描述性统计

问卷的第三部分内容是对受访者和样本企业基本信息的采集，包括受访者的个人信息（年龄、性别、受教育程度、在企业担任的职位、所在部门）和样本企业特征（企业所在行业，即化工及纺织业、煤炭业、生物制药业、钢铁水泥业、酿造业以及其他重度污染行业；企业的年均销售总额；企业成立年限；企业员工数量；企业的性质）等基本特征进行统计性描述，以观察样本企业的分布合理程度和代表程度。此外，通过描述性统计还要分析各变量的均值、标准差偏度和峰度等指标，既可以观察了解各样本企业的各个变量指标的整体情况和表现，也可以判断各个指标变量是否符合正态分布。经过这些步骤对研究变量相关系数的检验，能够初步判断各变量是否存在多重共线性问题以及各变量间的相关性情况。

二、信度和效度检验

（一）信度检验

信度检验是关于测量量表的可靠性程度与稳定性程度方面的检验。实际上，信度检验是通过重复测量相同的变量采用相同的测量工具，随着时间和地点的变化来观察测量结果是否有所改变。信度分为外在信度和内在信度两类。信度检验的方法主要有：分半信度法、复本信度法、Cronbach's α 系数、重测信度法、复相关系数平方法以及组合信度法等。其中，重测信度法常常用于检测外在信度，复相关系数平方法、组合信度法和 Cronbach's α 系数常常用于检测内在信度。本书也主要采用这三种方法检验测量量表的信度。

1. 组合信度法（CR）

评价一组潜在观测变量之间一致性程度的指标就是组合信度，组合信度也可以用于测量内部一致性的程度（陈鹏飞，2016）。组合信度的指标越大，观测变量之间的关联程度就越大，说明观测变量之间具有较好一致性。组合信度法（CR）大于或等于 0.5 都表示具有较好组合信度；反之，则组合信度较差，观测变量之间内部一致性程度较低（陈鹏飞，2016）。

2. Cronbach's α 系数

Cronbach's α 系数用于估计各因子包含观测变量的系统变异，适于多个条目组成的问卷或量表（陈鹏飞，2016）。Cronbach's α 系数值越大说明该组变量的内在一致性程度越好。根据 Nunnally（1978）和 Hinkin（1998）的研究表明，Cronbach's α 系数值大于 0.7 视为最好。

（二）效度检验

效度检验是量表反映研究概念准确程度的检测标准。本书共分三步对测量量表进行效度的检验：首先，检验测量模型的整体效度；其次，检验变量的收敛效度；最后，检验变量的判别效度。

1. 检验测量模型的整体效度

本书采用 Amos 24.0 软件的验证性因子分析（CFA）来检验测量模型的整体效度。而绝对拟合指标、简约指标和相对指标值的大小决定了测量模型的整体效度。拟合指标方面，Steiger（1990）的研究表明，越小的卡方值就越好，而在 0.01 和 0.1 之间的近似均方根残差（RMSEA）为可接受区间；简约指标方面，Mulaik 等（1989）以及陈鹏飞（2016）的研究指出，简约拟合优度指数（PGFI）大于 0.5 时效果最好，卡方/自由度可接受区间的范围为小于 5；相对指标方面，Bentler 和 Bonett（1980）的研究说明，递增拟合指数（IFI）、比较拟合指数（CFI）以及非规范拟合指数（TLI）值均大于0.9时效果最好。

2. 检验变量的收敛效度

收敛效度是关于对量表内各测量问项与该量表的聚合程度、关联程度的检验。收敛效度共有两个判断指标：①观测变量标准化载荷的检验大于0.5，并具有统计显著性，说明观测变量具有良好的收敛效度；②AVE值表示潜变量平均方差的抽取量。

3. 检验变量的判别效度

判别效度是用来检测测项与其他变量测项不相关的程度（陈鹏飞，2016）。说明潜在变量的判别效度较好的标准为：该变量AVE值的平方根大于各潜在变量和其他变量之间的相关系数（陈鹏飞，2016）。

三、探索性因子分析

探索性因子分析（EFA）主要是分析因子与各观测变量之间的相关性程度，它是在未知观测变量背后因子个数的情况下对因子维数进行探究的一种方法。本书曾自主开发了一些问项，它们需要进行探索性因子的分析，经过SPSS 21.0软件的处理，钝化和修正了测量量表。

本书进行探索性因子分析的步骤分为：第一，KOM（Kaiser – Meryer – Olkin）检验和巴特利特球形（Bartlett's Test of Sphericity）检验。KOM值的标准范围是0~1，主要比较了变量间偏相关系数和简单相关系数。KOM值大小说明原观测变量进行EFA分析的适合程度（陈鹏飞，2016）：0.7以下被认为不适合，0.7~0.8表示一般，0.8~0.9表示适合，非常适合是大于0.9的情况。可以进行EFA分析的前提是Bartlett球形检验的结果显著。第二，主成分分析法的选用。对量表进行EFA分析是利用的方差最大化正交旋转的方法，其特征值要大于1（陈鹏飞，2016）。

四、验证性因子分析

验证性因子分析（CFA）是在确定了量表基本结构之后，在探索性因子分析的基础上，来进一步分析实际数据与因子拟合的程度。Amos和Lisrel软件是最常被用于验证性因子分析检验的工具。

本书开展具体验证性因子分析的步骤为：首先，定义因子模型，确定因子个数，然后对因子载荷进行定义；其次，计算各观测变量的相关系数矩阵；再次，选取适当的方法进行模型估计，对此，本书选用极大似然值法（陈鹏飞，2016）；又次，对上述估计出的模型进行评价（其判断指标详见表4.27），如果符合判断指标，说明因子模型与实际数据的拟合程度较好，路径测量模型具有合理性；最后，修正不满足标准的模型。必要时，上述过程需要反复进行操作。

表 4.27 验证性因子分析拟合指标

指标类型	指标名称	符号	判断标准
绝对拟合指标	卡方值	χ^2	越小越好
	近似方根残差	RMSEA	0.01~0.1 是可以接受的范围（Steiger，1990）
简约指标	卡方/自由度	χ^2/df	小于 5 是可以接受的范围（侯杰泰等，2004）
	简约拟合优度	PGFI	大于 0.5 是可以接受的范围（Mulaik et al.，1989）
相对指标	递增拟合指数	IFI	大于 0.9（Bentler & Bonett，1980）
	非规范拟合指数	TLI	大于 0.9（Bentler & Bonett，1980）
	比较拟合指数	CFI	大于 0.9（Bentler，1990）

资料来源：作者设计。

五、层级回归

常用的变量间相关关系计算方法有：回归分析、结构方程分析、路径分析、方差分析以及相关系数分析等。它们有不同的变量类型、变量个数和样本数量的要求，其结果的精确程度也不相同（陈鹏飞，2016），具体见表4.28。

表 4.28 多变量分析方法比较

多变量分析方法	处理变量类型	处理变量个数	样本数量要求	结果精确度
多元回归分析	因变量为连续	一项因变量 多项自变量	较低	较高
结构方程模型	因变量和自变量为连续	多项因变量 多项自变量	高	较高
多元方差分析	因变量为连续 自变量为分类	多项因变量 多项自变量	较低	适中

多变量分析方法	处理变量类型	处理变量个数	样本数量要求	结果精确度
Pearson 相关系数	因变量和自变量为连续	多项因变量 多项自变量	较低	较低
路径分析	因变量和自变量为连续	多项因变量 多项自变量	较高	适中

资料来源：参阅郭志刚（1999）《社会统计分析方法 21.0 软件应用》整理设计。

本书的研究模型涉及多项自变量和因变量，还有调节变量，它们都是连续变量。本书主要采用李克特 7 级量表法对它们进行的测量；同时，本书共有 367 个有效样本量，依然属于低水平，所以本书选用多元回归法对相关变量间的关系进行计算。此外，本书选用回归法进行分析还有一个好处：在分析时可以控制其他可能影响研究结果的变量，即把它们作为控制变量，可以提高研究结果的准确性和效果的显著性（陈鹏飞，2016）。

回归系数值是通过多元线性回归求得，这一主要的方法就是最小二乘法（OLS）。本书对研究模型的多元线性回归的检验主要使用 SPSS 21.0 软件开展，通过整体回归模型的 F 检验值与各变量的 t 检验值以及 P 值的显著水平对回归结果进行判断。F 检验值显著，说明至少一个自变量对因变量有解释力度，也说明模型在样本总体解释力度 R^2 不是 0；如果自变量的系数显著，说明一定显著水平下它对因变量具有一定影响力（陈鹏飞，2016）。

六、调节效应检验

本书的研究模型中有三个调节变量，使用层级回归对它们进行检验。

$$Y = aX + bX + cXM + e$$

调节效应的检验可分为三步：第一，计算判定系数 R_1^2，并做因变量 Y 对控制变量的回归；第二，计算判定系数 R_2^2，并做因变量 Y 对控制变量、自变量 X 和调节变量 M 的回归；第三，对判定系数 R_3^2 进行计算，并做因变量 Y 对控制变量、自变量 X 及调节变量 M 和 XM 的回归。如果检验 XM 的回归系数发现结果显著，则说明调节效应显著（温忠麟等，2005）；或者，如果 R_2^2 低于 R_3^2，也说明调节效应显著（陈鹏飞，2016）。

第五章 数据分析和结果

本章内容主要是对调研数据的实证分析，分为四个部分内容：第一，结合调研数据分析样本企业的分布特征，以充分了解样本企业的整体情况，帮助样本企业进行代表性的判断，并检验未回应者偏差、同源方法偏差和其他偏差。第二，各个变量的描述性统计分析。这部分内容包括了各变量间相关系数分析和各变量的均值、标准差等描述性统计分析以及其他分析。第三，进一步对量表测项做验证性因子分析，并对测项进行修正。第四，对本书的研究假设开展层级回归检验，汇总最终实证研究的全部结果。

第一节 样本分布特征

本节将利用分布特征描述调研获取的 367 家样本企业，涵盖了受访者的受教育水平分布、受访者所在部门分布、受访者职位分布、受访者年龄分布，以及样本企业的性质、成立时间、所在行业、员工人数等内容。基于此，本书将调研中可能存在的同源方法偏差、未回应者偏差以及其他偏差，做进一步检测。

一、基本分布

（一）受访者职位

企业高层管理者、中层管理者和基层管理者均是本次调研的受访者，但本书调研的理想受访者是中基层管理者，而实际调研最多的受访者也是中基层管理者。表 5.1 描述了 367 份有效问卷中受访者职位的分布情况。在此次调研问卷回复中，高层管理者占比为 16.1%，中层管理者占比为 24.0%，基层管理者占比为 59.9%。综上，在此次调研问卷回复中，中基层管理者共占比 83.9%，说明调研问卷的整体质量较好（理想受访者总占比已超过 80%）。

表 5.1　受访者职位分布

	Frequency（人）	Percent（%）	Valid Percent（%）	Cumulative percent（%）
高层管理者	59	16.1	16.1	16.1
中层管理者	88	24.0	24.0	40.1
基层管理者	220	59.9	59.9	100
Total	367	100	100	

资料来源：作者设计。

（二）受访者受教育水平

表 5.2 描述了 367 份有效问卷中受访者受教育水平的分布情况。其中，博士及博士后在此次调研问卷回复中占比为 3.2%，硕士研究生占比为 20.2%，大学本科占比为 50.7%，专科及专科以下占比为 25.9%。本科以上学历的受访者在此次调研问卷回复中共占比为 74.1%，说明本次调研的受访者的整体教育水平较高，能够对问卷中的问项有更好的理解，所以调查问卷整体拥有较高的质量。

表 5.2　受访者受教育水平

	Frequency（人）	Percent（%）	Valid Percent（%）	Cumulative percent（%）
博士及博士后	12	3.2	3.2	3.2
硕士研究生	74	20.2	20.2	23.4
大学本科	186	50.7	50.7	74.1
专科及专科以下	95	25.9	25.9	100
Total	367	100	100	

资料来源：作者设计。

（三）受访者的工作年限

表 5.3 描述了 367 份有效问卷中受访者的工作年限分布情况。其中，3 年及以下工作年限的受访者在此次调研问卷回复中占比为 24.5%，3 年以上 5 年及以下工作年限的受访者占比为 10.4%，5 年以上 8 年及以下工作年限的受访者在此次调研问卷回复中占比为 7.9%，8 年以上工作年限的受访者在此次调研问卷回复中占比为 57.2%，说明本次调研的受访者的整体工作年限较长，对企业相关战略实施和管理问题有着充分的理解和熟悉度，所以调查问卷整体拥有较高的质量。

表 5.3　受访者的工作年限

	Frequency（人）	Percent（%）	Valid Percent（%）	Cumulative percent（%）
3 年及以下	90	24.5	24.5	24.5
3 年以上 5 年及以下	38	10.4	10.4	34.9
5 年以上 8 年及以下	29	7.9	7.9	42.8
8 年以上	210	57.2	57.2	100
Total	367	100	100	

资料来源：作者设计。

（四）企业的成立时间

本书分成四个独立的区域以区分企业成立的时间：0~5 年、5~10 年、10~20 年和 20 年以上。分别统计此四个区间的样本企业，以整体把握它们的成立时间。

此次调研的样本企业的成立时间分布具体见表 5.4。由表 5.4 可知，成立时间超过 5 年的样本企业占 85.3%，超过 10 年的样本企业占 13.1%，而成立时间超过 20 年的样本企业占 61.6%。本书的对象为重度污染企业，一般来讲，中国的重度污染企业成立的时间均比较长，能够充分支撑一个企业长期战略的制定实施，利于进行研究其战略实施产生的绩效，因此，此样本企业成立时间的分布较为合理。

表5.4 企业的成立时间

	Frequency（家）	Percent（%）	Valid Percent（%）	Cumulative percent（%）
0~5 年	54	14.7	14.7	14.7
5~10 年	39	10.6	10.6	25.3
10~20 年	48	13.1	13.1	38.4
20 年以上	226	61.6	61.6	100
Total	367	100	100	

资料来源：作者设计。

（五）企业所在的行业

对于绿色环境意识下制定实施绿色产品创新战略的中国重度污染企业所涉及的行业主要包括化工及纺织业、煤炭业、生物制药业、钢铁水泥业、酿造业以及其他重度污染行业。根据判断式方法限定样本企业于这些行业领域内，在所获得的367份最终问卷中，行业分布情况具体可见表5.5。其中，钢铁水泥业和化工及纺织业企业占比最高。

表5.5 企业所在行业的分布

	Frequency（家）	Percent（%）	Valid Percent（%）	Cumulative percent（%）
化工及纺织业	64	17.4	17.4	17.4
煤炭业	10	2.7	2.7	20.1
生物制药业	33	9.0	9.0	29.1
钢铁水泥业	223	60.8	60.8	89.9
酿造业	15	4.1	4.1	94.0
其他重度污染行业	22	6.0	6.0	100
Total	367	100	100	

资料来源：作者设计。

（六）企业的员工人数

本书调研所得的367家样本企业员工人数共划分为四个区域：100人及以下、101~500人、501~1000人和1001人及以上。样本企业员工人数的分布情况可以通过分区域统计获知，涵盖了大中小型企业，详见表5.6。员工人数在100人及以下的企业占 14.2%、员工人数在 101~500 人范围的样本企业占 17.2%、员工人数在 501~1000 人范围内的样本企业占 4.6%、员工人数在 1001 人以上的样本企业占 64%。可以看出，样本企业中大型企业占绝大多数，这也符合中国重度污染企业的特点，具有较好的代表性。

表 5.6　企业的员工人数

	Frequency（家）	Percent（%）	Valid Percent（%）	Cumulative percent（%）
100 人及以下	52	14.2	14.2	14.2
101~500 人	63	17.2	17.2	31.4
501~1000 人	17	4.6	4.6	36.0
1001 人及以上	235	64	64	100
Total	367	100	100	

资料来源：作者设计。

二、偏差分析

（一）未回应者偏差

受访者无意或有意造成的数据缺失导致研究结果的偏差即未回应者偏差（Non-response Bias）（陈鹏飞，2016）。它是一种比较普遍的偏差现象，对其进行评估有益于本书正式检验分析的开展。本书比较了开始部分与结束部分所收集的数据（前后各 25%）的 t 检验，结果显示：问卷涉及的 63 个观测变量中有 61 个观测变量的比对不显著，说明，本书的研究结果不会受到未回应者偏差的明显影响。

（二）同源方法偏差

问卷调研方法中同源方法偏差（Common Method Biases，CMB）是常见的一种偏差现象。研究结果的可靠性程度会受到同源方法偏差的影响，甚至可能得出错误的结论。产生同源方法偏差的主要原因是：一些人为因素造成的自变量和因变量产生的共变偏差。这些人为因素包括调研环境、受访者或数据来源、问项语境等。由于针对受访者本书采用的是单一调研法，所以很有必要进行同源方法偏差的检验。对于同源方法偏差的检验，本书采用的是 Harman 单因素分析法，即进行探索性因子（EFA）分析全部的观测变量。所提取出来的第一个因子仅仅是解释了总方差的 6.859%（比例较低），说明比较严重的同源方法偏差问题已被成功规避。

（三）其他偏差

在此次调研问卷的样本数据中，高层管理者占比为 16.1%，中层管理者占比为 24.0%，基层管理者占比为 59.9%。本书通过对比高层和中基层管理者的问卷并运用方差分析，结果发现，不存在显著性差异的有 63 个观测变量。所以，能够放在一起研究分析这些来自三类不同受访者的数据。

另外，来自化工及纺织业、煤炭业、生物制药业、钢铁水泥业、酿造业以及其他重度污染行业的样本数据中，占比分别为 17.4%、2.7%、9.0%、60.8%、4.1%、6.0%；通过方差对其进行分析，也发现 63 个观测变量均不存在显著性差异。所以，仍可放在一起研究分析这些来自不同行业的数据。

第二节　描述性统计分析

本节主要内容是进行描述性统计分析样本数据，包括各变量的描述性统计分析和变量间相关系数的检验，还有其他描述性统计分析等。

一、各变量描述性统计值

本书对所有变量问项做中心化处理之后的描述性统计结果进行了汇总（如表 5.7 所示），包括变量的最大值、最小值、平均值、标准差、偏度和峰度。从表 5.7 可知，绿色环境意识的最小值为 -3.969，最大值为 0.974，均值为 0.000，说明随着绿色时代的到来，人们的绿色观念越来越强，企业管理层的绿色环境意识也越来越强烈；两种绿色产品创新（绿色产品技术创新和绿色产品设计创新）的最小值分别为 -3.782、-3.169，最大值分别为 1.228、1.383，均值为 0.000，说明企业通过开展绿色产品技术创新和设计创新能够把这种绿色、环保的理念融入企业生产运营过程，带来优良的企业可持续发展绩效；企业所处的外部制度压力环境可分为三类，即规制压力、规范压力和模仿压力，它们的最小值均小于−5，最大值均在1左右，说明制度压力的确对企业的生产经营活动产生极大的影响，并决定着它们开展创新的绩效效果；另外，在外部影响因素作用下，企业开展的绿色产品创新带来了优良的环境绩效（最小值−4.251，最大值为1.097）和财务绩效（最小值−3.976，最大值为1.320），说明企业既重视营利性又注重环境效益，以求环境和经济效益的协同发展，获得了可持续发展绩效。

表 5.7　各变量的描述性统计分析表

变量	最小值	最大值	平均值	标准差	偏度	峰度
绿色环境意识	−3.969	0.974	0.000	1.000	−1.239	1.476
绿色产品技术创新	−3.782	1.228	0.000	1.000	−0.703	0.209
绿色产品设计创新	−3.169	1.383	0.000	1.000	−0.505	−0.284
绿色产品协同式创新	−3.391	1.389	0.000	1.000	−0.472	−0.314
绿色产品平衡式创新	−3.253	0.297	0.000	1.000	−1.896	1.378
规制压力	−5.161	1.069	0.000	1.000	−1.314	2.992
规范压力	−5.383	1.045	0.000	1.000	−1.299	3.036
模仿压力	−5.344	0.952	0.000	1.000	−1.335	2.895
财务绩效	−3.976	1.320	0.000	1.000	−0.530	0.201
环境绩效	−4.251	1.097	0.000	1.000	−0.933	0.880

资料来源：作者设计。

该变量是符合正态分布的条件为：偏度的绝对值小于3且峰度的绝对值小于10（Kline，1998）。由表5.7而知，所有变量都满足峰度的绝对值小于10且偏度的绝对值均小于3，这说明本书的变量均符合正态分布，可以进行后续的回归分析。

二、相关系数矩阵

检验变量的皮尔逊相关系数是为了分析研究变量间的相关性，是做正式回归分析之前必不可少的。如表5.8所示，根据相关系数矩阵可以初步了解本书的各变量间是否存在相关关系，并观察和检验变量间的多重共线性问题。由表5.8可知，绿色环境意识对企业开展绿色产品技术创新和设计创新具有显著的相关关系；而企业绿色产品技术创新和绿色产品设计创新对企业的环境绩效也具有显著相关关系；规制压力、规范压力、模仿压力之间显著相关；这种显著的相关关系也表现在环境绩效和财务绩效之间。总体来说，各变量之间的相关关系较为显著，仍有待于进一步检验它们的多重共线性问题。

表 5.8　相关系数矩阵

	1	2	3	4	5	6	7	8	9	10
1	1									
2	0.660**	1								
3	0.543**	0.767**	1							
4	0.640**	0.940**	0.940**	1						
5	−0.053*	−0.004*	0.039*	0.019*	1					
6	0.607**	0.699**	0.574**	0.677**	0.018*	1				
7	0.597**	0.703**	0.548**	0.666**	0.026*	0.971**	1			
8	0.569**	0.660**	0.493**	0.613**	0.031*	0.915**	0.973**	1		
9	0.645**	0.697**	0.639**	0.710**	0.030*	0.792**	0.790**	0.764**	1	
10	0.452**	0.617**	0.633**	0.665**	0.061*	0.562**	0.560**	0.529**	0.675**	1

　　注：**表示在 0.01 水平（双侧）上显著相关。1 表示绿色环境意识；2 表示绿色产品技术创新；3 表示绿色产品设计创新；4 表示绿色产品协同式创新；5 表示绿色产品平衡式创新；6 表示规制压力；7 表示规范压力；8 表示模仿压力；9 表示环境绩效；10 表示财务绩效。

　　资料来源：作者设计。

三、其他分析

　　为了清晰地探究样本企业在绿色环境意识、绿色产品技术创新和绿色产品设计创新、外部制度压力环境和企业可持续发展绩效方面的差异化表现，本书选用了两个分类变量，即企业年限和企业规模，以深入剖析样本企业的上述现状。具体可见表 5.9。

　　从表 5.9 可知，相较而言，规模较大的企业对绿色环境意识拥有较高的倾向和诉求；而规模较小的企业绿色环境意识不强。究其原因，本书认为可能是大企业更注重社会责任和企业形象，企业文化更注重这种可持续性长期发展，企业家和员工具有强烈的绿色环保意识和高度的社会责任感，注重兼顾营利性和绿色环保；而小企业由于规模较小，不具有规模优势，最需要的可能是眼前的经营和盈利，最看重的还是经济利益，会把对环境效益的追求放在其次位置。

表 5.9　不同规模企业绿色产品创新的绿色环境意识

员工人数	绿色环境意识
100 人	4. 8302
101~500 人	5. 6111
501~1000 人	5. 0882
1001 人及以上	6. 1528
Total	5. 8181

资料来源：作者设计。

从表 5.10 可知，相比之下，企业成立的时间越长，即企业年限越长，企业的绿色环境意识就越强；而成立时间较短的企业绿色环境意识反而较差。究其原因，本书认为可能是企业成立时间短的情况下，缺乏经验，对市场认识不够深刻，无法捕捉到市场来临的绿色环境信号，因此，企业的绿色环境意识较差。而随着企业成立时间的变长，各种经验的积累，使企业对绿色环境意识的认识更敏感。

表 5.10　不同规模企业绿色产品创新的绿色环境意识

成立时间	绿色环境意识
0~5 年	4. 7813
6~10 年	4. 4167
11~20 年	5. 3438
20 年以上	6. 2935
Total	5. 8181

资料来源：作者设计。

由表 5.11 和表 5.12 可以知悉，相对而言，当企业成立的时间和企业规模不同时，在绿色产品技术创新上的选择均高于绿色产品设计创新，模仿压力高于规制压力和规范压力，环境绩效高于财务绩效。分析内在原因可知，本书选取的样本企业均来自重污染企业，因此可能会更倾向于选择绿色产品技术创新来改进技术，以迅速改善环境效益；而外部制度压力中的模仿压力对重污染企业影响更大，促使这些污染严重的企业模仿改善环境绩效效果好的企业的做法；最终产生的最直接的企业绩效还是环境绩效，所以它会高于财务绩效。

表 5.11　不同规模企业绿色产品创新战略、制度压力和可持续发展绩效

员工人数	绿色产品技术创新	绿色产品设计创新	绿色产品协同式创新	绿色产品平衡式创新	规制压力	规范压力	模仿压力	环境绩效	财务绩效
100 人	5.39	5.02	-0.75	0.33	5.36	5.31	5.47	5.43	5.21
101~500 人	5.68	5.50	0.0018	0.37	5.86	5.92	6.10	5.93	5.67
501~1000 人	5.84	5.11	-0.43	0.37	5.40	5.37	5.84	5.93	5.51
1001 人及以上	5.94	5.47	0.21	-0.40	6.07	6.02	6.26	6.15	5.49
Total	5.81	5.40	0.20	0.20	5.90	5.88	6.09	5.97	5.50

资料来源：作者设计。

表 5.12　不同成立时间企业绿色产品创新战略、制度压力和可持续发展绩效

成立时间	绿色产品技术创新	绿色产品设计创新	绿色产品协同式创新	绿色产品平衡式创新	规制压力	规范压力	模仿压力	环境绩效	财务绩效
0~5 年	5.39	5.23	-0.53	0.13	5.36	5.36	5.54	5.51	5.16
6~10 年	5.14	3.89	-0.018	0.62	5.73	5.72	5.89	5.79	5.67
11~20 年	5.44	4.88	0.06	-0.49	5.70	5.67	6.01	5.88	5.51
20 年以上	6.01	5.55	0.16	-0.22	6.10	6.06	6.29	6.17	5.52
Total	5.81	5.40	0.20	0.20	5.90	5.88	6.09	5.97	5.50

资料来源：作者设计。

第三节　测量模型检验

本节内容涉及检验研究设定的测量模型和现实数据的拟合程度。绿色产品创新的前置因素，主要是指：企业家绿色环境意识；绿色产品创新及其战略组合，

包括绿色产品技术创新和设计创新、绿色产品协同式创新、绿色产品平衡式创新、规制压力、规范压力、模仿压力；企业可持续发展绩效，包括环境绩效和财务绩效。

一、绿色产品创新战略和制度压力测量模型的检验和分析

绿色产品创新战略和制度压力，包括绿色产品技术创新、绿色产品设计创新、规制压力、规范压力、模仿压力五个潜变量。其中，绿色产品技术创新拥有7个观测变量，分别为 GPTI1、GPTI2、GPTI3、GPTI4、GPTI5、GPTI6、GPTI7；绿色产品设计创新拥有 15 个观测变量，它们分别是 GPDI1、GPDI2、GPDI3、GPDI4、GPDI5、GPDI6、GPDI7、GPDI8、GPDI9、GPDI10、GPDI11、GPDI12、GPDI13、GPDI14、GPDI15；规制压力有 4 个观测变量，分别为 RP1、RP2、RP3、RP4；规范压力有 4 个观测变量，分别为 NP1、NP2、NP3、NP4；模仿压力拥有 3 个观测变量，它们分别是 IP1、IP2、IP3。

（一）测量模型的整体拟合检验

绝对指标、相对指标和简约指标等拟合指标均优于既定测量模型，且都在可接受的区间范围内。具体数值为：$\chi^2/df = 83.89/26$，RMSEA = 0.078，IFI = 0.978，TLI = 0.961，CFI = 0.977，PGFI = 0.553。

（二）测量模型的效度和信度分析

本书采用组合信度（CR）与内部一致性信度（Cronbach's α）两种指标来检验模型信度，由测量的结果可知，绿色产品技术创新和设计创新与制度压力的 Cronbach's α 值都在 0.7 以上，说明量表的内部一致性较好；绿色产品技术创新和设计创新与制度压力的各个变量的 CR 值都大于 0.6，说明量表的组合信度较高。

本书检验模型的效度采用了三种指标，包括内容效度、收敛效度和判别效度。首先，在内容效度方面，本书的"绿色产品技术创新""绿色产品设计创新""制度压力"测项都来源于经典文献中的成熟量表，仅有少部分测项是研究者通过专家访谈和实地访谈自主开发的，并且初始量表已全部通过预调研的检验，因此，这些量表测项的内容效度比较高。其次，在收敛度方面，本书变量的验证性因子分析采用 Amos 24.0 软件进行，获取了各变量的 t 值和标准化载荷。

各个测量变量的标准化载荷都在 0.7 之上，极具统计显著性，说明各个变量的效度较高；并且"绿色产品技术创新""绿色产品设计创新""绿色产品协同式创新""绿色产品平衡式创新""制度压力"的 AVE 值均在 0.5 之上，符合标准，说明它们的测量维度收敛效度较好。最后，从判别效度方面来比较各个潜变量和其他变量之间的相关系数以及 AVE 方根。结果表明，所有潜变量的 AVE 方根大于其相关系数，说明量表的判别效度也较好。

二、企业绩效测量模型的检验和分析

绿色环境意识共有 4 个观测变量，分别为"GEA1：我们公司已将环境问题纳入我们的战略规划过程""GEA2：在我们公司，质量包括降低产品和工艺对环境的影响""GEA3：在我们公司，我们尽一切努力将环境目标与我们的其他企业目标联系起来""GEA4：开发新产品时，始终会考虑环境问题"。

（一）测量模型的整体拟合检验

测量模型拟合指标（包括绝对指标、相对指标和简约指标）均优于既定测量模型，且都在可接受的区间范围内。具体数值为：$\chi^2/df = 198.519/43$，RMSEA = 0.099，IFI = 0.963，TLI = 0.942，CFI = 0.963，PGFI = 0.505。

（二）测量模型的信度和效度分析

本书采用内部一致性信度（Cronbach's α）和组合信度（CR）两种指标检验模型信度。环境绩效和财务绩效的 Cronbach's α 值都在 0.7 以上，说明量表的内部一致性较好；环境绩效和财务绩效的各个变量的 CR 值都大于 0.6，说明量表的组合信度较高。

本书检验模型的效度采用了三种指标，包括内容效度、收敛效度和判别效度。首先，在内容效度方面。本书的"环境绩效""财务绩效"的测项都来源于经典文献中的成熟量表，并且初始量表也通过了预调研的检验，所以这些量表的测项内容效度较高。其次，在收敛度方面，本书通过应用 Amos 24.0 软件开展验证性因子分析，得到了各个变量的标准化载荷和 t 值。从前文可知，各个测量变量的标准化载荷都在 0.7 之上，极具统计显著性，说明各个变量的效度较高；并且"环境绩效""财务绩效"的 AVE 值均在 0.5 之上，符合标准（Bagozzi & Yi，1998），说明"环境绩效""财务绩效"的测量维度收敛效度较好。最后，在判

别效度方面，本书对各个潜变量的 AVE 方根和该变量及其他变量之间的相关系数进行比较，结果显示，潜变量的 AVE 方根大于其相关系数，说明量表的判别效度也较好。

第四节　假设检验

本节内容主要是对研究假设进行检验，可分为以下几个步骤：第一，检验绿色环境意识对企业绿色产品创新战略（绿色产品技术创新和设计创新、绿色产品协同式和平衡式创新）的前置影响；第二，检验企业绿色产品创新战略对企业可持续发展绩效（环境绩效和财务绩效）的影响；第三，检验企业绿色产品创新战略分别与规制压力、规范压力和模仿压力的匹配效应对企业可持续发展绩效的影响；第四，检验企业环境绩效对企业财务绩效的影响。使用 SPSS 21.0 回归检验前，本书进行了多重共线问题的检验。具体操作如下：通过方差膨胀因子（VIF）和容忍度（Tolerance）进行指标判断。一般方差膨胀因子（VIF）取值均在 10 以内，取值如果超过 10，说明变量与其他变量之间存在严重的多重共线问题。而容忍度（Tolerance）是方差膨胀因子（VIF）取值的倒数，是模型中其他自变量不能解释该变量的方差所占构成比。容忍度（Tolerance）取值要求大于 0.1，否则就超越了允许的界限，说明该变量与其他变量存在严重多重共线问题。

一、绿色产品创新战略的前置因素

（一）绿色产品技术创新的前置因素

本书运用软件 SPSS 21.0 进行层级回归分析，对绿色环境意识对企业绿色产品技术创新的前置影响进行检验。这一检验步骤包括两步：首先，放入本书的控制变量，即企业规模［企业员工人数取自然对数 Ln（NO.）］和企业年龄［企业成立的时间取自然对数 Ln（Time）］，构成模型 1；其次，放入本书的解释变量绿色环境意识（GEA），构成模型 2。各变量间的多重共线性检验和回归分析结果如表 5.13 所示。

表 5.13　绿色环境意识对绿色产品技术创新的回归结果

Model		Standardized Coefficients	t	Sig.	Collinearity Statistics	
		Beta			Tolerance	VIF
模型 1	（Constant）		42.862	0.000		
	Ln （NO.）	0.064	0.893	0.373	0.500	2.001
	Ln （Time）	0.192	2.671	0.008	0.500	2.001
	$R^2=0.059$；Adj-$R^2=0.053$；F=11.311；Sig. F Change=0.000					
模型 2	（Constant）		14.627	0.000		
	Ln （NO.）	−0.006	−0.108	0.914	0.497	2.014
	Ln （Time）	−0.088	−1.512	0.131	0.453	2.205
	GEA	0.704	15.818	0.000	0.775	1.290
	$R^2=0.443$；Adj-$R^2=0.438$；F=96.103；Sig. F Change=0.000					

资料来源：作者设计。

从表 5.13 中各变量间的多重共线性检验结果来看，各变量的容忍度值（Tolerance）均大于 0.1，且方差膨胀因子（VIF）的取值均小于 10，说明多重共线性问题在各变量之间不存在，即能够进行回归分析。模型 2 的整体显著（F 值为 96.103），说明模型 2 的回归方程成立；并且，相比于模型 1，R^2 值增加了 0.384，说明模型的解释力度显著增加。

观察变量间的回归系数可知，绿色环境意识与绿色产品设计创新的标准化回归系数为 0.704，具有统计显著性（$P<0.05$）。由此证明，本书提出的假设 H1a 获得支持。

（二）绿色产品设计创新的前置因素

本书运用软件 SPSS21.0 进行层级回归分析，对绿色环境意识对企业绿色产品设计创新的前置影响进行检验。这一检验步骤包括两步：首先，放入本书的控制变量，即企业规模［企业员工人数取自然对数 Ln （NO.）］和企业年龄［企业成立的时间取自然对数 Ln （Time）］，构成模型 1；其次，放入本书的解释变量绿色环境意识（GEA），构成模型 2。各变量间的多重共线性检验和回归分析结果如表 5.14 所示。

表 5.14　绿色环境意识对绿色产品设计创新的回归结果

Model		Standardized Coefficients	t	Sig.	Collinearity Statistics	
		Beta			Tolerance	VIF
模型 1	（Constant）		33.660	0.000		
	Ln（NO.）	0.058	0.792	0.429	0.500	2.001
	Ln（Time）	0.082	1.112	0.267	0.500	2.001
	$R^2=0.059$；$Adj-R^2=0.053$；$F=11.311$；$Sig. F Change=0.000$					
模型 2	（Constant）		9.598	0.000		
	Ln（NO.）	−0.004	−0.062	0.950	0.497	2.014
	Ln（Time）	−0.166	−2.578	0.010	0.453	2.205
	GEA	0.622	12.640	0.000	0.775	1.290
	$R^2=0.317$；$Adj-R^2=0.312$；$F=56.236$；$Sig. F Change=0.000$					

资料来源：作者设计。

从表 5.14 中各变量间的多重共线性检验结果来看，各变量方差膨胀因子（VIF）取值都在 10 以内，且容忍度值（Tolerance）也均大于 0.1，说明不存在各变量间多重共线性的问题，能够进行回归分析。模型 2 的整体显著（F 值为 56.236），说明模型 2 的回归方程成立；并且，相比于模型 1，R^2 值增加了 0.258，说明模型的解释力度显著增加。观察变量间的回归系数可知，绿色环境意识与绿色产品设计创新的标准化回归系数为 0.622，具有统计显著性（P<0.05）。由此证明，本书提出的假设 H1b 获得支持。

（三）绿色产品协同式创新的前置因素

本书运用软件 SPSS21.0 进行层级回归分析，对绿色环境意识对企业绿色产品协同式创新的前置影响进行检验。这一检验步骤包括两步：首先，放入本书的控制变量，即企业规模［企业员工人数取自然对数 Ln（NO.）］和企业年龄［企业成立的时间取自然对数 Ln（Time）］，构成模型 1；其次，放入本书的解释变量绿色环境意识（GEA），构成模型 2。各变量间的多重共线性检验和回归分析结果如表 5.15 所示。

从表 5.15 中各变量间的多重共线性检验结果来看，各变量方差膨胀因子（VIF）取值都在 10 以内，且容忍度值（Tolerance）也均大于 0.1，说明不存在

表 5.15　绿色环境意识对绿色产品协同式创新的回归结果

Model		Standardized Coefficients	t	Sig.	Collinearity Statistics	
		Beta			Tolerance	VIF
模型 1	（Constant）		−3.489	0.001		
	Ln（NO.）	0.065	0.896	0.371	0.500	2.001
	Ln（Time）	0.146	2.004	0.046	0.500	2.001
	$R^2 = 0.039$；Adj-$R^2 = 0.034$；F = 7.365；Sig. F Change = 0.000					
模型 2	（Constant）		2.717	0.007		
	Ln（NO.）	−0.005	−0.092	0.926	0.497	2.014
	Ln（Time）	−0.135	−2.285	0.023	0.453	2.205
	GEA	0.705	15.606	0.000	0.775	1.290
	$R^2 = 0.425$；Adj-$R^2 = 0.420$；F = 89.365；Sig. F Change = 0.000					

资料来源：作者设计。

各变量间多重共线性的问题，能够进行回归分析。模型 2 的整体显著（F 值为 89.365），说明模型 2 的回归方程成立；并且，相比于模型 1，R^2 值增加了 0.386，说明模型的解释力度显著增加。观察变量间的回归系数可知，绿色环境意识与绿色产品协同式创新的标准化回归系数为 0.705，具有统计显著性（P< 0.01）。由此证明，本书提出的假设 H1c 获得支持。

（四）绿色产品平衡式创新的前置因素

本书运用软件 SPSS21.0 进行层级回归分析，对绿色环境意识对企业绿色产品平衡式创新的前置影响进行检验。这一检验步骤包括两步：首先，放入本书的控制变量，即企业规模［企业员工人数取自然对数 Ln（NO.）］和企业年龄［企业成立的时间取自然对数 Ln（Time）］，构成模型 1；其次，放入本书的解释变量绿色环境意识（GEA），构成模型 2。各变量间的多重共线性检验和回归分析结果如表 5.16 所示。

从表 5.16 中各变量间的多重共线性检验结果来看，各变量方差膨胀因子（VIF）取值都在 10 以内，且容忍度值（Tolerance）也均大于 0.1，说明不存在各变量间多重共线性的问题，能够进行回归分析。模型 2 的整体显著（F 值为 0.663），说明模型 2 的回归方程成立；并且，相比于模型 1，R^2 值未增加，说明模型的解释力度未明显增加。观察变量间的回归系数可知，绿色环境意识与绿色

表 5.16　绿色环境意识对绿色产品平衡式创新的回归结果

Model		Standardized Coefficients	t	Sig.	Collinearity Statistics	
		Beta			Tolerance	VIF
模型 1	（Constant）		1.021	0.308		
	Ln （NO.）	-0.047	-0.641	0.522	0.500	2.001
	Ln （Time）	-0.027	-0.370	0.712	0.500	2.001
	$R^2 = 0.005$；Adj-$R^2 = -0.001$；F = 0.882；Sig. F Change = 0.415					
模型 2	（Constant）		0.712	0.477		
	Ln （NO.）	-0.045	-0.600	0.549	0.497	2.014
	Ln （Time）	-0.016	-0.207	0.836	0.453	2.205
	GEA	0.705	15.606	0.634	0.775	1.290
	$R^2 = 0.005$；Adj-$R^2 = -0.003$；F = 0.663；Sig. F Change = 0.575					

资料来源：作者设计。

产品平衡式创新的标准化回归系数为 0.705，具有统计显著性（P>0.1）。由此证明，本书提出的假设 H1d 没有获得支持。

（五）结果说明

综上所述，从（一）至（四）四部分检验结果可以看出，假设 H1a、假设 H1b、假设 H1c 获得支持，说明企业家绿色环境意识对企业绿色产品技术创新、绿色产品设计创新和绿色产品协同式创新具有积极的正向影响。也就是说，从企业绿色产品创新战略的前置因素来看，在绿色时代背景下，企业会更倾向于采用绿色环境战略以顺应时代发展，绿色产品创新战略作为企业的战略规划选择既可以保证企业盈利的需要，又可以获得社会效益、树立企业绿色形象。而企业家的绿色环境意识恰好作为前置因素，促进和推动了企业开展绿色产品技术创新和绿色产品设计创新。但假设 H1d 没有获得支持。

二、绿色产品技术创新和绿色产品设计创新对可持续发展绩效的影响

（一）绿色产品技术创新和绿色产品设计创新对企业财务绩效的影响

本书运用软件 SPSS 21.0 进行层级回归分析，对绿色产品技术创新、绿色产品设计创新与企业财务绩效的关系进行检验。这一检验步骤包括两步：首先，放入本书的控制变量，即企业规模［企业员工人数取自然对数 Ln （NO.）］和企

业年龄［企业成立的时间取自然对数 Ln（Time）］，构成模型 1；其次，放入本
书的解释变量绿色产品技术创新（GPTI）和绿色产品设计创新（GPDI），构成
模型 2。各变量间的多重共线性检验和回归分析结果如表 5.17、表 5.18 所示。

表 5.17　绿色产品技术创新与财务绩效的回归结果

Model		Standardized Coefficients	t	Sig.	Collinearity Statistics	
		Beta			Tolerance	VIF
模型 1	（Constant）		-1.630	0.104		
	Ln（NO.）	-0.018	-0.244	0.808	0.500	2.001
	Ln（Time）	0.117	1.584	0.114	0.500	2.001
	$R^2 = 0.011$；Adj-$R^2 = 0.006$；F = 2.023；Sig. F Change = 0.134					
模型 2	（Constant）		1.242	0.215		
	Ln（NO.）	-0.058	-1.001	0.318	0.499	2.005
	Ln（Time）	-0.004	-0.071	0.943	0.490	2.040
	GPTI	0.630	14.829	0.000	0.941	1.062
	$R^2 = 0.384$；Adj-$R^2 = 0.379$；F = 75.456；Sig. F Change = 0.000					

资料来源：作者设计。

表 5.18　绿色产品设计创新与财务绩效的回归结果

Model		Standardized Coefficients	t	Sig.	Collinearity Statistics	
		Beta			Tolerance	VIF
模型 1	（Constant）		-1.630	0.104		
	Ln（NO.）	-0.018	-0.244	0.808	0.500	2.001
	Ln（Time）	0.117	1.584	0.114	0.500	2.001
	$R^2 = 0.011$；Adj-$R^2 = 0.006$；F = 2.023；Sig. F Change = 0.134					
模型 2	（Constant）		-0.245	0.806		
	Ln（NO.）	-0.055	-0.953	0.341	0.499	2.004
	Ln（Time）	0.065	1.134	0.258	0.498	2.008
	GPDI	0.631	15.432	0.000	0.983	1.017
	$R^2 = 0.403$；Adj-$R^2 = 0.398$；F = 81.606；Sig. F Change = 0.000					

资料来源：作者设计。

从表 5.17、表 5.18 中各变量间的多重共线性检验结果来看，各变量的方差膨胀因子（VIF）取值都在 10 以内，且容忍度值（Tolerance）均大于 0.1，表明在各变量之间多重共线性问题不存在，可以进行回归分析。

观察变量间的回归系数可知，绿色产品技术创新和绿色产品设计创新与企业财务绩效的标准化回归系数分别为 0.630 和 0.631，统计显著（P<0.01）。

（二）绿色产品技术创新和绿色产品设计创新对企业环境绩效的影响

本书运用软件 SPSS 21.0 进行层级回归分析，对绿色产品技术创新、绿色产品设计创新与企业环境绩效的关系进行检验。这一检验步骤包括两步：首先，放入本书的控制变量，即企业规模［企业员工人数取自然对数 Ln（NO.）］和企业年龄［企业成立的时间取自然对数 Ln（Time）］，构成模型 1；其次，放入本书的解释变量绿色产品技术创新（GPTI）和绿色产品设计创新（GPDI），构成模型 2。各变量间的多重共线性检验和回归分析结果如表 5.19 所示。

表 5.19 绿色产品技术创新和设计创新与环境绩效的回归结果

Model		Standardized Coefficients	t	Sig.	Collinearity Statistics	
		Beta			Tolerance	VIF
模型 1	（Constant）		45.791	0.000		
	Ln（NO.）	0.148	2.070	0.039	0.500	2.001
	Ln（Time）	0.141	1.971	0.049	0.500	2.001
	$R^2 = 0.071$；Adj-$R^2 = 0.066$；F = 13.947；Sig. F Change = 0.000					
模型 2	（Constant）		9.378	0.000		
	Ln（NO.）	0.103	2.003	0.046	0.499	2.005
	Ln（Time）	0.030	0.576	0.565	0.487	2.052
	GPTI	0.464	8.013	0.000	0.390	2.564
	GPDI	0.267	4.718	0.000	0.407	2.455
	$R^2 = 0.527$；Adj-$R^2 = 0.521$；F = 100.713；Sig. F Change = 0.000					

资料来源：作者设计。

从表 5.19 中各变量间的多重共线性检验结果来看，各变量的容忍度值（Tolerance）均大于 0.1，且方差膨胀因子（VIF）取值也都小于 10，表明多重共线性问题在各变量之间不存在，可以进行回归分析。模型 2 的整体显著（F 值为 100.713），说明模型 2 的回归方程成立；并且，相比于模型 1，R^2 值增加了 0.456，说明模型的解释力度显著增大。

观察变量间的回归系数可知，绿色产品技术创新和绿色产品设计创新与企业财务绩效的标准化回归系数分别为 0.464 和 0.267，统计显著性（$P < 0.01$）。综上，本研究提出的假设 H2a 和假设 H2b 获得支持。

（三）结果说明

综上所述，从两部分检验结果可以看出，假设 H2a、假设 H2b 都获得了支持，并且效果很显著，说明企业开展的绿色产品创新对企业财务绩效和环境绩效均具有积极的正向影响。也就是说，企业开展的绿色产品创新促进了其可持续发展绩效的获得。从企业绿色产品技术创新和绿色产品设计创新的开展来看，在绿色时代背景下，企业会更倾向于采用绿色环境战略以顺应时代发展，绿色产品创新和绿色产品设计创新作为企业的战略规划选择既可以保证企业营销的需要，又可以获得环境福利、树立企业绿色形象。而且，企业绿色产品技术创新和绿色产品设计创新的开展促进了产品线的延伸，绿色产品的技术创新与设计创新给企业带来了重要的差异化优势，该绿色产品创新的开展可以提高企业声誉。另外，经过技术创新和设计创新生产出来的绿色产品，也可以产生积极的联想，有利于消费者对企业及其产品产生积极的态度，提高对企业产品或服务的质量感知。

三、绿色产品协同式创新和绿色产品平衡式创新对可持续发展绩效的影响

（一）绿色产品协同式创新和绿色产品平衡式创新对企业财务绩效的影响

本书运用软件 SPSS 21.0 进行层级回归分析，对绿色产品协同式创新、绿色产品平衡式创新与企业财务绩效的关系进行检验。这一检验步骤包括两步：首先，放入本书的控制变量，即企业规模 [企业员工人数取自然对数 Ln（NO.）] 和企业年龄 [企业成立的时间取自然对数 Ln（Time）]，构成模型 1；其次，放入本书的解释变量绿色产品协同式创新（CIGP）和绿色产品平衡式创新（BIGP），构成模型 2。各变量间的多重共线性检验和回归分析结果如表 5.20、表 5.21 所示。

表 5. 20　绿色产品协同式创新对财务绩效的回归结果

Model		Standardized Coefficients	t	Sig.	Collinearity Statistics	
		Beta			Tolerance	VIF
模型1	（Constant）		−1. 630	0. 104		
	Ln（NO.）	−0. 018	−0. 244	0. 808	0. 500	2. 001
	Ln（Time）	0. 117	1. 584	0. 114	0. 500	2. 001
	R²=0. 011；Adj-R²=0. 006；F=2. 023；Sig. F Change=0. 134					
模型2	（Constant）		0. 890	0. 374		
	Ln（NO.）	−0. 062	−1. 113	0. 266	0. 499	2. 005
	Ln（Time）	0. 019	0. 340	0. 734	0. 494	2. 023
	CIGP	0. 671	16. 825	0. 000	0. 961	1. 040
	R²=0. 444；Adj-R²=0. 440；F=96. 750；Sig. F Change=0. 000					

资料来源：作者设计。

表 5. 21　绿色产品平衡式创新对财务绩效的回归结果

Model		Standardized Coefficients	t	Sig.	Collinearity Statistics	
		Beta			Tolerance	VIF
模型1	（Constant）		−1. 630	0. 104		
	Ln（NO.）	−0. 018	−0. 244	0. 808	0. 500	2. 001
	Ln（Time）	0. 117	1. 584	0. 114	0. 500	2. 001
	R²=0. 011；Adj-R²=0. 006；F=2. 023；Sig. F Change=0. 134					
模型2	（Constant）		−1. 709	0. 088		
	Ln（NO.）	−0. 015	−0. 201	0. 041	0. 499	2. 003
	Ln（Time）	0. 119	1. 610	0. 018	0. 500	2. 002
	BIGP	0. 067	1. 280	0. 021	0. 995	1. 005
	R²=0. 015；Adj-R²=0. 007；F=1. 897；Sig. F Change=0. 000					

资料来源：作者设计。

　　从表5. 20、表5. 21中各变量间的多重共线性检验结果来看，各变量的方差膨胀因子（VIF）取值都在10以内，且容忍度值（Tolerance）均大于0. 1，表明在各变量之间多重共线性问题不存在，可以进行回归分析。

观察变量间的回归系数可知，绿色产品技术创新和绿色产品设计创新与企业财务绩效的标准化回归系数分别为 0.671 和 0.067，统计显著（P<0.05）。

（二）绿色产品协同式创新和绿色产品平衡式创新对企业环境绩效的影响

本书运用软件 SPSS 21.0 进行层级回归分析，对绿色产品协同式创新、绿色产品平衡式创新与企业环境绩效的关系进行检验。这一检验步骤包括两步：首先，放入本书的控制变量，即企业规模［企业员工人数取自然对数 Ln（NO.）］和企业年龄［企业成立的时间取自然对数 Ln（Time）］，构成模型 1；其次，放入本书的解释变量绿色产品协同式创新（CIGP）和绿色产品平衡式创新（BIGP），构成模型 2。各变量间的多重共线性检验和回归分析结果如表 5.22、表 5.23 所示。

表 5.22 绿色产品协同式创新对环境绩效的回归结果

模型		Standardized Coefficients	t	Sig.	Collinearity Statistics	
		Beta			Tolerance	VIF
模型 1	（Constant）		−4.838	0.000		
	Ln（NO.）	0.148	2.070	0.039	0.500	2.001
	Ln（Time）	0.141	1.971	0.049	0.500	2.001
	$R^2 = 0.071$；Adj-$R^2 = 0.066$；F=13.947；Sig. F Change=0.000					
模型 2	（Constant）		−3.296	0.001		
	Ln（NO.）	0.103	2.011	0.045	0.499	2.005
	Ln（Time）	0.041	0.795	0.427	0.494	2.023
	CIGP	0.685	18.517	0.000	0.961	1.040
	$R^2 = 0.522$；Adj-$R^2 = 0.518$；F=132.320；Sig. F Change=0.000					

资料来源：作者设计。

从表 5.22、表 5.23 中各变量间的多重共线性检验结果来看，各变量的方差膨胀因子（VIF）取值都在 10 以内，且容忍度值（Tolerance）均大于 0.1，表明在各变量之间多重共线性问题不存在，可以进行回归分析。

表 5.23　绿色产品平衡式创新对环境绩效的回归结果

Model		Standardized Coefficients	t	Sig.	Collinearity Statistics	
		Beta			Tolerance	VIF
模型 1	（Constant）		−4.838	0.000		
	Ln（NO.）	0.148	2.070	0.039	0.500	2.001
	Ln（Time）	0.141	1.971	0.049	0.500	2.001
	$R^2 = 0.071$；Adj-$R^2 = 0.066$；F = 13.947；Sig. F Change = 0.000					
模型 2	（Constant）		−4.807	0.000		
	Ln（NO.）	0.147	2.058	0.040	0.499	2.003
	Ln（Time）	0.141	1.964	0.050	0.500	2.002
	BIGP	−0.012	−0.239	0.811	0.995	1.005
	$R^2 = 0.071$；Adj-$R^2 = 0.064$；F = 9.293；Sig. F Change = 0.000					

资料来源：作者设计。

观察变量间的回归系数可知，绿色产品协同式与企业环境绩效的标准化回归系数为 0.685，统计显著（P<0.01）。绿色产品平衡式与企业环境绩效的标准化回归系数为−0.012，统计显著（P>0.1）。综上，本研究提出的假设 H3 成立，但假设 H4 未获得支持。

四、绿色产品创新战略与外部制度压力的匹配效应

为避免变量间的多种共线性问题，本书通过应用 SPSS21.0 软件先对解释变量绿色产品创新战略和调节变量制度压力进行标准化处理，绿色产品创新战略包括绿色产品技术创新、绿色产品设计创新、绿色产品协同式创新、绿色产品平衡式创新四项，制度压力包括规制、规范和模仿压力三项；随后，分别通过对它们两两乘积得到交互项。

（一）规制压力的匹配效应

本书运用软件 SPSS 21.0 进行层级回归分析，对规制压力对绿色产品技术创新、绿色产品设计创新、绿色产品协同式创新、绿色产品平衡式创新与企业财务绩效和环境绩效之间的调节效应进行检验。这一检验步骤包括两步：首先，放入本书的控制变量，即企业规模［企业员工人数取自然对数 Ln（NO.）］和企业年龄［企业成立的时间取自然对数 Ln（Time）］，放入本书的解释变量绿色产品技术创新（GPTI）、绿色产品设计创新（GPDI）、绿色产品协同式创新（CIGP）、绿色产品平衡式创新（BIGP）和规制压力（CI），构成模型 1；其次，在模型 1 基础上，放入交互项"绿色产品技术创新×规制压力"、交互项"绿色产品设计创新×规制压力"、交互项"绿色产品协同式创新×规制压力"、交互项"绿色产品平衡式创新×规制压力"，构成模型 2。各变量间的多重共线性检验和回归分析结果如表 5.24 至表 5.30 所示。

1. 绿色产品技术创新与规制压力匹配对财务绩效作用的回归结果

表 5.24　绿色产品技术创新与规制压力匹配对财务绩效作用的回归结果

Model		Standardized Coefficients	t	Sig.	Collinearity Statistics	
		Beta			Tolerance	VIF
模型 1	（Constant）		2.211	0.028		
	Ln（NO.）	−0.083	−1.457	0.146	0.495	2.020
	Ln（Time）	−0.027	−0.469	0.639	0.487	2.053
	GPTI	0.440	7.883	0.000	0.510	1.961
	RP	0.285	4.998	0.000	0.489	2.044
	$R^2 = 0.424$；Adj-$R^2 = 0.417$；$F = 66.573$；Sig. F Change = 0.000					
模型 2	（Constant）		1.599	0.111		
	Ln（NO.）	−0.075	−1.320	0.188	0.492	2.032
	Ln（Time）	−0.025	−0.435	0.664	0.487	2.054
	GPTI	0.442	7.934	0.000	0.510	1.962
	RP	0.321	5.320	0.000	0.435	2.301
	GPTI×RP	0.082	1.783	0.075	0.751	1.332
	$R^2 = 0.429$；Adj-$R^2 = 0.421$；$F = 54.216$；Sig. F Change = 0.000					

资料来源：作者设计。

2. 绿色产品技术创新与规制压力匹配对环境绩效作用的回归结果

表 5.25　绿色产品技术创新与规制压力匹配对环境绩效作用的回归结果

Model		Standardized Coefficients	t	Sig.	Collinearity Statistics	
		Beta			Tolerance	VIF
模型 1	（Constant）		−0.479	0.632		
	Ln（NO.）	0.054	1.265	0.207	0.495	2.020
	Ln（Time）	−0.035	−0.819	0.413	0.487	2.053
	GPTI	0.280	6.622	0.000	0.510	1.961
	RP	0.592	13.689	0.000	0.489	2.044
	$R^2=0.669$；Adj-$R^2=0.665$；F=182.881；Sig. F Change=0.000					
模型 2	（Constant）		−1.017	0.310		
	Ln（NO.）	0.061	1.412	0.159	0.492	2.032
	Ln（Time）	−0.034	−0.783	0.434	0.487	2.054
	GPTI	0.282	6.675	0.000	0.510	1.962
	RP	0.621	13.584	0.000	0.435	2.301
	GPTI×RP	0.066	1.903	0.058	0.751	1.332
	$R^2=0.672$；Adj-$R^2=0.668$；F=148.089；Sig. F Change=0.058					

资料来源：作者设计。

3. 绿色产品设计创新与规制压力匹配对财务绩效作用的回归结果

表 5.26　绿色产品设计创新与规制压力匹配对财务绩效作用的回归结果

Model		Standardized Coefficients	t	Sig.	Collinearity Statistics	
		Beta			Tolerance	VIF
模型 1	（Constant）		1.493	0.136		
	Ln（NO.）	−0.085	−1.562	0.119	0.495	2.019
	Ln（Time）	0.013	0.243	0.808	0.488	2.051
	GPDI	0.458	9.744	0.000	0.668	1.497
	RP	0.319	6.500	0.000	0.614	1.629
	$R^2=0.465$；Adj-$R^2=0.459$；F=78.721；Sig. F Change=0.000					

续表

Model		Standardized Coefficients	t	Sig.	Collinearity Statistics	
		Beta			Tolerance	VIF
模型2	（Constant）		1. 454	0. 147		
	Ln （NO.）	−0. 085	−1. 560	0. 012	0. 495	2. 019
	Ln （Time）	0. 013	0. 240	0. 081	0. 487	2. 055
	GPDI	0. 459	9. 502	0. 000	0. 636	1. 573
	RP	0. 318	5. 873	0. 000	0. 506	1. 977
	GPDI×RP	0. 002	0. 043	0. 096	0. 794	1. 259
	$R^2 = 0.465$；Adj$-R^2 = 0.458$；F = 62. 804；Sig. F Change = 0. 000					

资料来源：作者设计。

4. 绿色产品设计创新与规制压力匹配对环境绩效作用的回归结果

表 5. 27　绿色产品设计创新与规制压力匹配对环境绩效作用的回归结果

Model		Standardized Coefficients	t	Sig.	Collinearity Statistics	
		Beta			Tolerance	VIF
模型1	（Constant）		−1. 122	0. 263		
	Ln （NO.）	0. 052	1. 241	0. 216	0. 495	2. 019
	Ln （Time）	−0. 010	−0. 246	0. 805	0. 488	2. 051
	GPDI	0. 277	7. 624	0. 000	0. 668	1. 497
	RP	0. 622	16. 395	0. 000	0. 614	1. 629
	$R^2 = 0.680$；Adj$-R^2 = 0.677$；F = 192. 498；Sig. F Change = 0. 000					
模型2	（Constant）		−0. 983	0. 326		
	Ln （NO.）	0. 052	1. 239	0. 216	0. 495	2. 019
	Ln （Time）	−0. 011	−0. 264	0. 792	0. 487	2. 055
	GPDI	0. 281	7. 518	0. 000	0. 636	1. 573
	RP	0. 615	14. 693	0. 000	0. 506	1. 977
	GPDI×RP	−0. 014	−0. 406	0. 685	0. 794	1. 259
	$R^2 = 0.680$；Adj$-R^2 = 0.676$；F = 153. 676；Sig. F Change = 0. 685					

资料来源：作者设计。

5. 绿色产品协同式创新与规制压力匹配对财务绩效作用的回归结果

表 5.28 绿色产品协同式创新与规制压力匹配对财务绩效作用的回归结果

Model		Standardized Coefficients	t	Sig.	Collinearity Statistics	
		Beta			Tolerance	VIF
模型1	（Constant）		1.880	0.061		
	Ln（NO.）	−0.082	−1.507	0.133	0.495	2.020
	Ln（Time）	−0.008	−0.139	0.889	0.488	2.048
	CIGP	0.522	10.048	0.000	0.541	1.848
	RP	0.234	4.369	0.000	0.509	1.966
	$R^2 = 0.472$；$Adj\text{-}R^2 = 0.466$；$F = 80.949$；Sig. F Change $= 0.000$					
模型2	（Constant）		1.694	0.091		
	Ln（NO.）	−0.081	−1.488	0.138	0.494	2.024
	Ln（Time）	−0.007	−0.126	0.900	0.488	2.051
	CIGP	0.519	9.843	0.000	0.527	1.899
	RP	0.243	4.097	0.000	0.416	2.402
	CIGP×RP	0.016	0.353	0.725	0.751	1.331
	$R^2 = 0.472$；$Adj\text{-}R^2 = 0.465$；$F = 64.627$；Sig. F Change $= 0.000$					

资料来源：作者设计。

6. 绿色产品协同式创新与规制压力匹配对环境绩效作用的回归结果

表 5.29 绿色产品协同式创新与规制压力匹配对环境绩效作用的回归结果

Model		Standardized Coefficients	t	Sig.	Collinearity Statistics	
		Beta			Tolerance	VIF
模型1	（Constant）		−0.842	0.400		
	Ln（NO.）	0.055	1.305	0.193	0.495	2.020
	Ln（Time）	−0.023	−0.550	0.583	0.488	2.048
	CIGP	0.323	8.046	0.000	0.541	1.848
	RP	0.566	13.683	0.000	0.509	1.966
	$R^2 = 0.685$；$Adj\text{-}R^2 = 0.682$；$F = 196.955$；Sig. F Change $= 0.000$					

续表

Model		Standardized Coefficients	t	Sig.	Collinearity Statistics	
		Beta			Tolerance	VIF
模型 2	（Constant）		−0.910	0.363		
	Ln （NO.）	0.055	1.318	0.188	0.494	2.024
	Ln （Time）	−0.023	−0.535	0.193	0.488	2.051
	CIGP	0.320	7.869	0.000	0.527	1.899
	RP	0.573	12.517	0.000	0.416	2.402
	CIGP×RP	0.012	0.365	0.016	0.751	1.331
	$R^2 = 0.685$；Adj−$R^2 = 0.681$；$F = 157.213$；Sig. F Change = 0.000					

资料来源：作者设计。

7. 绿色产品平衡式创新与规制压力匹配对财务绩效作用的回归结果

表 5.30　绿色产品平衡式创新与规制压力匹配对财务绩效作用的回归结果

Model		Standardized Coefficients	t	Sig.	Collinearity Statistics	
		Beta			Tolerance	VIF
模型 1	（Constant）		1.738	0.083		
	Ln （NO.）	−0.090	−1.472	0.142	0.495	2.021
	Ln （Time）	−0.003	−0.054	0.957	0.488	2.049
	BIGP	0.065	1.504	0.133	0.995	1.005
	RP	0.589	13.010	0.000	0.904	1.107
	$R^2 = 0.329$；Adj−$R^2 = 0.322$；$F = 44.399$；Sig. F Change = 0.000					
模型 2	（Constant）		1.723	0.086		
	Ln （NO.）	−0.088	−1.440	0.051	0.494	2.026
	Ln （Time）	−0.005	−0.077	0.039	0.487	2.052
	BIGP	0.073	1.608	0.109	0.889	1.124
	RP	0.594	12.855	0.000	0.868	1.152
	BIGP×RP	0.027	0.575	0.066	0.859	1.165
	$R^2 = 0.330$；Adj−$R^2 = 0.320$；$F = 35.520$；Sig. F Change = 0.000					

资料来源：作者设计。

综上,绿色产品设计创新与规制压力匹配对环境绩效没有显著作用(β = -0.014,P>0.1);而绿色产品协同式创新与规制压力匹配也对财务绩效没有作用(β = 0.016,P>0.1);即假设 H6a、H7a 和 H7b 不成立,其他各项均被验证成立。

(二)规范压力的匹配效应

本书运用软件 SPSS 21.0 进行层级回归分析,对规范压力对绿色产品技术创新、绿色产品设计创新、绿色产品协同式创新、绿色产品平衡式创新与企业财务绩效和环境绩效之间的调节效应进行检验。具体步骤如下:首先,放入本研究的控制变量,即企业规模[企业员工人数取自然对数 Ln(NO.)]和企业年龄[企业成立的时间取自然对数 Ln(Time)],放入本书的解释变量绿色产品技术创新(GPTI)、绿色产品设计创新(GPDI)、绿色产品协同式创新(CIGP)、绿色产品平衡式创新(BIGP)和规范压力(NP),构成模型1;其次,在模型1基础上,放入交互项"绿色产品技术创新×规范压力"、交互项"绿色产品设计创新×规范压力"、交互项"绿色产品协同式创新×规范压力"、交互项"绿色产品平衡式创新×规范压力",构成模型2。各变量间的多重共线性检验和回归分析结果如表5.31至表5.38所示。

1. 绿色产品技术创新与规范压力匹配对财务绩效作用的回归结果

表 5.31 绿色产品技术创新与规范压力匹配对财务绩效作用的回归结果

Model		Standardized Coefficients	t	Sig.	Collinearity Statistics	
		Beta			Tolerance	VIF
模型1	(Constant)		2.157	0.032		
	Ln(NO.)	-0.087	-1.521	0.129	0.493	2.027
	Ln(Time)	-0.020	-0.358	0.721	0.488	2.047
	GPTI	0.444	7.878	0.000	0.503	1.987
	NP	0.277	4.827	0.000	0.484	2.065
	R^2 = 0.421;Adj-R^2 = 0.415;F = 65.894;Sig. F Change = 0.000					

Model		Standardized Coefficients	t	Sig.	Collinearity Statistics	
		Beta			Tolerance	VIF
模型2	（Constant）		1.679	0.094		
	Ln（NO.）	−0.082	−1.446	0.149	0.492	2.032
	Ln（Time）	−0.018	−0.314	0.054	0.488	2.049
	GPTI	0.444	7.893	0.000	0.503	1.987
	NP	0.306	5.023	0.000	0.428	2.334
	GPTI×NP	0.064	1.403	0.061	0.757	1.320
	$R^2 = 0.424$；Adj-$R^2 = 0.417$；F = 53.251；Sig. F Change = 0.000					

资料来源：作者设计。

2. 绿色产品技术创新与规范压力匹配对环境绩效作用的回归结果

表 5.32 绿色产品技术创新与规范压力匹配对环境绩效作用的回归结果

Model		Standardized Coefficients	t	Sig.	Collinearity Statistics	
		Beta			Tolerance	VIF
模型1	（Constant）		−0.569	0.569		
	Ln（NO.）	0.045	1.040	0.299	0.493	2.027
	Ln（Time）	−0.023	−0.526	0.599	0.488	2.047
	GPTI	0.280	6.529	0.000	0.503	1.987
	NP	0.587	13.421	0.000	0.484	2.065
	$R^2 = 0.665$；Adj-$R^2 = 0.661$；F = 179.268；Sig. F Change = 0.000					
模型2	（Constant）		−1.041	0.299		
	Ln（NO.）	0.049	1.135	0.257	0.492	2.032
	Ln（Time）	−0.021	−0.473	0.637	0.488	2.049
	GPTI	0.280	6.553	0.000	0.503	1.987
	NP	0.615	13.256	0.000	0.428	2.334
	GPTI×NP	0.061	1.756	0.080	0.757	1.320
	$R^2 = 0.667$；Adj-$R^2 = 0.663$；F = 144.856；Sig. F Change = 0.080					

资料来源：作者设计。

3. 绿色产品设计创新与规范压力匹配对财务绩效作用的回归结果

表 5.33　绿色产品设计创新与规范压力匹配对财务绩效作用的回归结果

Model		Standardized Coefficients	t	Sig.	Collinearity Statistics	
		Beta			Tolerance	VIF
模型 1	（Constant）		1.550	0.122		
	Ln（NO.）	-0.092	-1.694	0.091	0.494	2.025
	Ln（Time）	0.018	0.326	0.744	0.490	2.040
	GPDI	0.462	10.110	0.000	0.698	1.433
	RP	0.327	6.855	0.000	0.643	1.555
	$R^2 = 0.471$；Adj-$R^2 = 0.466$；F = 80.707；Sig. F Change = 0.000					
模型 2	（Constant）		1.587	0.113		
	Ln（NO.）	-0.092	-1.689	0.092	0.494	2.025
	Ln（Time）	0.017	0.312	0.056	0.489	2.044
	GPDI	0.466	9.879	0.000	0.657	1.523
	NP	0.319	6.044	0.000	0.526	1.900
	GPDI×NP	0.015	0.352	0.072	0.795	1.258
	$R^2 = 0.472$；Adj-$R^2 = 0.464$；F = 64.435；Sig. F Change = 0.000					

资料来源：作者设计。

4. 绿色产品设计创新与规范压力匹配对环境绩效作用的回归结果

表 5.34　绿色产品设计创新与规范压力匹配对环境绩效作用的回归结果

Model		Standardized Coefficients	t	Sig.	Collinearity Statistics	
		Beta			Tolerance	VIF
模型 1	（Constant）		-1.173	0.242		
	Ln（NO.）	0.042	0.995	0.320	0.494	2.025
	Ln（Time）	0.001	0.032	0.974	0.490	2.040
	GPDI	0.297	8.420	0.000	0.698	1.433
	NP	0.616	16.772	0.000	0.643	1.555
	$R^2 = 0.686$；Adj-$R^2 = 0.683$；F = 198.112；Sig. F Change = 0.000					

Model		Standardized Coefficients	t	Sig.	Collinearity Statistics	
		Beta			Tolerance	VIF
模型2	（Constant）		−0.917	0.360		
	Ln（NO.）	0.042	1.001	0.317	0.494	2.025
	Ln（Time）	0.000	−0.007	0.995	0.489	2.044
	GPDI	0.305	8.400	0.000	0.657	1.523
	NP	0.599	14.762	0.000	0.526	1.900
	GPDI×NP	−0.032	−0.963	0.336	0.795	1.258
	$R^2 = 0.687$；Adj-$R^2 = 0.683$；F = 158.644；Sig. F Change = 0.317					

资料来源：作者设计。

5. 绿色产品协同式创新与规范压力匹配对财务绩效作用的回归结果

表 5.35　绿色产品协同式创新与规范压力匹配对财务绩效作用的回归结果

Model		Standardized Coefficients	t	Sig.	Collinearity Statistics	
		Beta			Tolerance	VIF
模型1	（Constant）		1.895	0.059		
	Ln（NO.）	−0.086	−1.589	0.113	0.494	2.026
	Ln（Time）	−0.004	−0.068	0.946	0.490	2.040
	CIGP	0.522	10.215	0.000	0.557	1.797
	NP	0.237	4.505	0.000	0.524	1.907
	$R^2 = 0.474$；Adj-$R^2 = 0.468$；F = 81.494；Sig. F Change = 0.000					
模型2	（Constant）		1.791	0.074		
	Ln（NO.）	−0.086	−1.584	0.114	0.493	2.027
	Ln（Time）	−0.003	−0.063	0.950	0.489	2.044
	CIGP	0.521	10.039	0.000	0.541	1.849
	NP	0.240	4.116	0.000	0.429	2.329
	CIGP×NP	0.005	0.106	0.915	0.762	1.313
	$R^2 = 0.474$；Adj-$R^2 = 0.467$；F = 65.020；Sig. F Change = 0.000					

资料来源：作者设计。

6. 绿色产品协同式创新与规范压力匹配对环境绩效作用的回归结果

表 5.36　绿色产品协同式创新与规范压力匹配对环境绩效作用的回归结果

Model		Standardized Coefficients	t	Sig.	Collinearity Statistics	
		Beta			Tolerance	VIF
模型 1	（Constant）		−0.842	0.400		
	Ln（NO.）	0.055	1.305	0.193	0.495	2.020
	Ln（Time）	−0.023	−0.550	0.583	0.488	2.048
	CIGP	0.323	8.046	0.000	0.541	1.848
	RP	0.566	13.683	0.000	0.509	1.966
	$R^2 = 0.685$；Adj$-R^2 = 0.682$；F = 196.955；Sig. F Change = 0.000					
模型 2	（Constant）		−0.910	0.363		
	Ln（NO.）	0.055	1.318	0.188	0.494	2.024
	Ln（Time）	−0.023	−0.535	0.193	0.488	2.051
	CIGP	0.320	7.869	0.000	0.527	1.899
	RP	0.573	12.517	0.000	0.416	2.402
	CIGP×RP	0.012	0.365	0.016	0.751	1.331
	$R^2 = 0.685$；Adj$-R^2 = 0.681$；F = 157.213；Sig. F Change = 0.000					

资料来源：作者设计。

7. 绿色产品平衡式创新与规范压力匹配对财务绩效作用的回归结果

表 5.37　绿色产品平衡式创新与规范压力匹配对财务绩效作用的回归结果

Model		Standardized Coefficients	t	Sig.	Collinearity Statistics	
		Beta			Tolerance	VIF
模型 1	（Constant）		1.895	0.059		
	Ln（NO.）	−0.086	−1.589	0.113	0.494	2.026
	Ln（Time）	−0.004	−0.068	0.946	0.490	2.040
	CIGP	0.522	10.215	0.000	0.557	1.797
	NP	0.237	4.505	0.000	0.524	1.907
	$R^2 = 0.474$；Adj$-R^2 = 0.468$；F = 81.494；Sig. F Change = 0.000					

续表

Model		Standardized Coefficients	t	Sig.	Collinearity Statistics	
		Beta			Tolerance	VIF
模型2	（Constant）		1.791	0.074		
	Ln（NO.）	−0.086	−1.584	0.114	0.493	2.027
	Ln（Time）	−0.003	−0.063	0.950	0.489	2.044
	CIGP	0.521	10.039	0.000	0.541	1.849
	NP	0.240	4.116	0.000	0.429	2.329
	CIGP×NP	0.005	0.106	0.915	0.762	1.313
	$R^2=0.474$；Adj-$R^2=0.467$；F=65.020；Sig. F Change=0.000					

资料来源：作者设计。

8. 绿色产品平衡式创新与规范压力匹配对环境绩效作用的回归结果

表 5.38　绿色产品平衡式创新与规范压力匹配对环境绩效作用的回归结果

Model		Standardized Coefficients	t	Sig.	Collinearity Statistics	
		Beta			Tolerance	VIF
模型1	（Constant）		−0.891	0.074		
	Ln（NO.）	0.045	1.083	0.079	0.494	2.026
	Ln（Time）	−0.012	−0.295	0.068	0.490	2.040
	CIGP	0.333	8.434	0.000	0.557	1.797
	NP	0.560	13.775	0.000	0.524	1.907
	$R^2=0.687$；Adj-$R^2=0.683$；F=198.272；Sig. F Change=0.000					
模型2	（Constant）		−0.896	0.071		
	Ln（NO.）	0.046	1.085	0.179	0.493	2.027
	Ln（Time）	−0.012	−0.288	0.073	0.489	2.044
	CIGP	0.332	8.279	0.000	0.541	1.849
	NP	0.562	12.508	0.000	0.429	2.329
	CIGP×NP	0.005	0.145	0.085	0.762	1.313
	$R^2=0.687$；Adj-$R^2=0.682$；F=158.193；Sig. F Change=0.000					

资料来源：作者设计。

综上，绿色产品设计创新与规范压力匹配对环境绩效没有作用（β=-0.032，P>0.1），假设 H6b 不成立；绿色产品协同式创新与规范压力匹配对财务绩效没有显著影响（β=0.005，P>0.1），假设 H7c 不成立；绿色产品平衡式创新与规范压力匹配对财务绩效也没有作用（β=0.005，P>0.1），假设 H7d 不成立。其他各项均被验证成立。

（三）模仿压力的匹配效应

本书运用软件 SPSS 21.0 进行层级回归分析，对模仿压力对绿色产品技术创新、绿色产品设计创新、绿色产品协同式创新、绿色产品平衡式创新与企业财务绩效和环境绩效之间的调节效应进行检验。具体步骤如下：首先，放入本研究的控制变量，即企业规模〔企业员工人数取自然对数 Ln（NO.）〕和企业年龄〔企业成立的时间取自然对数 Ln（Time）〕，放入本书的解释变量绿色产品技术创新（GPTI）、绿色产品设计创新（GPDI）、绿色产品协同式创新（CIGP）、绿色产品平衡式创新（BIGP）和模仿压力（MP），构成模型1；其次，在模型1基础上，放入交互项"绿色产品技术创新×模仿压力"、交互项"绿色产品设计创新×模仿压力"、交互项"绿色产品协同式创新×模仿压力"、交互项"绿色产品平衡式创新×模仿压力"，构成模型2。各变量间的多重共线性检验和回归分析结果如表5.39至表5.45所示。

1. 绿色产品技术创新与模仿压力匹配对财务绩效作用的回归结果

表 5.39　绿色产品技术创新与模仿压力匹配对财务绩效作用的回归结果

Model		Standardized Coefficients	t	Sig.	Collinearity Statistics	
		Beta			Tolerance	VIF
模型 1	（Constant）		2.034	0.043		
	Ln（NO.）	-0.080	-1.409	0.160	0.495	2.021
	Ln（Time）	-0.021	-0.361	0.718	0.488	2.049
	GPTI	0.480	8.944	0.000	0.561	1.782
	MP	0.239	4.391	0.000	0.543	1.841
	$R^2=0.415$；Adj-$R^2=0.409$；F=64.262；Sig. F Change=0.000					

续表

Model		Standardized Coefficients	t	Sig.	Collinearity Statistics	
		Beta			Tolerance	VIF
模型2	（Constant）		1.716	0.087		
	Ln（NO.）	−0.078	−1.368	0.172	0.494	2.025
	Ln（Time）	−0.019	−0.331	0.041	0.488	2.051
	GPTI	0.479	8.926	0.000	0.561	1.782
	MP	0.261	4.408	0.000	0.463	2.162
	GPTI×MP	0.043	0.927	0.035	0.743	1.346
	$R^2 = 0.417$；Adj$-R^2 = 0.409$；F$= 51.561$；Sig. F Change$= 0.000$					

资料来源：作者设计。

2. 绿色产品技术创新与模仿压力匹配对环境绩效作用的回归结果

表 5.40　绿色产品技术创新与模仿压力匹配对环境绩效作用的回归结果

Model		Standardized Coefficients	t	Sig.	Collinearity Statistics	
		Beta			Tolerance	VIF
模型1	（Constant）		−0.773	0.440		
	Ln（NO.）	0.056	1.261	0.208	0.495	2.021
	Ln（Time）	−0.025	−0.567	0.571	0.488	2.049
	GPTI	0.341	8.229	0.000	0.561	1.782
	MP	0.531	12.587	0.000	0.543	1.841
	$R^2 = 0.651$；Adj$-R^2 = 0.647$；F$= 168.473$；Sig. F Change$= 0.000$					
模型2	（Constant）		−1.260	0.209		
	Ln（NO.）	0.059	1.345	0.179	0.494	2.025
	Ln（Time）	−0.022	−0.506	0.613	0.488	2.051
	GPTI	0.340	8.227	0.000	0.561	1.782
	MP	0.565	12.404	0.000	0.463	2.162
	GPTI×MP	0.069	1.932	0.054	0.743	1.346
	$R^2 = 0.654$；Adj$-R^2 = 0.649$；F$= 136.544$；Sig. F Change$= 0.054$					

资料来源：作者设计。

3. 绿色产品设计创新与模仿压力匹配对财务绩效作用的回归结果

表5.41　绿色产品设计创新与模仿压力匹配对财务绩效作用的回归结果

Model		Standardized Coefficients	t	Sig.	Collinearity Statistics	
		Beta			Tolerance	VIF
模型1	（Constant）		1.415	0.158		
	Ln（NO.）	−0.087	−1.594	0.112	0.495	2.020
	Ln（Time）	0.019	0.347	0.729	0.490	2.040
	GPDI	0.490	11.123	0.000	0.756	1.322
	MP	0.305	6.655	0.000	0.701	1.427
	$R^2 = 0.468$；Adj-$R^2 = 0.462$；F = 79.575；Sig. F Change = 0.000					
模型2	（Constant）		1.527	0.128		
	Ln（NO.）	−0.086	−1.576	0.116	0.495	2.021
	Ln（Time）	0.017	0.312	0.755	0.489	2.045
	GPDI	0.499	10.877	0.000	0.699	1.430
	MP	0.288	5.537	0.000	0.545	1.835
	GPDI×MP	0.031	0.694	0.048	0.756	1.322
	$R^2 = 0.469$；Adj-$R^2 = 0.461$；F = 63.665；Sig. F Change = 0.000					

资料来源：作者设计。

4. 绿色产品设计创新与模仿压力匹配对环境绩效作用的回归结果

表5.42　绿色产品设计创新与模仿压力匹配对环境绩效作用的回归结果

Model		Standardized Coefficients	t	Sig.	Collinearity Statistics	
		Beta			Tolerance	VIF
模型1	（Constant）		−1.460	0.145		
	Ln（NO.）	0.051	1.204	0.230	0.495	2.020
	Ln（Time）	0.003	0.072	0.943	0.490	2.040
	GPDI	0.348	10.118	0.000	0.756	1.322
	MP	0.578	16.180	0.000	0.701	1.427
	$R^2 = 0.677$；Adj-$R^2 = 0.673$；F = 189.355；Sig. F Change = 0.000					

Model		Standardized Coefficients	t	Sig.	Collinearity Statistics	
		Beta			Tolerance	VIF
模型2	（Constant）		−1.301	0.194		
	Ln（NO.）	0.052	1.217	0.224	0.495	2.021
	Ln（Time）	0.002	0.041	0.967	0.489	2.045
	GPDI	0.354	9.889	0.000	0.699	1.430
	MP	0.566	13.964	0.000	0.545	1.835
	GPDI×MP	−0.021	−0.616	0.538	0.756	1.322
	$R^2 = 0.677$；Adj-$R^2 = 0.672$；F = 151.301；Sig. F Change = 0.538					

资料来源：作者设计。

5. 绿色产品协同式创新与模仿压力匹配对财务绩效作用的回归结果

表5.43 绿色产品协同式创新与模仿压力匹配对财务绩效作用的回归结果

Model		Standardized Coefficients	t	Sig.	Collinearity Statistics	
		Beta			Tolerance	VIF
模型1	（Constant）		1.816	0.070		
	Ln（NO.）	−0.082	−1.515	0.131	0.495	2.021
	Ln（Time）	−0.004	−0.071	0.944	0.490	2.042
	CIGP	0.546	11.295	0.000	0.623	1.604
	MP	0.217	4.361	0.000	0.591	1.693
	$R^2 = 0.472$；Adj-$R^2 = 0.466$；F = 80.921；Sig. F Change = 0.000					
模型2	（Constant）		1.826	0.069		
	Ln（NO.）	−0.082	−1.517	0.130	0.495	2.021
	Ln（Time）	−0.005	−0.084	0.933	0.489	2.046
	CIGP	0.549	11.144	0.000	0.603	1.659
	MP	0.209	3.726	0.000	0.463	2.158
	CIGP×MP	−0.013	−0.284	0.777	0.738	1.355
	$R^2 = 0.472$；Adj-$R^2 = 0.465$；F = 64.588；Sig. F Change = 0.000					

资料来源：作者设计。

6. 绿色产品协同式创新与模仿压力匹配对环境绩效作用的回归结果

表 5.44 绿色产品协同式创新与模仿压力匹配对环境绩效作用的回归结果

Model		Standardized Coefficients	t	Sig.	Collinearity Statistics	
		Beta			Tolerance	VIF
模型 1	（Constant）		−1.107	0.269		
	Ln（NO.）	0.054	1.286	0.199	0.495	2.021
	Ln（Time）	−0.013	−0.309	0.757	0.490	2.042
	CIGP	0.388	10.284	0.000	0.623	1.604
	MP	0.515	13.289	0.000	0.591	1.693
	$R^2 = 0.679$；Adj-$R^2 = 0.675$；F = 191.397；Sig. F Change = 0.000					
模型 2	（Constant）		−1.171	0.042		
	Ln（NO.）	0.055	1.289	0.198	0.495	2.021
	Ln（Time）	−0.012	−0.290	0.072	0.489	2.046
	CIGP	0.385	10.028	0.000	0.603	1.659
	MP	0.523	11.943	0.000	0.463	2.158
	CIGP×MP	0.014	0.401	0.088	0.738	1.355
	$R^2 = 0.679$；Adj-$R^2 = 0.675$；F = 152.795；Sig. F Change = 0.000					

资料来源：作者设计。

7. 绿色产品平衡式创新与模仿压力匹配对财务绩效作用的回归结果

表 5.45 绿色产品平衡式创新与模仿压力匹配对财务绩效作用的回归结果

Model		Standardized Coefficients	t	Sig.	Collinearity Statistics	
		Beta			Tolerance	VIF
模型 1	（Constant）		1.316	0.189		
	Ln（NO.）	0.087	1.389	0.166	0.494	2.022
	Ln（Time）	0.015	0.231	0.818	0.490	2.041
	BIGP	0.073	1.635	0.103	0.995	1.005
	MP	0.550	11.869	0.000	0.911	1.098
	$R^2 = 0.291$；Adj-$R^2 = 0.283$；F = 37.188；Sig. F Change = 0.000					

Model		Standardized Coefficients	t	Sig.	Collinearity Statistics	
		Beta			Tolerance	VIF
模型 2	（Constant）		1.298	0.195		
	Ln（NO.）	0.087	1.378	0.169	0.494	2.024
	Ln（Time）	0.014	0.227	0.021	0.490	2.041
	BIGP	0.079	1.641	0.012	0.842	1.187
	MP	0.555	11.563	0.000	0.853	1.172
	BIGP×MP	0.018	0.355	0.072	0.799	1.252
	$R^2 = 0.291$；Adj-$R^2 = 0.282$；F = 29.704；Sig. F Change = 0.000					

资料来源：作者设计。

综上，绿色产品设计创新与模仿压力匹配对环境绩效不起作用（β=-0.021，P>0.1），假设 H6c 不成立；绿色产品协同式创新与模仿压力匹配对财务绩效没有显著作用（β=-0.013，P>0.1），假设 H7e、假设 H7f 不成立。其他各项均被验证成立。

（四）结果说明

综上所述，由以上检验结果可知，本书提出的假设 H5a、假设 H5b、假设 H5c、假设 H8 都获得了支持，并且效果很显著，说明企业绿色产品技术创新和规制压力的匹配对企业可持续发展绩效具有显著的正向促进作用；企业绿色产品技术创新和规范压力的匹配对企业可持续发展绩效具有显著的正向促进作用；企业绿色产品技术创新和模仿压力的匹配对企业可持续发展绩效具有显著的正向促进作用。根据第三章相应内容的阐释可知，来自政府的强制性规制压力会强制企业达到并符合统一的污染控制标准和环境规制标准，督促、激励企业进行绿色产品的技术革新和绿色产品的设计创新。而来自消费者的绿色需求或业内制定的行业规范压力正是企业绿色产品创新战略（包括绿色产品技术创新和设计创新、绿色产品协同式创新和平衡式创新）实施的直接推动力。同时，企业一定会密切关注其竞争对手的战略变化，若其竞争对手通过绿色产品创新的开展而成功吸引了消费者、获得了竞争优势，那么企业也一定会迅速做出反应，模仿行业中成功企业或其竞争企业的行为进行绿色产品创新战略调整。假设 H6 和假设 H7 没有获得支持，说明企业绿色产品设计创新和制度压力的有效匹配对企业可持续发展绩效的正向促进作用不显著；制度压力对于加强企业绿色产品协同式创新、绿色产品平衡式创新与可持续发展绩效之间的正关联性不显著。本书认为，企业开展的绿色产品设计创新与外部制度压力的匹配很难对企业环境绩效的获得产生影响。究其原因，很可能是由于行业和样本企业的特点所致，它们都是来源于重污染企业，外部制度压力，特别是强制性的政府法律法规，限制了重污染企业将绿色创新设计产品传递给最终消费市场的驱动力和积极性。还有一种可能的原因是，开展绿色设计创新所产生的环境绩效成果需要很长一段时间才能得以显现和转化，因此，无论企业开展的绿色产品设计创新与外部制度压力是否匹配，短期内均不会产生明显的企业环境绩效。

除此之外，企业绿色产品协同式创新与规制压力匹配对财务绩效不起作用；绿色产品协同式创新与规范压力匹配对财务绩效没有显著影响；绿色产品平衡式创新与规范压力匹配对财务绩效也没有作用；绿色产品协同式创新与模仿压力匹配对财务绩效没有显著作用。这些说明在制度压力影响下，企业开展的绿色产品协同式创新和绿色产品平衡式创新更有助于提升其环境绩效，而对于财务绩效的提升需要很长一段时间才能得以显现，甚至是最终通过获得的环境绩效再转化为企业财务绩效才能得以感知。

五、环境绩效对企业财务绩效的影响

本书运用软件 SPSS2 1.0 进行层级回归的方法，检验企业环境绩效对企业财务绩效的影响。这一检验步骤包括两步：首先，放入本书的控制变量，即企业规模［企业员工人数取自然对数 Ln（NO.）］和企业年龄［企业成立的时间取自然对数 Ln（Time）］，构成模型 1；其次，放入本书的解释变量环境绩效（EWP）和被解释变量财务绩效（FM），构成模型 2。各变量间的多重共线性检验和回归分析结果如表 5.46 所示。

从表 5.46 中各变量间的多重共线性检验结果来看，各变量的容忍度值（Tolerance）均大于 0.1，且方差膨胀因子（VIF）取值也都小于 10，表明各变量间不存在多重共线性问题，可以进行回归分析。模型 2 的整体显著（F 值为 106.226），

表 5.46 环境绩效对财务绩效的回归结果

Model		Standardized Coefficients	t	Sig.	Collinearity Statistics	
		Beta			Tolerance	VIF
模型 1	（Constant）		35. 672	0. 000		
	Ln （NO.）	−0. 018	−0. 244	0. 808	0. 500	2. 001
	Ln （Time）	0. 117	1. 584	0. 114	0. 500	2. 001
	$R^2 = 0.011$；$Adj\text{-}R^2 = 0.006$；$F = 2.023$；Sig. F Change $= 0.134$					
模型 2	（Constant）		2. 388	0. 017		
	Ln （NO.）	−0. 122	−2. 232	0. 026	0. 494	2. 024
	Ln （Time）	0. 018	0. 331	0. 741	0. 494	2. 022
	EWP	0. 701	17. 640	0. 000	0. 929	1. 077
	$R^2 = 0.467$；$Adj\text{-}R^2 = 0.463$；$F = 106.226$；Sig. F Change $= 0.000$					

资料来源：作者设计。

说明模型 2 的回归方程成立；并且，相比于模型 1，R^2 值增加了 0.456，说明模型的解释力度显著增大。观察变量间的回归系数可知，企业环境绩效对企业财务绩效的标准化回归系数为 0.701，统计显著（$P<0.01$）。所以，本书提出的假设 H8 获得支持。

上述对假设 H8 的检验结果可知，企业的环境绩效最终还是要转化为企业的财务绩效，这也跟企业盈利的本质相契合。因为环境绩效给企业带来了高边际收益和高市场份额，优化配置了企业资源消耗，降低了企业环境治理成本，因此促进了企业财务绩效的进一步提升。

六、研究结果汇总

结合以上检验结果和回归分析，本书汇总了全部研究假设的检验结果，如表 5.47 所示。而关于具体详细的解释说明详见本章的"结果说明"部分以及第六章的"研究结论和管理启示"部分。

表 5.47 研究假设的检验结果汇总

假设	变量关系	结果
H1	企业家的绿色环境意识促进企业开展绿色产品创新战略	支持
H1a	企业家的绿色环境意识促进企业开展绿色产品技术创新	支持
H1b	企业家的绿色环境意识促进企业开展绿色产品设计创新	支持
H1c	企业家的绿色环境意识促进了企业开展绿色产品协同式创新	支持
H1d	企业家的绿色环境意识促进了企业开展绿色产品平衡式创新	支持
H2	绿色产品创新促进了企业可持续发展绩效的提升	支持
H2a	企业开展绿色产品技术创新促进了其可持续发展绩效的提升	支持
H2b	企业开展绿色产品设计创新促进了其可持续发展绩效的提升	支持
H2c	绿色产品协同式创新促进了企业可持续发展绩效的提升	支持
H2d	绿色产品平衡式创新促进了企业可持续发展绩效的提升	不支持
H3	企业绿色产品技术创新和制度压力的有效匹配对企业可持续发展绩效具有显著的正向影响	支持
H3a	企业绿色产品技术创新和规制压力的匹配对企业可持续发展绩效具有显著的正向促进作用	支持
H3b	企业绿色产品技术创新和规范压力的匹配对企业可持续发展绩效具有显著的正向促进作用	支持
H3c	企业绿色产品技术创新和模仿压力的匹配对企业可持续发展绩效具有显著的正向促进作用	支持
H4a	企业绿色产品设计创新和规制压力的匹配对企业可持续发展绩效具有显著的正向促进作用	不支持
H4b	企业绿色产品设计创新和规范压力的匹配对企业可持续发展绩效具有显著的正向促进作用	不支持
H4c	企业绿色产品设计创新和模仿压力的匹配对企业可持续发展绩效具有显著的正向促进作用	不支持
H5a	规制压力促进了开展绿色产品协同式创新与企业财务绩效之间的正相关关系	不支持
H5b	规制压力会加强企业绿色产品协同式创新与其环境绩效之间的正关联性	支持
H6a	规制压力会加强企业绿色产品平衡式创新与其财务绩效之间的正关联性	支持
H6b	规制压力正向调节企业绿色产品平衡式创新与其环境绩效之间的正关联性	不支持

续表

假设	变量关系	结果
H7a	规范压力促进了开展绿色产品协同式创新与企业财务绩效之间的正相关关系	不支持
H7b	规范压力会加强企业绿色产品协同式创新与其环境绩效之间的正关联性	支持
H8a	规范压力会加强企业绿色产品平衡式创新与其财务绩效之间的正关联性	支持
H8b	规范压力正向调节企业绿色产品平衡式创新与其环境绩效之间的正关联性	不支持
H9a	模仿压力促进了开展绿色产品协同式创新与企业财务绩效之间的正相关关系	不支持
H9b	模仿压力会加强企业绿色产品协同式创新与其环境绩效之间的正关联性	支持
H10a	模仿压力会加强企业绿色产品平衡式创新与其财务绩效之间的正关联性	支持
H10b	模仿压力正向调节企业绿色产品平衡式创新与其环境绩效之间的关系	不支持
H11	企业环境绩效对财务绩效具有正向促进作用	支持

资料来源：作者设计。

第六章 研究结论与管理启示

本章总结概括了本书的理论贡献和研究结论，并结合这些研究结论给相关企业提供了有针对性的建议和实践指导，也为企业如何通过开展绿色产品创新与外部制度压力匹配促进企业可持续发展绩效提供了参考。最后，本章简要阐述了本书可能存在的一些研究方面的不足以及未来研究可努力的方向。

第一节 研究结论和理论贡献

本书的研究结论和理论贡献是这一节的重点内容。

一、研究结论

随着人们绿色环境责任意识的不断增强以及绿色消费时代的到来，那些开展相应绿色产品创新的企业，将不断提升自身在未来绿色产品市场中的竞争地位、获取持续性竞争优势。虽然许多企业决定开展绿色产品创新与制度压力的匹配战略，以提升企业可持续发展绩效，但是需要考虑企业家的绿色环境意识等因素对创新战略制定的影响，以及企业适应制度压力的动态能力。

第一，企业家绿色环境意识促进企业开展绿色产品创新，是企业绿色战略动机的前置基础。根据实证检验数据结果，企业家的绿色环境意识分别与绿色产品技术创新和绿色产品设计创新显著正相关，说明企业家绿色环境意识与企业在环保事业上的契合能够促进企业环境绩效和环境管理能力的提升。企业家的绿色环境意识促使企业拥有强烈的环保意识和社会责任意识，积极主动地参与环境管理工作。企业开展的绿色产品创新与企业家绿色环境意识相契合，推动企业与消费市场之间开展绿色环保知识的分享，进而引领绿色消费的潮流，促使企业绿色产品的创新，提高了绿色产品创新能力。这种绿色环境意识也加深了企业对顾客或消费者环保诉求的理解，进而开展绿色产品创新来革新绿色产品技术、设计和生产工艺，重构企业与消费者对话、解决问题的惯例，以更好地满足消费者的绿色需求。综上，企业家的绿色环境意识促使企业更加致力于开发新的绿色环保产品，注重研究绿色环保工艺技术，目的是构建行业生态环境的标准，成为行业绿色环保创新的领头企业。同时，拥有较强绿色环境意识的企业家，更有可能向其员工传输绿色环保理念和信息，将绿色创新融入员工日常工作中，形成企业绿色文化，进一步提升企业的绿色创新能力。

第二，企业家绿色环境意识通常将其环保行为内化为价值观，直接影响企业关注环境问题，主动开展绿色产品创新，以减少环境污染，并影响企业的绿色创新模式。企业家的绿色环境意识使他们关注到绿色产品创新带来的市场机遇，也意识到企业生产活动所产生的对环境的不利影响。因此，企业家绿色环境意识推动企业开展绿色产品协同式创新。绿色环境意识越强的企业家越具有冒险精神，其企业也就越倾向于大胆探索与开发绿色新产品、新工艺以及绿色设计流程，有针对性地满足消费者对绿色产品的需求。与此同时，企业还可通过协同绿色产品技术创新来树立良好的绿色形象，以拓展市场份额、赢得更多的市场青睐。企业家绿色环境意识越强，越能意识到消费者绿色需求的迫切性，企业家越能敏锐地察觉到企业某些行为对生态环境造成的破坏，进而产生环保责任感，促使企业开展绿色产品工艺技术协同绿色产品设计来满足市场的绿色需求，即企业开展绿色产品协同式创新。

第三，企业家绿色环境意识推动企业积极实施绿色产品平衡式创新，主动适应环境规制并避免遭受强制性惩罚，平衡优化绿色产品技术创新和绿色产品设计创新。由于供应商、消费者和媒体等利益相关者对环境保护的关注，拥有绿色环境意识的企业家会把利益相关者的期望和需求视为自身责任，并纳入战略，投入资源平衡优化绿色产品技术创新和绿色产品设计创新。企业家绿色环境意识越强，对市场信息越敏锐，越具有前瞻性，他们时刻关注竞争企业的战略动向并及时调整。同时，企业家绿色环境意识越强，越倾向于将外部市场压力视为发展机遇，统筹协调各方面创新资源，积极引导企业开展绿色产品平衡式创新。不仅通过开展绿色产品技术创新来掌握环保核心技术，发挥在该行业领域的领导者先动优势；而且通过开展绿色产品设计创新与竞争企业的产品形成差异化优势。需要注意的是，相较于绿色产品协同式创新，企业家绿色环境意识对企业开展绿色产品平衡式创新的推动作用更明显。

第四，绿色产品技术创新和绿色产品设计创新的开展对改善企业可持续发展绩效的侧重点不同。企业绿色产品技术创新和设计创新的实施直接促进了企业财务绩效和环境绩效的提升，但是相较于环境绩效，作用于企业财务绩效的效果稍弱。企业开展绿色产品技术创新、绿色产品设计创新，既能节省能源、原材料和降低劳动力成本，又能为企业发现新的利润源泉，提高企业资源利用效率和生产效益；同时，也抵消掉因环境改善而生成的成本，获取更多的市场机会和更大的竞争优势。根据生态现代化理论的观点，通过开展绿色产品技术创新、绿色产品设计创新，企业可以获得环境绩效，促进环境友好型社会的构建。通过绿色产品创新的开展，很多国际知名大企业已获得了优良的环境绩效和积极的社会影响。

第五，企业通过协同与平衡绿色产品技术创新和绿色产品设计创新，以弥补自身产品创新方面的能力短板，把企业产品创新资源完整地投入到两种创新活动中，从而获得企业可持续性效益。绿色产品技术创新会为绿色产品设计创新活动开辟成功路径，以获取长远利益；绿色产品设计创新又对绿色产品技术创新过程的有效开展有所帮助。两者相辅相成产生的协同效应更在一定程度上提升了财务绩效。企业开展绿色产品协同式创新，可以通过绿色产品设计、清洁技术工艺和设备、回收和再利用生产材料等减少环境污染，提高环境价值，促进企业环境绩效的提升。企业开展绿色产品协同式创新，注重协同利用全新的绿色技术和设计全新的绿色产品，可使企业能够有效利用绿色产品新设计在新市场中的机会，对绿色产品或服务开展市场推广和商业化；此外，协同利用绿色产品新工艺可改善现有目标市场的产品和服务，不断拓展延伸现有绿色技术，改进产品的生产工艺流程，从源头上预防环境污染，最小化废弃物排放，提高资源能源的利用效率以减少浪费，最终促进企业环境绩效的提升。因此，开展绿色产品协同式创新既对企业财务绩效具有促进效应，也对企业环境绩效具有促进作用，即实现了企业可持续发展绩效的提升。

第六，企业开展绿色产品技术创新能够激发绿色产品设计创新的思路与灵感，促进对现有绿色产品设计和市场改进和拓展，以积极促进财务绩效。同时，企业绿色产品设计创新行为给企业绿色产品技术创新活动提供参考，激发企业寻求可能的新市场、获得吸收消化新技能和新知识的能力，二者的平衡优化显著提升企业财务绩效。另外，绿色产品设计创新通过绿色产品技术工艺提高生产率；绿色产品技术创新则致力于实施新的绿色产品工艺或交付过程，通过原材料投入或替代能源和回收材料来降低污染物排放，进而减轻对环境的消极影响，促进企业环境绩效的提升。因此，绿色产品平衡式创新既促进了企业财务绩效也有助于企业环境绩效的提升，即提升了企业的可持续发展绩效。

第七，企业绿色产品技术创新和规制压力的匹配对企业环境绩效具有显著的正向促进作用。企业外部的强制压力指的是政府强制性的环保法律法规，它是企业制定和实施绿色产品技术创新的重要推动力和约束力。政府适当的环保法律法规可有效推动企业开展绿色产品技术创新。强制性的环保法律法规可能会比其他激励制度都更有效，强制企业达到并符合统一的污染控制标准和环境规制标准，例如，设置产品禁令，收取污染费、税费，制定排放标准以及颁发交易许可证等，督促、激励企业开展绿色产品技术创新。因此，根据第三章相应内容的研究假设以及第五章实证检验结果，企业绿色产品技术创新与政府强制压力的有效匹配和充分适应对企业环境绩效具有显著的正向促进作用。

第八，企业绿色产品设计创新和规制压力的匹配对企业财务绩效具有显著的正向影响，而对环境绩效不具有影响。在规制压力下，企业不仅要达到政府环境治理政策的要求，积极开展绿色产品设计创新，也受到政府环境优惠政策的吸引、鼓励和支持，将绿色产品设计创新与外部规制压力进行匹配和适应，进一步促使企业更有动力去开展持续性绿色产品的设计创新，开拓绿色产品消费市场，提升企业绿色形象和品牌形象。二者的匹配对企业环境绩效不起作用的原因很可能是：开展绿色设计创新所产生的环境绩效成果需要很长一段时间才能得以显现和转化，因此，无论企业开展的绿色产品设计创新与规制压力是否匹配，短期内均不会产生明显的企业环境绩效。

第九，企业绿色产品技术创新和规范压力的匹配对企业财务绩效和环境绩效具有显著的正向促进作用。消费者的绿色需求和绿色消费意愿往往会形成一种绿色规范性压力，迫使企业纷纷制定和采用绿色产品技术创新。随着当今社会绿色环保氛围和环保形式的不断加强，消费者开始热衷于绿色环保产品消费，并期望通过绿色渠道购买到这些产品。为此，企业开展相应的绿色产品技术创新来满足消费者的绿色需求已成为一种行业规范。企业通过开展绿色产品技术创新，并积极寻求与外部规范压力的适应匹配，来满足消费者环境保护的需求。对此，也提升了企业绿色形象和品牌形象，进而提高了企业的顾客忠诚度和满意度。

第十，企业绿色产品设计创新和规范压力的匹配对企业财务绩效具有显著的正向影响，而对企业环境绩效的正向促进作用不显著。由于人们环保意识的增强，消费者对绿色环保产品的偏好越来越大，企业通过开展绿色产品设计创新以服务于环保产品创新，已形成一种行业的规范。在这种行业规范下，开展绿色产品设计创新的企业不断努力探寻与其外部规范压力进行有效匹配，来满足消费者的需求，这一"战略匹配"也是满足消费者需求和达成企业绿色创新要求最直接的驱动力之一。持续性的绿色产品设计创新可以使企业成为公众关注的焦点。相较于那些公众较少关注的企业，当公众关注较多的企业出现损害消费者利益、污染环境的报道时，很可能会受到公众的指控，甚至引起行政机构的调查。所以，企业最明智的选择就是开展绿色产品设计创新，并与外部规范压力相匹配。而互联网、电视、报纸等媒体的监督形式会把社会期望传递给企业，使企业在开展绿色产品设计创新时，将发展决策偏好与外部制度环境压力进行匹配，成功地把绿色设计创新产品推向市场，从而树立企业绿色环保形象，以获得社会或行业的高度评价。根据第五章实证检验数据的分析，很可能是由于行业和样本企业的特点所致（它们都是来自重污染企业），规范压力限制了重污染企业将绿色创新设计产品传递给最终消费市场的驱动力和积极性。

第十一，企业绿色产品技术创新和模仿压力的匹配对企业财务绩效和环境绩效具有显著的正向促进作用。企业会模仿行业中成功企业的行为或其他有关联成员的行为。随着绿色消费和绿色理念的不断深化，企业能否提供环境友好型产品或服务以及与之配套的技术创新，成为行业内实现成功差异化战略的标志。企业竞争对手的战略变化被企业密切关注着，如果竞争对手通过绿色产品技术创新的开展，成功吸引了消费者并获得了竞争的优势，那么企业也一定会迅速做出反应，进行绿色战略的调整，包括进行绿色产品技术创新和模仿压力的匹配。

第十二，企业绿色产品设计创新和模仿压力的匹配对企业财务绩效具有显著的正向促进作用，而对企业环境绩效的正向促进作用不显著。企业的模仿行为来自自身感知到的"模仿压力"。在模仿压力的影响下，企业开始转变对环境保护责任的认知程度，产生理性的绿色环保动机，相应地开展绿色产品设计创新等举措，积极推动企业绿色产品设计创新与外部制度环境压力的匹配适应。因此，在激烈的市场竞争中，企业绿色产品设计创新的开展为顾客提供了高质量的绿色产品和服务，成功实现了产品差异化，满足了产品市场的绿色诉求，赢得了消费者的口碑和忠诚，进而提升了企业的财务绩效。至于企业绿色产品设计创新对企业环境绩效的正向促进作用不显著的原因，根据第五章实证检验数据分析的结果可知，企业开展的绿色产品设计创新与外部制度压力的匹配很难对企业环境绩效的获取产生影响。究其原因，很可能是由于行业和样本企业的特点所致（它们都来源于重污染企业），外部制度压力，特别是强制性的政府法律法规，限制了重污染企业将绿色创新设计产品传递给最终消费市场的驱动力和积极性。还有一种可能的原因是，开展绿色产品设计创新所产生的环境绩效成果需要很长一段时间才能得以显现和转化，因此，不论企业开展的绿色产品设计创新与外部制度压力是否匹配，短期内均不会产生明显的企业环境绩效。

第十三，绿色产品协同式创新、绿色产品平衡式创新与规制压力、规范压力和模仿压力的匹配对财务绩效均不起作用，但正向影响企业环境绩效的提升。在制度压力下，企业通过进一步开展绿色产品协同式创新和绿色产品平衡式创新获得环境绩效的效果更直接、更明显，这也是企业家对于企业未来战略规划的长远发展考虑，优先解决环境问题，并最终由环境绩效进一步转化为财务绩效，进而获得可持续发展优势。

当企业竞争者因积极开展绿色产品创新获得环境效益而获得相应资源时，企业会与其竞争对手争夺资源以及开展合法性竞争，企业此时更倾向于通过模仿竞争对手来获得竞争优势。模仿压力越大，企业所处行业环境绩效均值越高。企业此时会选择开展实质性的绿色产品协同式创新和平衡式创新来提升企业环境绩效。

随着我国环境执法力度的不断增强，以及各种环境规制的出台，为降低违规成本和环境违法风险，企业倾向于开展绿色产品协同式创新和平衡式创新，以提升企业环境绩效。因此，规制压力正向调节绿色产品协同式创新和平衡式创新与环境绩效之间的正关联性。

规范压力对企业创新行为方面的期望会影响企业的绿色产品协同式创新和平衡式创新，进而影响环境绩效。来自环保非政府组织的规范压力会督促企业更多地开展绿色产品协同式创新和平衡式创新，进而使企业绿色创新实践过程与其真实的环境绩效更趋于一致。

第十四，企业环境绩效将进一步转化为企业的财务绩效。企业环境绩效对财务绩效具有正向促进作用。企业环境绩效的提升能够更好地整合评估企业绿色战略实现的目标以及对绿色消费者需求的满足程度。例如，向消费者提供的产品绿色属性等信息会影响消费者的购买决策，因此基于绿色可持续范式的协调、定位和推广可使企业环境绩效转化为企业的财务绩效。

二、理论贡献

第一，本书从绿色消费时代的企业家的绿色环境意识为出发点，探究绿色环境意识对企业绿色产品创新战略的前置影响，使企业战略管理方面的理论知识体系得到补充、丰富。在以往的文献中，对企业绿色产品技术创新和绿色产品设计创新的研究主要是从道德态度、道德关注、道德判断等道德伦理方面开展的，以一种道德观为视角对人们普遍的绿色消费意愿和环境意识施加影响而产生企业绿色规范行为，从而开展绿色创新（Lu et al.，2015），尚无从企业家绿色环境意识视角探究企业通过开展"绿色产品协同式创新"和"绿色产品平衡式创新"获得可持续发展优势的。本书源于对绿色时代的现实问题思考，认为企业管理者的绿色环境意识影响企业绿色产品创新战略的选择和开展。因此，本书着重探讨了企业家绿色环境意识对企业开展绿色创新的影响，并区别于以往站在政府环境规制和消费者的视角，进一步探究企业开展绿色产品技术创新、绿色产品设计创新以及二者间的协同与平衡，受到企业家绿色环境意识的影响问题。研究结果说明，企业家的绿色环境意识促进企业绿色产品创新战略的开展和实施。因此，本书在此方面所做出的创新性努力，既为相关后续研究者提供了一定的借鉴和启示，也丰富了知识体系和企业战略管理的理论。

第二，利用重污染企业的样本，探究了企业绿色产品技术和设计方面的创新，并将绿色环境意识转化整合为企业可持续发展绩效的管理过程，丰富了绿色产品创新方面研究的理论知识体系。首先，本书以企业家绿色环境意识为前置因素，探究企业开展绿色产品技术创新和绿色产品设计创新，突破完善了以往文献研究中的集中讨论单个环节的局限。其次，本书补充了对企业绿色产品技术创新和绿色产品设计创新的探讨，特别是添加了讨论企业绿色产品技术创新和绿色产品设计创新的不同机制问题。例如，在开展绿色产品技术创新时，企业开发环境友好型、可节约能源和材料的技术产品，尽量减少稀缺、昂贵、不可再生材料的使用，以避免危害生态环境，并注重对产品的回收、再生产，以达到从技术开发到产品使用后的残余物均对人体健康和自然环境没有或仅产生最小的危害。开展绿色产品设计创新，企业将可能造成环境影响的概率降至最低，以符合生态环境指标，其目的是以最少的资源消耗设计出合乎人类社会与生态环境和谐的创新产品，提高创新产品在绿色消费市场的竞争力和地位。研究结果表明，企业的战略绩效与企业绿色产品技术创新和绿色产品设计创新的开展具有积极的正相关关系，两种创新的开展也将最终转化为企业的可持续发展绩效。最后，在绿色产品创新的转化阶段，本书进一步强调了企业所处的外部制度压力的作用影响，强调了企业外部制度压力能产生持续性的企业绩效优势。在企业绿色战略转化为企业可持续发展绩效的过程中，会受到来自外部制度压力作用的影响，企业若想提高自身的生存和发展能力就应尽力满足其外部利益相关者的需求。因此，本书弥补了以往绿色环境战略的文献研究中的空白。

第三，在此基础上，本书又进一步分析探讨了四种不同类型的绿色产品创新战略，即在战略层面绿色产品技术创新、绿色产品设计创新、绿色产品协同式创新和绿色产品平衡式创新产生的差异化绩效，使企业战略管理方面的理论知识体系得到补充、丰富。正如上文所述，企业绿色产品创新的开展不仅能够满足环境保护和绿色生态的要求，而且能够为企业创造新的价值、带来新的市场机遇，促使企业保持持久竞争力，更是企业战略业务目标与可持续性发展相统一的手段筹划和指导。但二者对企业可持续发展绩效的正向影响机理不同。绿色产品技术创新强调技术方面的创新，强调事后，是一种产生的结果。企业开发绿色环保型技术产品，尽力达到从技术开发到产品使用后的残余物对生态环境和人体健康危害最低。绿色产品设计创新则是强调设计方面的创新，更侧重于事前，是一种事先预防和规避的思维。绿色产品设计创新的思路是用最少的资源消耗设计出合乎人类社会与生态环境和谐的创新产品，提高创新产品在绿色消费市场的竞争力和地位。绿色产品协同式创新的机理分别由"绿色产品技术创新"与"绿色产品设计创新"互补协同而成，凭借"绿色产品技术创新"拓展绿色技术的"宽度"、依靠"绿色设计创新"加深绿色产品的"深度"，在组织层面同时追求绿色产品设计和绿色产品技术两种创新，使二者彼此互补形成协同效应。绿色产品协同式创新更注重彼此借力将"蛋糕做大"。由"绿色产品技术创新"与"绿色产品设计创新"平衡优化形成的"绿色产品平衡式创新"，强调二者的有效平衡，避免在绿色产品创新过程中的极化与过度倾斜，降低绿色产品创新和资源分配失衡的风险，是"分配蛋糕"的优化问题。研究结果表明，绿色产品技术创新可能更有利于提升企业环境绩效，而绿色产品设计创新更侧重于提升企业财务绩效。二者协同构成的绿色产品协同式创新既有益于企业财务绩效的提升，也有利于环境绩效的提升；但绿色产品平衡式创新只对财务绩效具有促进提升作用，不对环境绩效产生影响。这也与两类不同创新类型的性质有关。对绿色产品创新战略的四种创新类型的分类研究，丰富了企业绩效管理理论和知识体系，也奠定了企业选择适当绿色创新的理论基础。

第二节　管理启示

依前文所述，本书不仅具有重要的理论贡献还具有指导企业实践的作用，能够指导、帮助企业通过企业家绿色环境意识影响下的绿色产品技术创新和绿色产品设计创新获得企业竞争优势，以成功实现企业绿色产品技术创新和绿色产品设计创新转化为企业的财务绩效、环境绩效，并最终获得可持续发展绩效。

一、企业应充分认识到绿色产品创新战略的构成和重要程度

　　绿色时代的到来给企业发展带来新契机。它首先给予企业一个良好的生存发展条件，以促进企业长期获益。从长远来看，企业采取行动保护环境可以确保其更加持久有力地发展。绿色时代的到来，也促进社会环境问题的有效解决，充分彰显市场经济的效率公平原则，使企业赢得良好、稳定和健康的市场发展环境。同时，社会、政府会干预和限制环境污染问题，鼓励和倡导企业绿色环保行为，为未来潜在市场的发展指明了方向，对企业自身来说既是契机也是挑战，促使企业将环境纳入管理，实现企业绿色环境与企业发展的双赢，且给企业带来直接和间接经济收益：降低资源消耗，减少企业成本支出；促使企业遵照政府环境政策，加强环境管理，树立企业环保形象。绿色时代的到来，特别是企业家绿色环境意识的增强，促使企业制定实施相应的绿色战略。受到企业家绿色环境意识的影响，加之消费者会对企业的产品提出绿色环保的诉求，要求企业进行绿色产品的设计和绿色产品生产流程的规范。为了迎合消费者需求和占领绿色消费市场，企业不得不制定实施绿色战略，改进原有产品、生产流程和技术，注入"绿色成分"。在此过程中，企业制定实施绿色产品创新战略逐渐形成一种趋势和行业规范，越来越多的企业将绿色产品技术创新和绿色产品设计创新作为绿色时代获得竞争优势的手段和途径。

　　绿色产品创新战略是企业战略业务目标与可持续性发展相统一的手段和指导，可以作为企业提升自我竞争能力的特有途径和方法。根据 Lumpkin 和 Dress（1996）的创新二分法可以把创新分为技术创新和市场创新，而市场创新主要侧重于产品设计创新（Miller & Friesen，1978；Schere，1980）；在此基础上，Gaia 等（2012）直接把产品创新分为产品技术创新和设计创新；再结合 Eiadat 等（2008）、焦俊和李垣（2011）对绿色产品创新的定义，本书将企业家绿色环境意识影响下的企业绿色产品创新战略进一步拓展为：绿色产品技术创新、绿色产品设计创新、绿色产品协同式创新和绿色产品平衡式创新。本书通过实证检验，证明了企业开展的绿色产品技术创新和绿色产品设计创新均对企业财务绩效、环境绩效产生积极的影响，即企业绿色产品技术创新和绿色产品设计创新促进了企业财务绩效和环境绩效的提升。所以，对于企业家来说，不仅要具有绿色环境意

识，而且要重新认识并重视绿色产品创新的开展实施。因为企业开展绿色产品技术和设计创新不仅能够满足环境保护和绿色生态的要求，而且能够为企业创造新的价值、带来新的市场机遇，促使企业保持持久竞争力。而绿色产品协同式创新既促进了企业财务绩效的提升，也促进了企业环境绩效的提升，即最终帮助企业获得可持续发展绩效。但绿色产品平衡式创新只对企业财务绩效提升起到正向影响，却并未促进企业环境绩效的提升。究其原因，绿色产品平衡式创新由"绿色产品技术创新"与"绿色产品设计创新"平衡优化而构成。绿色产品设计创新侧重于在整个生命周期中关注产品或服务的创新设计，并通过绿色产品技术工艺提高生产率来实现能源消耗和原材料使用的减少；绿色产品技术创新则致力于实施新的绿色产品工艺或交付过程，通过原材料投入或替代能源和回收材料来减少资源和能源使用，降低污染物排放，从而减少或减轻对环境的不利影响（Brasil et al.，2016）。因此，二者各自的侧重点不同，也就是说创新发展方向很难进行相互优化整合，难以把"蛋糕做优"。

本书认为，企业家尤其是那些重污染企业的企业家，应具有绿色环境意识，积极推动绿色产品创新战略来促进和增加企业绿色产品创新的行为。企业开展绿色产品技术创新时，应突出产品的绿色工艺过程以及产品技术创新的生态和环保价值，以创造有绿色需求的潜在顾客，有利于企业树立正面积极的绿色形象；而企业开展绿色产品设计创新，应及时根据市场消费者所提供的关于产品或服务的绿色环保信息和诉求进行绿色产品的设计创新，以激发并满足顾客的潜在绿色需求。与此同时，企业家还必须关注政府有关绿色环保和生态环境的相关政策、竞争对手开展绿色产品协同式创新和平衡式创新的动态以及消费市场的绿色消费意愿，以求及时调整好、匹配好自身绿色产品创新战略，适应和发挥好市场决定企业绿色产品创新的规范性作用。

二、企业家绿色环境意识影响企业开展绿色产品创新

根据本书的研究结果，企业家的绿色环境意识能够促使企业拥有强烈的环境责任感，积极参与环境管理。企业的环境责任意识可激发企业开展绿色创新，融入"绿色因素"到其产品设计和工艺流程中；同时，拥有强烈环境责任意识的企业也将会投入更多的企业资源到绿色产品创新中，以在绿色产品技术创新和绿

色产品设计创新的探索中获取绿色创新技术和环境管理能力。企业家绿色环境意识也有助于推动企业开展绿色产品协同式创新与平衡式创新。企业家绿色环境意识越强，对市场信息越敏锐，越具有前瞻性，他们时刻关注竞争企业的战略动向并及时调整。企业家绿色环境意识越强，越倾向于将外部市场压力视为发展机遇，统筹协调各方面创新资源，积极引导企业开展绿色产品平衡式创新。不仅通过开展绿色产品技术创新掌握环保核心技术，发挥在该行业领域的领导者先动优势；而且通过开展绿色产品设计创新与竞争企业的产品形成差异化优势。而具有强烈环境责任意识的企业在企业环境管理中的影响力也更高，企业将"绿色技能"和环境管理理念纳入可持续性发展的战略规划，通过绿色创新改进新产品的生产流程和新产品的质量。此外，在企业家绿色环境意识的影响下，企业更有可能进行绿色产品设计，并在产品设计流程中节约能源、防治污染、进行废物回收。企业家的绿色环境意识常常使企业运用严格环境标准进行绿色产品的设计和绿色工艺的创新，这有助于企业高门槛行业壁垒的构建。企业家绿色环境意识促使企业更致力于开发绿色环保产品，更注重研究绿色环保工艺技术，以构建行业生态环境标准，成为行业绿色环保创新的"领头羊"；并且，拥有较强绿色环境意识的企业家更有可能向其员工传输绿色环保理念，将绿色创新融入员工日常工作中，进一步提升了企业的绿色创新能力。

对此，本书认为应重视企业家绿色环境意识。企业能否将外部环境保护的政策压力和绿色市场需求压力转变成企业绿色产品创新的机遇，并且充分、合理地利用绿色创新资源和发挥创新能力，都有赖于企业家们的绿色环境意识。在选择和开展绿色产品创新战略时，企业需要从企业家绿色环境意识以及环境和资源能力的关系开展全方位考虑和综合权衡，从而为绿色产品创新战略（绿色产品技术创新和设计创新、绿色产品协同式创新和平衡式创新）转化为企业可持续发展绩效奠定基础。

除此之外，加强企业家对绿色环境意识的教育能够影响企业开展绿色创新战略，也是企业对生态环境友善、和谐及其可持续发展的关键。推动对企业家的绿色环境教育，能有效启发他们的绿色环境意识，进而带动整个企业的员工绿色观念的转变。

三、企业开展绿色产品创新时应与制度压力相匹配、相适应

具有绿色环境意识的企业家们不能简单地认为把"绿色产品技术创新和设计创新、绿色产品协同式创新和平衡式创新"问题规整为几个战略就能适应所有的观点。即便是选择并制定了与企业家绿色环境意识相适应的企业绿色产品技术创新和绿色产品设计创新以及二者的平衡协同而成的绿色产品协同式创新和平衡式创新，仍然不能保证企业能够从同样的绿色产品创新战略中获得相同的绩效。因为企业开展的绿色产品创新战略在转化为企业可持续发展绩效过程中，绩效效果会受到来自外部制度压力的影响。如果企业未能适应其外部所处的制度压力环境，所开展的绿色产品创新不符合外部制度压力要求，那么就难以将其成功转化为企业可持续发展绩效。对此，企业绿色产品创新战略的开展是要充分考虑或考察到企业外部制度压力的，需要企业家思考如何将绿色产品技术创新和设计创新以及绿色产品协同式创新和平衡式创新与其外部制度压力进行匹配、适应，开展战略的动态匹配。

本书的实证检验部分证实了上述观点，并得出了深层次的研究结论：规制压力、规范压力和模仿压力均正向调节企业绿色产品技术创新和设计创新与企业财务绩效和环境绩效之间的关系。规制压力、规范压力和模仿压力均正向调节企业绿色产品协同式创新与企业环境绩效之间的正向关系，但均不影响与财务绩效间的关系。而与此相反，规制压力、规范压力和模仿压力均正向调节企业绿色产品平衡式创新与企业财务绩效之间的关系，却不影响与环境绩效间的关系。企业家从这些研究结论中可以知悉的是：在通过开展绿色产品技术创新和设计创新以后，应特别重视开展绿色产品协同式创新和平衡式创新的不同侧重点（它们获得财务和环境绩效的差异），企业管理层还要注重对外部制度压力的匹配应用，以最终使之转化为企业的可持续发展绩效。

企业如果想通过开展绿色产品创新战略（绿色产品技术创新和设计创新、绿色产品协同式创新和平衡式创新）来实现财务绩效和环境绩效的提升，就需要企业分别注重对外部制度压力的匹配和适应。对此，企业家可以从以下几种管理方法予以实现：首先，科学正确开展绿色产品创新战略，要充分立足于外部制度压力的环境，运用长远收益的眼光去看待绿色产品创新，合理匹配绿色创新与制度

压力，以充分发挥绿色产品创新的积极影响，例如，在政府环保政策鼓励下购买和引进清洁技术用于绿色产品创新，以及派遣企业技术人员出国深造，学习和引进国外相关先进环保技术以益于本企业的绿色产品研发，等等。其次，企业家在具有强烈的绿色环境意识的同时，还应积极主动地去寻求政府政策扶持和优惠以及加强与供应商、消费者等上下游供应链的密切联系，来获取更加优质充裕和适合的资源以促进企业绿色产品创新的行为。最后，企业要运用多种途径和方法对企业管理者绿色产品创新战略的意识和毅力进行提高和强化，培养企业高管对绿色产品创新的注意力和敏感性。例如，通过举办企业管理人员的绿色创新意识培训班、开展绿色企业间的环境信用评价、开办交流会或研讨会等方式来培育企业家的绿色创新意识和意愿，从而推动企业开展绿色产品创新的主动性和积极性。

除此之外，政府部门应通过自身行为对传统重污染企业起到示范带头作用，为其绿色产品创新提供硬件和软件支持。一方面，政府应积极创建有序公平的绿色产品市场的竞争环境并加大对绿色创新方面的知识产权保护和绿色产品的自主创新，有效保护企业绿色产品创新成果与创新维权，用以加强企业（特别是重污染企业）绿色产品创新和研发方面的信心，提升它们绿色产品创新的内在驱动力。同时，政府应进一步完善相关环境保护的法律法规，尤其是对重污染行业的相关法律制度，并要求企业严格贯彻实施这些法律法规以及明确处罚标准，加大监管惩治力度，以形成新的促进重污染企业开展绿色产品创新的倒逼机制。另一方面，政府相关部门还需加大绿色产品创新的支持、优惠的政策力度，给予相关税收、财政和金融方面的扶持优惠，例如减免推行绿色产品创新较好的企业的信贷和税收；也要加大引导和宣传绿色产品创新的理念和文化，力求创造浓厚的绿色产品创新氛围，提供和搭建绿色产品相关技术信息交流平台等。

第三节　研究局限和未来研究方向

立足于重污染企业的样本，本书探究了企业家绿色环境意识影响下的企业绿色产品技术创新和设计创新的开展过程，以及企业绿色产品创新最终转化为企业可持续发展绩效的作用机制。本书通过理论分析和实证检验，在战略规划、营销理论、制度理论、绩效管理、权变理论和匹配理论等方面的发展做出了一些贡献，给出了一些关于企业绿色产品创新战略方面的管理实践建议。但本书归根结底仍属于探索性研究，一些无法避免的不足和研究局限依然存在，后续的研究中还应继续完善。所以，本节将对本书研究中的不足和局限性开展讨论，并立足于研究局限指出未来进行深入研究完善的方向。

一、研究局限

第一，理论设计方面的局限。本书在探讨管理者绿色环境意识对企业绿色产品技术创新和设计创新的前置影响以及外部制度压力对企业绿色产品创新转化为可持续发展绩效过程中的匹配效应时，存在以下局限和不足：①本书只是考虑了企业家的绿色环境意识前置影响因素对企业开展绿色产品创新战略的影响，但实质上仅有绿色环境意识没有绿色环保意愿还远远不够，不足以或程度较弱地影响和决定企业是否选择开展绿色产品创新战略。正如文献综述中所指出的，有绿色环境意识而没有绿色环保意愿的企业可能不一定会选择采用绿色产品创新战略来实现企业可持续发展绩效的提升，所以本书并没有涉及此方面的研究讲述。②在绿色环境意识中包括环保创意的来源、环境目标的契合、对环境问题的考虑以及减少环境影响等方面的环境意识。本书未对绿色环境意识的维度进行区分，仅从总体方面进行了探究。③除外部制度压力外，影响企业绿色产品创新的因素还有很多，如企业内部的组织结构特征、创新文化导向及创新转化能力等，本书对此并没有完全涉及。

第二，由于本书的研究样本仅限于重污染企业，而企业绿色产品创新战略还涉及传统制造业企业其他领域；并且由调研的便利性所决定，本书选取得样本企业多来源于北京、天津、河南、山东、安徽、四川和广西等省份的重污染企业，尽管具有一定的代表性，但考虑到广大中西部地区的重污染企业，特别是转移至西部地区的广大重污染企业，本书并未涉猎。对此，本书调研检验所得结论可能会失之偏颇，不具有全面性。

第三，本书对重污染企业的绿色产品创新战略与企业可持续发展绩效之间关系的研究是采用的问卷调查法所收集到的静态一手数据，但是关于中国绿色产品创新方面的研究当前仍处在起步阶段，对企业可持续发展绩效的转化也具有滞后性特征，也就是说，绿色产品创新转化为企业可持续发展绩效的过程是一个动态的过程，所以静态数据的问卷调查法很难真实刻画绿色产品创新对企业可持续发展绩效的影响作用。

总之，在绿色时代背景下，管理学领域的学者们关注企业开展的绿色经营、制定完善的绿色发展战略、开发生产绿色产品等一系列绿色举措相关的焦点问题，未来学者们的后续研究也可以以本书的研究局限和不足为努力的方向。

二、未来研究的方向

本书认为，在后续研究中应从以下几个方面进行拓展研究，以弥补研究上的不足：

第一，进行理论设计的完善。①进一步完善对企业开展绿色产品创新战略具有影响的前置因素，充分考虑绿色环保意愿对企业是否选择采用绿色产品创新战略的影响和推动作用。②进一步对企业家绿色环境意识进行维度划分，例如，可以以环保创意的来源、环境目标的契合、对环境问题的考虑以及减少环境影响等方面的环境意识作为区分标准，从而更加详细和具体地对企业家绿色环境意识开展研究。③可以进行尝试融入除外部制度压力外的其他因素，如企业内部的组织结构特征、创新文化导向及创新转化能力等对企业绿色产品创新战略的影响。

第二，在完善样本选择方面，可以考虑增加选取制造业行业的其他企业样本，以丰富样本企业的行业领域；另外，还应进一步选取中西部地区的重污染企业，特别是转移至西部地区极具代表性的广大重污染企业，以弥补本书调研检验所得结论的缺陷。

第三，在研究方法方面，可以对重污染企业的绿色产品创新战略与其可持续发展绩效之间关系的研究采用动态二手数据（动态面板数据）；另外，由于绿色产品创新战略转化为企业可持续发展绩效的过程是动态过程，所以应该长期追踪、研究刻画绿色产品创新对企业可持续发展绩效的影响作用。

参考文献

［1］Barbara W，René D. 只有一个地球［M］. 长春：吉林人民出版社，1997，6（1）：31-44.

［2］白国强. 绿色浪潮与企业责任［J］. 环境，2001（3）：13.

［3］曹翠珍，冯娇龙. 冗余资源对绿色创新模式选择的影响：环境规制的整合视角［J］. 管理评论，2022，5（34）：124-135.

［4］陈静生，蔡运生，王学军. 人类——环境系统及其可持续性［M］. 北京：商务印书馆，2001（1）：45-53.

［5］陈鹏飞. 知识密集型服务的全球内包与外包战略及其绩效研究［D］. 南开大学博士学位论文，2016.

［6］陈尚金. 企业营销绩效评价体系的应用［J］. 湖北第二师范学院学报，2009，147（9）：69-74.

［7］陈雅屏，张珍，喻金田. 绿色技术创新与企业绩效的关系分析——供应链管理的中介效应［J］. 现代商贸工业，2019，40（10）：24-26.

［8］陈泽文，曹洪军. 绿色创新战略如何提升企业绩效——绿色形象和核心能力的中介作用［J］. 华东经济管理，2019，33（2）：34-43.

［9］迟维韵. 生态经济学理论与方法［M］. 北京：中国环境科学出版社，1990.

［10］邓昭. 基于企业可持续发展的绿色供应链管理研究［D］. 昆明理工大学硕士学位论文，2005.

［11］丁政. 企业营销的拉动式促销策略［J］. 企业活力，2005（6）：

34-35.

　[12] 付俊文，赵红．利益相关者理论综述［J］．首都经济贸易大学学报，2006（2）：16-21.

　[13] 傅家骥．技术创新——中国企业发展之路［M］．北京：企业管理出版社，1992.

　[14] 郭笑撰．刘国光经济思想研究［D］．武汉大学博士学位论文，2003.

　[15] 韩健．基于战略管理的上海 E 公司人力资源管理转型研究［D］．上海外国语大学硕士学位论文，2019.

　[16] 何丽梅，侯涛．环境绩效信息披露及其影响因素实证研究——来自我国上市公司社会责任报告的经验证据［J］．中国人口·资源与环境，2010，20（8）：99-101.

　[17] 和苏超，黄旭，陈青．管理者环境认知能够提升企业绩效吗——前瞻型环境战略的中介作用与商业环境不确定性的调节作用［J］．南开管理评论，2016，19（6）：49-57.

　[18] 赫尔曼·E. 戴利．超越极限——可持续发展的经济学［M］．上海：上海译文出版社，2001.

　[19] 胡爱武，傅志红．论产品的绿色设计［J］．株洲工学院学报，2003，17（5）：21-24.

　[20] 胡树华．绿色产品创新的理论与实证研究［D］．武汉理工大学博士学位论文，2010.

　[21] 胡雪峰．游客环保意识及其影响因素研究——以厦门鼓浪屿景区为例［D］．厦门大学硕士学位论文，2017.

　[22] 黄洪民．现代市场营销学［M］．青岛：青岛出版社，2002.

　[23] 黄琦星，温馨．广告支出、行业竞争与公司绩效［J］．管理学报，2018，15（12）：1838-1845.

　[24] 黄雪．基于 ISM-ANP 的绿色产品创新影响因素研究［D］．郑州大学硕士学位论文，2019.

　[25] 姬军荣．重塑未来企业竞争优势［J］．经济论坛，2004（20）：72-73.

　[26] 蒋伏心，王竹君，白俊红．环境规制对技术创新影响的双重效应——

基于江苏制造业动态面板数据的实证研究［J］．中国工业经济，2013（7）：44-55.

［27］焦俊，李垣．基于联盟的企业绿色战略导向与绿色创新［J］．研究与发展管理，2011，23（1）：84-89.

［28］揭筱纹，邱璐，李小平．绿色产品创新研究的知识图谱——基于 Web of Science 数据的文献计量分析［J］．吉首大学学报（社会科学版），2018，5（39）：81.

［29］景琦．基于 AHP-DEA 的传媒业上市公司财务绩效评价研究［J］．统计与信息论坛，2017（3）：92-100.

［30］鞠成晓，肖文锋．低碳经济环境下企业财务管理战略探究［J］．南昌大学学报（人文社会科学版），2014，45（1）：66-70.

［31］孔如萍．环境规制诱导 R&D 投入促进绿色技术创新的实证研究［D］．东北财经大学硕士学位论文，2017.

［32］莱切尔·卡逊．寂静的春天［M］．吕瑞兰，李长生，译．上海：上海译文出版社，2008.

［33］莱斯特·R. 布朗．生态经济：有利于地球的构想［M］．林自新，等译．北京：东方出版社，2003.

［34］劳可夫．消费者创新性对绿色消费行为的影响机制研究［J］．南开管理评论，2013，16（4）：106-113.

［35］李冬伟，张春婷．环境战略、绿色创新与绿色形象［J］．财会月刊，2017（32）：3-10.

［36］李继学，高照军．信息技术投资与企业绩效的关系研究——制度理论与社会网络视角［J］．科学学与科学技术管理，2013，34（8）：111-119.

［37］李琳，张铁，李杞仪．基于绿色理念的产品创新设计［J］．现代制造工程，2005（6）：87-88.

［38］李玲，陶锋．中国制造业最优环境规制强度的选择——基于绿色全要素生产率的视角［J］．中国工业经济，2012（5）：70-82.

［39］李梦婕．因子分析法在企业财务绩效评价中的应用［J］．会计审计，2017（9）：70-71.

［40］李清政，白戈，于建原，李永强．营销能力与创新关系实证研究［J］．中国软科学，2011（1）：135-141．

［41］李淑艳．论企业环境责任法律制度［D］．吉林大学硕士学位论文，2010．

［42］李婉红．排污费制度驱动绿色技术创新的空间计量检验——以 29 个省域制造业为例［J］．科研管理，2015，36（6）：1-9．

［43］李小伟．林区绿色食品营销策略创新研究［D］．福建农林大学硕士学位论文，2005．

［44］李妍妍．区域市场难度测算与营销绩效评价［D］．北京邮电大学硕士学位论文，2016．

［45］李怡娜，叶飞．制度压力、绿色环保创新实践与企业绩效关系——基于新制度主义理论和生态现代化理论视角［J］．科学学研究，2011（12）．

［46］李中娟．传统制造企业绿色创新的驱动因素及绩效影响研究［D］．安徽工业大学硕士学位论文，2018．

［47］梁帆．浅谈高管薪酬激励在提高企业环境绩效上的作用［J］．财经界，2013（12）：249．

［48］刘蓓蓓，余钦钦，毕军．基于利益相关者理论的企业环境绩效影响因素研究［J］．中国人口·资源与环境，2009，12（6）：80-84．

［49］刘炳瑛．马克思主义原理辞典［M］．杭州：浙江人民出版社，1988．

［50］刘光复，刘学平，刘志峰．绿色设计的体系结构及实施策略［M］．中国机械工程，2000（9）：965-968．

［51］刘建峰．论述市场营销中的促销策略［J］．中国市场，2017（4）：80-81．

［52］刘洋．浅谈人员推销在工业产品促销中的主导作用［J］．黑龙江对外经贸，2005，130（3）：70-71．

［53］卢岚，齐二石．发展绿色制造势在必行［J］．机械设计，1999（5）：37-39．

［54］罗海成，范秀成．基于心理契约的关系营销机制：服务业实证研究［J］．南开管理评论，2005，8（6）：48-55．

［55］吕洁，余颖．线上渠道建设与传统企业绩效的实证研究［J］．上海管

理科学，2013，35（2）：39-42.

[56] 吕峻．公司环境披露与环境绩效关系的实证研究 [J]．管理学报，2012，9（12）：1859-1862.

[57] 马玎，叶建木，刘思施．制度压力调节下的企业生态创新与盈利性的关系研究 [J]．管理学报，2016，13（2）：275-284.

[58] 马智萍．移动互联网时代企业绿色营销策略探索 [J]．产业与科技论坛，2017，16（5）：14-15.

[59] 迈克尔·波特．竞争战略 [M]．陈小悦，译．北京：华夏出版社，2005.

[60] 欧阳斌，袁正，陈静思．我国城市居民环境意识、环保行为测量及影响因素分析 [J]．经济地理，2015，35（11）：179-183.

[61] 彭品志，张艳．拉式促销与维护产销价值链分析 [J]．无锡商业职业技术学院学报，2010，10（5）：13-15.

[62] 彭雪蓉，魏江．利益相关者环保导向与企业生态创新——高管环保意识的调节作用 [J]．科学学研究，2015，33（7）：1109-1120.

[63] 乔治·恩德勒．面向行动的经济伦理学 [M]．高国希，等译．上海：上海社会科学院出版社，2002.

[64] 任勇．明确绿色消费战略定位与政策创新方向 [J]．中国环境报，2017，8（8）：1-3.

[65] 佘颖，刘耀彬．国内外绿色发展制度演化的历史脉络及启示 [J]．长江流域资源与环境，2018，27（7）：1490-1500.

[66] 沈洪涛，苏亮德．企业信息披露中的模仿行为研究——基于制度理论的分析 [J]．南开管理评论，2012，15（3）：82-90.

[67] 石丽芳．论绿色食品营销渠道的构建 [D]．福建农林大学硕士学位论文，2004.

[68] 史兹国，邢亚彬．AHP 在有线电视企业财务绩效评价中的应用研究 [J]．现代信息科技，2018（12）：127-129.

[69] 宋马林，金培振．地方保护、资源错配与环境福利绩效 [J]．经济研究，2016，51（12）：47-61.

［70］宋铁波，沈征宇．破坏性创新与在位企业战略反应——基于合法性视角的解释模型［J］．科学学与科学技术管理，2014，12（5）：82-90.

［71］孙华丽，王冀强，温正忠．绿色设计与其模糊评价方法研究［J］．机械科学与技术，2003，22（5）：699-701+704.

［72］孙淑英，王秀村，刘菊蓉．我国企业营销绩效评价指标体系构建的实证研究［J］．中国软科学，2006（1）：132-137.

［73］陶琼．环境标志——企业适应绿色消费的必然选择［J］．技术经济，2002（10）：39-41.

［74］田翠香，孙晓婷．重污染行业上市公司绿色技术创新调查与分析［J］．财会通讯，2018（20）：72-74.

［75］田晖．绿色消费：当代消费发展的大趋势［J］．林业经济，2003（3）：35-36.

［76］万基财，张捷，卢韶婧，李莉．九寨沟地方特质与旅游者地方依恋和环保行为倾向的关系［J］．地理科学进展，2014，8（3）：411-421.

［77］汪抒亚．论绿色营销渠道的构建［J］．当代经济，2010（4）：38-39.

［78］王超然．生态经济学视角下的消费问题初探［D］．中国政法大学硕士学位论文，2011.

［79］王福全．生态文明视阈下我国石油工业可持续发展战略与实践研究［D］．中国石油大学（北京）博士学位论文，2017.

［80］王明东．营销绩效评价体系构建及实证研究——以啤酒行业为例［D］．吉林大学博士学位论文，2011.

［81］王巧霞．我国上市商业银行财务绩效评价研究——基于25家上市商业银行财务数据的实证分析［J］．会计之友，2018（10）：64-67.

［82］王小宁，周晓唯．西部地区环境规制与技术创新——基于环境规制工具视角的分析［J］．技术经济与管理研究，2014（5）：114-118.

［83］王晓辉．模块化价值网络中知识转移对企业营销绩效的影响研究［D］．山东大学博士学位论文，2010.

［84］王秀玲．浅论薪酬激励在企业管理中的作用［J］．企业研究，2011，32（8）：21.

[85] 王月辉，王秀村，孙淑英．中国企业营销绩效评价操作中的有关问题 [J]．北京理工大学学报（社会科学版），2003，5（3）：53-54+58.

[86] 王志平．我国区域绿色技术创新效率的时空分异与仿真模拟 [D]．江西财经大学博士学位论文，2013.

[87] 魏文川，魏诗雅．网络促销工具对农产品营销绩效的影响研究 [J]．江苏商论，2011（2）：62-64.

[88] 吴汉嵩．绿色消费与国际贸易 [J]．商场现代化，2004（24）：23+26.

[89] 吴路芳．推拉促销策略的运用与思考 [J]．商场现代化，2010（24）：58-60.

[90] 吴晓云，杨冠华．"双驱动"创新战略对企业技术创新绩效影响的实证研究——价值网络资源属性的调节作用 [J]．研究与发展管理，2019，31（6）：91-103.

[91] 夏凌云，于洪贤，王洪成，鞠永富．湿地公园生态教育对游客环境行为倾向的影响——以哈尔滨市 5 个湿地公园为例 [J]．湿地科学，2016，10（1）：72-81.

[92] 谢向英，刘伟平．中国企业发展的绿色战略探讨 [J]．林业经济问题，2004，24（2）：95-97+114.

[93] 徐剑，温馨，张青山．制造业绿色产品与传统产品的比较研究 [J]．当代经济管理，2005，27（6）：41-44.

[94] 许涤新．生态经济学探索 [M]．上海：上海人民出版社，1985.

[95] 杨东宁，周长辉．企业环境绩效与经济绩效的动态关系模型 [J]．中国工业经济，2004（4）：43-50.

[96] 杨旭博，王世盛．企业环境保护管理的战略化 [J]．经营与管理，2017（12）：59-61.

[97] 杨智．市场导向与营销绩效关系研究 [M]．北京：中国财政经济出版社，2005.

[98] 姚丽芬，龙如银．基于扎根理论的游客环保行为影响因素研究 [J]．重庆大学学报（社会科学版），2017，23（1）：17-25.

[99] 伊晟，薛求知．绿色供应链管理与绿色创新——基于中国制造业企业

的实证研究［J］．科研管理，2016，37（6）：103-110.

［100］尹希果，霍婷．国外低碳经济研究综述［J］．中国人口·资源与环境，2010，20（9）：18-23.

［101］于幼军．在建设生态文明中加强资源节约和环境保护［M］//十七大报告辅导读本．北京：人民出版社，2007.

［102］云嘉敏．制度压力、环境信息披露与企业价值——基于重污染行业经验数据［D］．内蒙古财经大学硕士学位论文，2018.

［103］臧传琴，张菡．环境规制技术创新效应的空间差异——基于2000-2013年中国面板数据的实证分析［J］．宏观经济研究，2015（11）：72-83.

［104］张春娣．实施绿色营销的价格、渠道、促销策略［J］．财贸经济，2006，（8）：49-50.

［105］张敦杰．绿色产品创新的理论与实证研究［D］．武汉理工大学博士学位论文，2010.

［106］张建华，王述洋，李滨，陈爱军．绿色产品的概念、基本特征及绿色设计理论体系［J］．东北林业大学学报，2000，28（4）：84-86.

［107］张洁，赵娟．生物制药上市公司财务绩效评价［J］．管理会计，2018（3）：43-45.

［108］张利辉．基于层次分析法的高校财务绩效评价［J］．商业会计，2014（19）：81-82.

［109］张倩．环境规制对绿色技术创新影响的实证研究——基于政策差异化视角的省级面板数据分析［J］．工业技术经济，2015，34（7）：10-18.

［110］张向先，门海艳．现代企业网络促销组合策略绩效评价的方法研究［J］．经济管理，2004，12（24）：67-72.

［111］张莹．股权结构、企业社会责任对财务绩效的跨期影响研究［D］．东北财经大学硕士学位论文，2017.

［112］张永强．工程伦理学［M］．北京：高等教育出版社，2014.

［113］张玉．基于消费者行为的济南滑雪旅游市场营销策略研究［D］．山东师范大学硕士学位论文，2014.

［114］赵传蕙．绿色化：企业形象的新战略［J］．经营与管理，2001（12）：

10-12.

[115] 赵立雨，张丹．企业环境许诺与绿色产品创新绩效关系研究［J］．科技进步与对策，2017，34（23）：100-105.

[116] 甄国红，张天藉．企业环境绩效外部评价指标体系构建［J］．财会月刊，2010（8）：25-26.

[117] 郑季良．企业的环境绩效目标及其评估探讨［J］．工业工程，2007，10（3）：41-44.

[118] 中国21世纪议程：中国21世纪人口、环境与发展白皮书［M］．北京：中国环境科学出版社，1994.

[119] 周宏春，季曦．改革开放三十年中国环境保护政策演变［J］．南京大学学报（哲学·人文科学·社会科学），2009，46（1）：31-40.

[120] 周小宇，符国群，王锐．关系导向战略与创新导向战略是相互替代还是互为补充——来自中国私营企业的证据［J］．南开管理评论，2016，19（4）：13-26.

[121] 朱纪红．浅析企业环境绩效评价指标体系的构建［J］．经济研究导刊，2012（18）：38-39.

[122] 左守秋，何树．"绿色经济"浪潮下企业提升环境竞争力的思考［J］．河北能源职业技术学院学报，2013，13（3）：21-23+26.

[123] Albertini E. Does environmental management improve financial performance? A meta-analytical review［J］. Organization & Environment, 2013, 26（4）：431-457.

[124] Alsmadi S. Green marketing and the concern over the environment：Measuring environmental consciousness of Jordanian consumers［J］. Journal of Promotion Management, 2007, 13（3-4）：339-361.

[125] Alting L. Life cycle engineering and design［J］. CRIP Annals, 1995, 44（2）：569-580.

[126] Álvarez-Gil MJ, Berrone P, Husillos FJ, Lado N. Reverse logistics, stakeholders' influence, organizational slack, and managers' posture［J］. Journal of Business Research, 2007, 60（5）：463-473.

［127］ Alvarez SA, Barney JB. Resource-based theory and the entrepreneurial firm ［J］. Strategic Entrepreneurship, 2008 (1): 89-105.

［128］ Alvarez SA, Busenitz LW. The entrepreneurship of resource-based theory ［J］. Journal of Management, 2001, 27 (6): 755-775.

［129］ Ambec S, Lanoie P. Does it pay to be green? A systematic overview ［J］. Academy of Management Perspectives, 2007, 22 (4): 157-182.

［130］ Ang SH, Low SYM. Exploring the dimensions of ad creativity ［J］. Psychology and Marketing, 2000, 17 (10): 835-854.

［131］ Ang S, Van Dyne L, Koh C, Ng KY. The measurement of cultural intelligence ［C］ //The Symposium of Cultural Intelligence. Academy of Management Meetings, New Orleans, LA, 2004.

［132］ Ang S, van Dyne L, Koh C. Personality correlates of the four-factor model of cultural intelligence ［J］. Group and Organization Management, 2006, 31 (1): 100-123.

［133］ Aragón-Correa JA, Hurtado-Torres N, Sharma S, García-Morales VJ. Environmental strategy and performance in small firms: A resource based perspective ［J］. Journal of Environmental Management, 2008, 86 (1): 88-103.

［134］ Avent T, Higgins ET. How regulator fit affects value in consumer choices and opinions ［J］. Journal of Marketing Research, 2006, 43 (1): 1-10.

［135］ Banerjee SB. Managerial perceptions of corporate environmentalism: Interpretations from industry and strategic implications for organizations ［J］. Journal of Management Studies, 2001, 38 (4): 489-513.

［136］ Bansal P, Roth K. Why companies go green: A model of ecological responsiveness ［J］. Academy of Management Journal, 2000, 43 (4): 1426-1451.

［137］ Barclay P. Trustworthiness and competitive altruism can also solve the "tragedy of the commons" ［J］. Evolution and Human Behavior, 2004, 25 (4): 209-220.

［138］ Bartels J, Reinders MJ. Social identification, social representations, and consumer innovativeness in an organic food context: A cross-national comparison ［J］.

Food Quality and Preference，2010，21（4）：347-352.

［139］Bharadwaj SG，Varadarajan PR，Fahy J. Sustainable competitive advantage in service industries：A conceptual model and research propositions［J］. Journal of Marketing，1993，57（4）：83-99.

［140］Boeve-de Pauw J，van Petegem P. A cross-national perspective on youth environmental attitudes［J］. The Environmentalist，2010（30）：133-144.

［141］Bohlen G，Schlegelmilch BB，Diamantopoulos A. Measuring ecological concern：A multi-construct perspective［J］. Journal of Marketing Management，1993，9：415-430.

［142］Bowen HR. Social responsibilities of the businessman［M］. Harper Press，1953.

［143］Brammer S，Hoejmose S，Marchant K. Environmental management in SMEs in the UK：Practices，pressures and perceived benefits［J］. Business Strategy and the Environment，2012，21（7）：423-434.

［144］Brooks H. The problem of attention management in innovation for sustainability［J］. Technological Forecasting and Social Change，1996，53（1）：21-26.

［145］Brown LR. We can build a sustainable economy［J］. The Futurist，1996，30（4）：8-12.

［146］Brunnermeier SB，Cohen MA. Determinants of environmental innovation in US manufacturing industries［J］. Journal of Environmental Economics and Management，2003，45（2）：278-293.

［147］Burki U，Dahlstrom R. Mediating effects of green innovations on interfirm cooperation［J］. Australasian Marketing Journal，2017，25（2）：149-156.

［148］Bush AJ，Smart D，Nichols EL. Pursuing the concept of marketing productivity：Introduction to the JBR Special Issue on Marketing Productivity［J］. Journal of Business Research，2002，55（5）：343-347.

［149］Buysse K，Verbeke A. Proactive environmental strategies：A stakeholder management perspective［J］. Strategic Management Journal，2003，24（5）：453-470.

［150］ Carter CR, Ellram LM, Ready KJ. Environmental purchasing: Bench-marking our German counterparts ［J］. International Journal of Purchasing and Materials, 1998, 34 （3）: 28-38.

［151］ Chang CH. The determinants of green product innovation performance ［J］. Corporate Social Responsibility and Environmental Management, 2016, 23 （2）: 65-76.

［152］ Chan RYK, Wong YH, Leung TKP. Applying ethical concepts to the study of "green" consumer behavior: An analysis of Chinese consumers' intentions to bring their own shopping bags ［J］. Journal of Business Ethics, 2008, 79 （4）: 469-481.

［153］ Chen G, Kirkman B L, Kim K, Farh C, Tangirala S. When does cross-cultural motivation enhance expatriate effectiveness? A multilevel investigation of the moderating roles of subsidiary support and cultural distance ［J］. Academy of Management Journal, 2010, 53 （5）: 1110-1130.

［154］ Chen RW, Navin-Chandra D, Kurfess T, Prinz F. A systematic metrology of material selection with environmental considerations ［J］. IEEE International Symposium on Electronics, 1994, 12 （2）: 252-257.

［155］ Chen XP, Liu D, Portnoy R. A multilevel investigation of motivational cultural intelligence, organizational diversity climate, and cultural sales: Evidence from US real estate firms ［J］. Journal of Applied Psychology, 2012, 97 （1）: 93-106.

［156］ Chen YS, Lai SB, Wen CT. The influence of green innovation performance on corporate advantage in Taiwan ［J］. Journal of Business Ethics, 2006, 67 （4）: 331-339.

［157］ Cho C H, Patten D M. The role of environmental disclosures as tools of legitimacy: A research note ［J］. Accounting, Organizations and Society, 2007, 32 （7-8）: 639-647.

［158］ Choi D, Valikangas L. Patterns of strategy innovation ［J］. European Management Journal, 2001, 19 （4）: 424-429.

［159］ Christmann P, Taylor G. Globalization and the environment: Determinants of firm self-regulation in China [J]. Journal of International Business Studies, 2001, 32 (3): 439-458.

[160] Christopoulos AG, Dokas IG, Katsimardou S, Vlachogiannatos K. Investigation of the relative efficiency for the Greek listed firms of the construction sector based on two DEA approaches for the period 2006-2012 [J]. Operational Research, 2016, 16 (3): 423-444.

[161] Chua RYJ, Morris MW, Mor S. Collaborating across cultures: Cultural metacognition and affect-Based trust in creative collaboration [J]. Organizational Behavior and Human Decision Processes, 2012, 118 (2): 116-131.

[162] Coase RH. The nature of the firm [J]. Economica, New Series, 1937, 4 (16): 386-405.

[163] Corbett F, Jefferies E, Ralph MAL. Deregulated semantic cognition follows prefrontal and temporo-parietal damage: Evidence from the impact of task constraint on nonverbal object use [J]. Journal of Cognitive Neuroscience, 2011, 23 (5): 1125-1135.

[164] Cormier D, Magnan M, van Vel Thoven B. Environmental disclosure quality: Do firms respond to economic incentives, public pressure or institutional conditions? [J]. European Account Reviews, 2005, 14 (1): 3-39.

[165] Crick AP. Internal marketing of attitudes in Caribbean tourism [J]. International Journal of Contemporary Hospitality Management, 2003, 15 (3): 161-166.

[166] Dangelico RM. Green product Innovation: Where we are and where we are going [J]. Business Strategy and the Environment, 2016, 25 (8): 560-576.

[167] Danneels E. Organizational antecedents of second-order competences [J]. Strategic Management Journal, 2008 (29): 519-543.

[168] Danneels E. Second-order competences and Schumpeterian rents [J]. Strategic Entrepreneurship Journal, 2012, 6 (11): 42-58.

[169] Darnall N, Edwards Jr. D. Predicting the cost of environmental management system adoption: The role of capabilities, resources and ownership structure. Strategic Management Journal, 2006, 27 (4): 301-320.

［170］Darnall N, Henriques I, Sadorsky P. Do environmental management systems improve business performance in an international setting? ［J］. Journal of International Management, 2008, 14 (4): 364–376.

［171］Day G S. The capabilities of market-driven organizations ［J］. Journal of Marketing, 1994, 58 (4): 37–52.

［172］de Medeiros JF, Ribeiro JLD, Cortimiglia MN. Success factors for environmentally sustainable product innovation: A systematic literature review ［J］. Journal of Cleaner Production, 2014, 65: 76–86.

［173］Dess GG, Lumpkin GT, Covin JG. Entrepreneurial strategy making and firm performance: Tests of contingency and configurational models ［J］. Strategic Management Journal, 1997, 18 (9): 677–695.

［174］de Villiers C, Naiker V, van Staden CJ. The effect of board characteristics on firm environmental performance ［J］. Journal of Management, 2011 (6): 1636–1658.

［175］Dhaliwal DS, Li OZ, Tsang A, Yang G. Voluntary nonfinancial disclosure and the cost of equity capital: The initiation of corporate social responsibility reporting ［J］. The Accounting Review, 2011, 86 (1): 59–100.

［176］Dimaggio PJ, Powell WW. The Iron cage revisited: Institutional isomorphism and collective rationality in organizational fields ［J］. American Sociology Review, 1983, 48 (2): 147–160.

［177］Dixon-Fowler HR, Slater DJ, Johnson J L. Beyond "does it pay to be green?" A meta-analysis of moderators of the CEP-CFP relationship ［J］. Journal of Business Ethics, 2013, 112: 353–366.

［178］Earley PC, Ang S. Cultural intelligence: Individual interactions across cultures ［M］. Stanford University Press, 2003.

［179］Egri CP, Herman S. Leadership in the North American environmental sector: Values, leadership styles, and contexts of environmental leaders and their organizations ［J］. Journal of Operations Management, 2000, 43 (4): 571–604.

［180］Eiadat Y, Kelly A, Roche F. Green and competitive? An empirical test of the mediating role of environmental innovation strategy [J]. Journal of World Business, 2008, 43 (2): 131-145.

[181] Elenkov DS, Manev IM. Senior expatriate leadership's effects on innovation and the role of cultural intelligence [J]. Journal of World Business, 2009, 44 (4): 357-369.

[182] Eusebio R, Andreu JL, Pilar López Belbeze M. Measures of marketing performance: A comparative study from Spain [J]. International Journal of Contemporary Hospitality Management, 2006, 18 (2): 145-155.

[183] Fang E, Lee J, Palmatier R, Han S. If it takes a village to foster innovation, success depends on the neighbors: The effects of global and ego networks on new product launches [J]. Journal of Marketing Research, 2016, 53 (3): 319 -337.

[184] Fan Joseph PH, Wong TJ, Zhang T. Politically connected CEOs, corporate governance, and Post-IPO performance of China's newly partially pivatized firms [J]. Journal of Financial Economies, 2007, 84 (2): 330-357.

[185] Fraj-Andrés E, Martínez-Salinas E, Matute-Vallejo J. Factors affecting corporate environmental strategy in Spanish industrial firms [J]. Business Strategy and the Environment, 2009, 18 (8): 500-514.

[186] Galaskiewicz J, Wasserman S. Mimetic processes within an interorganizational field: an empirical test [J]. Administrative Science Quarterly, 1989, 34 (3): 454-479.

[187] Galaskiewicz J. Interorganizational relations [J]. American Review of Sociology, 1985, 11 (4): 281-304.

[188] Gallon MR, Stillman HM, Coates D. Putting core competency thinking into practice [J]. Research Technology Management, 1995, 11 (3-4): 441-450.

[189] Gauri DK, Ratchford B, Pancras J, Talukdar D. An empirical analysis of the impact of promotional discounts on store performance [J]. Journal of Retailing, 2017, 93 (3): 283-303.

[190] George EH, Nickolaos GT. Industry performance evaluation with the use of financial ratios: An application of bootstrapped DEA [J]. Expert Systems with Appli-

cations, 2012, 39 (5): 5872-5880.

[191] Gershoff A, Frels J. What make it green? The role of certrality of green attributes in evaluations of the greenness of products [J]. Journal of Marketing, 2015, 79 (1): 457-484.

[192] Geyskens KG, Gielens K, Dekimpe MG. The market valuation of internet channel additions [J]. Journal of Marketing, 2002, 66 (2): 102-119.

[193] Ghazilla RAR, Sakundarini N, Abdul-Rashid SH, et al. Drivers and barriers analysis for green manufacturing practices in Malaysian SMEs: A preliminary finding [J]. Procedia CIRP, 2015, 26: 164-189.

[194] Gholami R, Sulaiman AB, Ramayah T, Moua A. Senior managers' perception on green information systems (IS) adoption and environmental performance: Results from a field survey [J]. Information & Management, 2013, 50 (7): 431-438.

[195] Gray A. The Neuropsychology of Anxiety: An Enquiry into the Functions of the septo-hippocampal System [M]. New York: Oxford University Press, 1982.

[196] Groot JI, Steg L. Relationships between value orientations, self-determined motivational types and pro-environmental behavioral intentions [J]. Journal of Environmental Psychology, 2010, 30 (4): 368-378.

[197] Grorssman GM, Helpman E. Innovation and Growth in the Global Economy [M]. MIT Press, 1991.

[198] Guziana B. Is the Swedish environmental technology sector "green" [J]. Journal of Cleaner Production, 2011, 19 (8): 827-835.

[199] Harjula T, Rapola B, Knight WA, Boothroyd G. Design for disassembly and the environment [J]. CIRP, 1996, 45 (1): 109-114.

[200] Henriques I, Sadorsky P. The relationship between environmental commitment and managerial perceptions of stakeholder importance [J]. Academy of Management Journal, 1999, 42 (1): 87-99.

[201] Hillary R. Environmental management systems and the smaller enterprise [J]. Journal of Cleaner Production, 2004, 12 (6): 561-569.

［202］ Hirsh JB. Personality and environmental concern ［J］. Journal of Environmental Psychology, 2010, 30 （2）: 245-248.

［203］ Hitt MA, Ireland RD, Hoskisson RE. Strategic management: Concepts: Competitiveness and globalization ［J］. Baylor Business Review, 2001 （2）: 6-26.

［204］ Hoogendoorn B, Guerra D, van der Zwan P. What driver's environmental practices of SMEs? ［J］. Small Business Economics, 2015, 44 （4）: 759-781.

［205］ Imai L, Gelfand MJ. The culturally intelligent negotiator: The impact of cultural intelligence （CQ） on negotiation sequences and outcomes ［J］. Organizational Behavior and Human Decision Processes, 2010, 112 （2）: 83-98.

［206］ Iwasa T, Odagiri H. Overseas R&D, knowledge sourcing and patenting: An empirical study of Japanese R&D investment in the US ［J］. Research Policy, 2004, 33 （5）: 807-828.

［207］ Jacobs BW, Singhal VR, Subramanian R. An empirical investigation of environmental performance and the market value of the firm ［J］. Journal of Operations Management, 2010, 28 （5）: 430-441.

［208］ Jaffe AB, Palmer K. Environmental regulation and innovation: A panel data study ［J］. Review of Economics and Statistics, 1997 （4）: 610-619.

［209］ Jedin MH, Saad NM. Identifying effective mechanisms to assist the marketing integration process for Malaysian acquirers ［J］. Contemporary Management Research, 2012, 8 （2）: 95-99.

［210］ Jose LC, Daizhong S. Integration of eco-design tools into the development of eco-lighting products ［J］. Journal of Cleaner Production, 2013, 47: 32-42.

［211］ Julian CC, O'Cass A. Examining the internal-external determinants of international joint venture （IJV） marketing performance in Thailand ［J］. Australasian Marketing Journal （AMJ）, 2002, 10 （2）: 55-71.

［212］ Kalogeras N, Banurakis G, Zopounidis C, van Dijk G. Evaluating the financial performance of agri-food firms: A multicriteria decision-aid approach ［J］. Journal of Food Engineering, 2005, 70 （3）: 365-371.

［213］ Kammerer D. The effects of customer benefit and regulation on environmental product innovation: Empirical evidence from appliance manufacturers in Germany [J]. Ecological Economics, 2009, 68 (8-9): 2285-2295.

[214] Kim HY, Chung JE. Consumer purchase intention for organic personal care products [J]. Journal of Consumer Marketing, 2011 (1): 1-14.

[215] Klassen RD, McLaughlin CP. The impact of environmental management on firm performance [J]. Management Science, 1996, 42 (8): 1199-1214.

[216] Kosuke I. Life - cycle Engineering design: Design for manufacturability [J]. ASME, 1995, 81: 39-45.

[217] Lai KH, Wong CWY, Cheng TCE. Institutional isomorphism and the adoption of information technology for supply chain management [J]. Computers in Industry, 2006, 57 (1): 93-98.

[218] Lassar WM, Manolis C, Lassar SS. The relationship between consumer innovativeness, personal characteristics, and online banking adoption [J]. International Journal of Bank Marketing, 2005, 23 (2): 176-199.

[219] Lewis GJ, Harvey B. Perceived environmental uncertainty: The extension of miller's scale to the natural environment [J]. Journal of Management Studies, 2001, 38 (2): 201-234.

[220] Liao ZJ. Institutional pressure, knowledge acquisition and a firm's environmental innovation [J]. Business Strategy and the Environment, 2018, 27 (7): 849-857.

[221] Lien CY, Chen YS, Huang CW. The relationships between green consumption cognition and behavioral intentions for consumers in the restaurant industry [J]. Journal of African Journal of Business Management, 2012, 6 (26): 7888-7895.

[222] Li JH. Strategy of mass customization - based service product innovation [C] //Engineering Management Conference 2004, 2004 IEEE International, 2005.

[223] Lioui A, Sharma Z. Environmental corporate social responsibility and financial performance: Disentangling direct and indirect effects [J]. Ecological Economics, 2012, 78: 100-111.

[224] Li YN. Environmental innovation practices and performance: Moderating

effect of resource commitment ［J］. Journal of Cleaner Production，2014，66：450-458.

［225］ Lu LC，Chang HH，Chang A. Consumer personality and Green buying intention：The mediate role of consumer ethical beliefs ［J］. Journal of Business Ethics，2015，127：205-219.

［226］ Lumpkin GT，Dress GG. Clarifying the entrepreneurial orientation construct and linking it to performance ［J］. Academy of Management Review，1996，21（1）：135-172.

［227］ Magnusson P，Westjohn SA，Zdravkovic S. The role of cultural intelligence in marketing adaptation and export performance ［J］. Journal of International Marketing，2013，21（4）：44-61.

［228］ Malhotra N，Morris T，Hinings CR. Variation in organizational form among professional service organization ［J］. Research in the Sociology of Organizations，2006，24：171-202.

［229］ Marchi VD. Cooperation toward green innovation：An empirical investigation ［R］. D-D Academy Winter 2010 PHD Conference，2010.

［230］ Markowitz EM，Goldberg LR，Ashton MC，Lee K. Profiling the "pro-environmental individual"：A personality perspective ［J］. Journal of Personality，2012，80（1）：81-111.

［231］ Meadows DH. The Limits to Growth ［M］. Washington DC：Potoac，1972.

［232］ Menguc B，Auh S，Ozanne L. The interactive effect of internal and external factors on a proactive environmental strategy and its influence on a firm's performance ［J］. Journal of Business Ethics，2010，94：279-298.

［233］ Menguc B，Ozanne LK. Challenges of the "Green Imperative"：A natural resource-based approach to the environmental orientation-business performance relationship ［J］. Journal of Business Research，2005，58（4）：430-438.

［234］ Meyer JW，Rowan B. Institutionalized organizations：Formal structure as myth and ceremony ［J］. American Journal of Sociology，1977，83（2）：340-363.

［235］ Meyer-Krahmer F，Reger G. New perspectives on the innovation strategies of multinational enterprises: Lessons for technology policy in Europe [J]. Research Policy, 1999, 28 (7): 751-776.

[236] Meyers-Levy J, Tybout AM. Schema congruity as a basis for product evaluation [J]. Journal of Consumer Research, 1989, 16 (1): 39-54.

[237] Miller D, Friesen P. Archetypes of strategy formulation [J]. Management Science, 1978, 24 (9): 921-933.

[238] Moffett S, McAdam R. Knowledge management: A factor analysis of sector effects [J]. Journal of Knowledge Management, 2009, 13 (3): 44-59.

[239] Morgan NA, Vorhies DW, Mason CH. Marketing orientation, marketing capabilities, and firm performance [J]. Strategic Management Journal, 2009, 30 (8): 909-920.

[240] Morgan NA. Marketing and business performance [J]. Journal of the Academy of Marketing Science, 2012, 40: 102-119.

[241] Murphy J, Gouldson A. Environmental policy and industrial innovation: Integrating environment and economy through ecological modernisation [J]. Geoforum, 2000, 31 (1): 33-44.

[242] Najafi-Tavani Z, Zaefarian G, Henneberg SC, Naudé P, Giroud A, Andersson U. Subsidiary knowledge development in knowledge-intensive business services: A configuration approach [J]. Journal of International Marketing, 2015, 23 (4): 22-43.

[243] Narver JC, Slater S F. The effect of a market orientation on business profitability [J]. Journal of Marketing, 1990, 54 (4): 20-35.

[244] North DC. Institutions and credible commitment [J]. Journal of Institutional & Theoretical Economics, 1993, 149 (1): 11-23.

[245] Orlitzky M, Siegel DS, Waldman DA. Strategic corporate social responsibility and environmental sustainability [J]. Business & Society, 2011, 50 (1): 6-27.

[246] Park M, Lennon SJ. Brand name and promotion in online shopping contexts [J]. Journal of Fashion Marketing and Management, 2009, 13 (2): 149-160.

［247］ Parsons T. Structure and process in modern societies ［J］. American Socio-logical Review, 1960, 5 (4): 169-183.

［248］ Pearce DW et al. Blueprint for a Green Economy ［M］. Earthscan Publica-tions, London, 1989.

［249］ Peattie K. Golden goose or wild goose? The hunt for the green consumer ［J］. Business Strategy & the Environment, 2001, 10 (4).

［250］ Peattie K. Green Marketing ［M］. Pitman Publishing, London, 1992.

［251］ Pelham AM. Market orientation and other potential influences on perform-ance in small and medium-sized manufacturing firms ［J］. Journal of Small Business Management, 2000, 38 (1): 48-56.

［252］ Peloza J, White K, Shang J Z. Good and guilt-free: The role of self-ac-countability in influencing preferences for products with ethical attributes ［J］. Journal of Marketing, 2013, 77 (1): 104-119.

［253］ Peng MW. Business Strategies in Transition Economies ［M］. Thousand Oaks, CA: Sage, 2000.

［254］ Piquito NP, Pretorius L, Strauss A. Financial product innovation: A stra-tegically competitive system engineering approach to financial engineering ［C］ //Port-land International Conference on Management of Engineering and Technology, 1999.

［255］ Pogutz S, Russo A. Eco-efficiency vs eco-effectiveness: Exploring the link between GHG emissions and firm performance ［J］. Acaclemy of Management Pro-ceeding, 2009 (1): 1-6.

［256］ Porter M, van der Linde C. Green and competitive: Ending the stalemate ［J］. Harvard Business Review, 1995, 73: 120-134.

［257］ Prahalad CK, Hamel G. The core competence of the corporation ［J］. Har-vard Business Review, 1990, 68 (3): 79-91.

［258］ Rabinovich E, Knemeyer AM, Mayer CM. Why do internet commerce firms incorporate logistics service providers in their distribution channels?: The role of transaction costs and network strength ［J］. Journal of Operations Management, 2007, 25 (3): 661-681.

［259］Rabinovich E, Maltz A, Singha RK. Assessing markups, service quality, and product attributes in music CDs' Internet retailing ［J］. Production and Operations Management, 2008, 17 (3): 320-337.

［260］Ramalu SS, Chuah F, Rose RC. The effects of cultural intelligence on cross-cultural adjustment and job performance amongst expatriates in Malaysia ［J］. International Journal of Business and Social Science, 2011, 2 (9): 59-71.

［261］Ramaswami SN, Srivastava RK, Bhargava M. Market-based capabilities and financial performance of firms: Insights into marketing's contribution to firm value ［J］. Journal of the Academy of Marketing Science, 2009, 37 (2): 97-116.

［262］Ramayah T, Lee JWC, Mohamad O. Green product purchase intention: Some insights from a developing country ［J］. Resource, Conservation and Recycling, 2010, 54 (12): 1419-1427.

［263］Rennings K. Redefining innovation-eco-innovation research and the contribution from ecological economics ［J］. Ecological Economics, 2000, 32 (2): 319-332.

［264］Rubera G, Griffith DA, Yalcinkaya G. Technological and design innovation effects in regional new product rollouts: A European illustration ［J］. Product Development & Management Association, 2012, 29 (6): 1047-1060.

［265］Rucher DD, Galinsky AD. Conspicuous consumption versus utilitarian ideals: How different levels of power shape consumer behavior ［J］. Journal of Experimental Social Psychology, 2009, 45 (3): 549-555.

［266］Russo MV, Fouts PA. A resource-based perspective on corporate environmental performance and profitability ［J］. Academy of Management Journal, 1997, 40 (3): 534-559.

［267］Ryan F, Eric K. The impact of cultural intelligence in multicultural social networks ［C］//Annual Conference of the Society for Industrial and Organizational Psychology, 2008.

［268］Ryoo SY, Koo C. Green practices-IS alignment and environmental performance: The mediating effects of coordination ［J］. Information Systems Frontiers,

2013, 15 (5): 799-814.

[269] Safaei Ghadikolaei A, Khalili Esbouei S, Antucheviciene J. Applying fuzzy MCDM for financial performance evaluation of Iranian companies [J]. Technological and Economic Development of Economy, 2014, 20 (2): 274-275.

[270] Sarkis J, Cordeiro JJ. An empirical evaluation of environmental efficiencies and firm performance: Pollution prevention versus end-of-pipe practice [J]. European Journal of Operational Research, 2001, 135 (1): 102-113.

[271] Schere FM. Industrial market structure and economic performance [J]. Southern Economic Journal, 1971, 38 (2): 269-271.

[272] Schlegelmilch BB, Bohlen GM, Diamantopoulos A. The link between green purchasing decisions and measures of environmental consciousness [J]. European Journal of Marketing, 1996, 30 (5): 35-55.

[273] Schultz PW. Changing behavior with normative feedback interventions: A field experiment on curbside recycling [J]. Basic and Applied Social Psychology, 1999, 21 (1): 25-36.

[274] Scott WR. Institutions and Organizations: Idea and Interests [M]. Sage Publications, Inc., London, 2013.

[275] Selznick P. TVA and the Grass Roots: A Study in the Sociology of Formal Organization [M]. Berkeley, CA: University of California Press, 1949.

[276] Shang HJ, Liu CC, Geng JX. Case study on status of corporate environmental information disclosure in China [J]. Environmental Protection, 2007 (4): 15-21.

[277] Shang KC, Lu CS, Li S. A taxonomy of green supply chain management capability among electronics-related manufacturing firms in Taiwan [J]. Journal of Environmental Management, 2010, 91 (5): 1218-1226.

[278] Sharma S, Vredenburg H. Proactive corporate environmental strategy and the development of competitively valuable organizational capabilities [J]. Strategic Management Journal, 1998, 19 (8): 729-753.

[279] Sharma S. Managerial interpretations and organizational context as predic-

tors of corporate choice of environmental strategy [J]. Academy of Management Journal, 2000, 43 (4): 681-716.

[280] Shimp CP. Time allocation and response rate [J]. Journal of the Experimental Analysis of Behavior, 1974, 21: 491-499.

[281] Shrivastava P. Greening Business: Profiting the Corporations and the Environment [M]. Cincinnati: Thompson Executive Press, 1995.

[282] Slater SF, Narver JC. Customer-led and market-oriented: Let's not confuse the two [J]. Strategic Management Journal, 1998, 19 (10): 1001-1006.

[283] Sorescu A B, Chandy RK, Prabhu JC. Sources and financial consequences of radical innovation: Insights from pharmaceuticals [J]. Journal of Marketing, 2003, 67: 82-102.

[284] Srivastava R K, Shervani TA, Fahey L. Market-based assets and shareholder value: a framework for analysis [J]. Journal of Marketing, 1998, 62 (1): 2-18.

[285] Stern B B. Historical and personal nostalgia in advertising text: the fin de siècle effect [J]. Journal of Advertising, 1992, 21 (4): 11-22.

[286] Stewart B. EVA momentum: The one ratio that tells the whole story [J]. Journal of Applied Corporate Finance, 2010, 21 (2): 74-86.

[287] Storto CL. Efficient strategies for new knowledge creation in small manufacturing firms during product innovation: Concepts, methodological issues and empirical findings [C] //IEEE International Engineering Management Conference, 2002.

[288] Suchman, M. C. Managing legitimacy: Strategic and institutional approaches [J]. the Academy of Management Review, 1995, 20 (3): 571-610.

[289] Suk S, Liu X, Sudo K. A survey study of energy saving activities of industrial companies in the Republic of Korea [J]. Journal of Cleaner Production, 2013, 41: 301-311.

[290] Talukder H, Munir M. Companionship with nature in Asian traditions: A resource for environmental education [J]. Journal of Academic Emergency Medicine Case Reports, 2014 (5): 124-139.

［291］Templer KJ, Tay C, Chandrasekar NA. Motivational cultural intelligence, realistic job preview, realistic living conditions preview, and cross-cultural adjustment ［J］. Group & Organization Management, 2006, 31 (1): 154-173.

［292］Terlaak A. Order without law? The role of certified management standards in shaping socially desired firm behaviors ［J］. Academy of Management Review, 2007, 32 (3): 968-985.

［293］Theodosiou M, Kehagias J, Katsikea E. Strategic orientations, marketing capabilities and firm performance: An empirical investigation in the context of frontline managers in service organizations ［J］. Industrial Marketing Management, 2012, 41 (7): 1058-1070.

［294］Torugsa NA, O'Donohue W, Hecker R. Capabilities, proactive CSR and financial performance in SMEs: Empirical evidence from an Australian manufacturing industry sector ［J］. Journal of Business Ethics, 2012, 109 (4): 483-500.

［295］Totten JC, Block MP. Analyzing Sales Promotion: Text and Cases ［M］. Dartneu Corporation Chicago, 1994.

［296］Triguero A, Moreno-Mondejar L, Davia MA. Drivers of different types of eco-innovation in European SMEs ［J］. Ecological Economics, 2013, 92: 25-33.

［297］Tseng ML, Wang R, Chiu ASF, Geng Y, Lin YH. Improving Performance of green innovation practices under uncertainty ［J］. Journal of Cleaner Production, 2013, 40 (3): 71-82.

［298］UNEP. Towards a green economy: Pathways to sustainable development and poverty reduction ［EB/OL］. 2011. See: http: //www. unep. org/greeneconomy / Home /test /tabid /29808 /Default. aspx.

［299］Vachon S, Klassen RD. Extending green practices across the supply chain: The impact of upstream and downstream integration ［J］. International Journal of Operations & Production Management, 2006, 26 (7): 795-821.

［300］van Leeuwen G, Mohen P. Revisiting the porter hypothesis: An empirical analysis of green innovation for the Netherlands ［J］. Economics of Innovation & New Technology, 2017, 26: 1-2+63-77.

［301］Venkatraman N, Camillus JC. Exploring the concept of "fit" in strategic management ［J］. Academy of management Review, 1984 （3）: 513-525.

［302］Viscusi WK, Huber J, Bell J. Promoting recycling: Private values, social norms, and economic incentives ［J］. American Economic Review, 2011, 101 （3）: 65-70.

［303］Wang Q, Wong TJ, Xia LJ. State ownership, the institutional environment, and auditor choice: Evidence from China ［J］. Journal of Accounting & Economics, 2008, 46 （1）: 112-134.

［304］Ward C, Fisher R. Personality, cultural intelligence & cross-cultural adaptation: A test of the mediation hypothesis ［M］//Handbook of Cultural Intelligence: Theory, Measurement, and Applications, New York: Sharpe, 2008.

［305］Watson N. Not just compliance or resistance: Performance feedback and strategic responses to institutional pressure ［J］. Academy of Management Proceedings, 2009, 16 （7）: 74-103.

［306］Wernerfelt B. A resource-based view of the firm ［J］. Strategic Management Journal, 1984, 5 （2）: 171-180.

［307］White K, Simpson B. When do （and don't） normative appeals influence sustainable consumer behaviors? ［J］. Journal of Marketing, 2013, 77 （2）: 78-95.

［308］Wong SKS. Environmental requirements, knowledge sharing and green innovation: Empirical evidence from the electronics industry in China ［J］. Business Strategy Review, 2013, 22 （5）: 321-338.

［309］Xia YS, Zhang G. The impact of the online channel on retailers' performances: An empirical evaluation ［J］. Decision Sciences, 2010, 41 （3）: 517-546.

［310］Xie RH, Yuan YJ, Huang JJ. Different types of environmental Regulations and heterogeneous influence on "green" productivity: Evidence from China ［J］. Ecological Economics, 2017, 132: 104 -112.

［311］Xie XM, Huo JG, Zou HL. Green process innovation, green product innovation, and corporate financial performance: A content analysis method ［J］. Journal of Business Research, 2019, 101: 697-706.

［312］Xu R，Chen XD，Zhang FF. Green technology innovation and sustainable development based on data fusion mining ［J］. Ekoloji Dergisi，2019，28（107）：1825-1833.

［313］Xu S，Zhu C，Zhu K. Why do firms adopt innovations in bandwagons？Herding under competition in open standards adoption ［J］. International Journal of Contemporary Hospitality Management，2012（59）：63-91.

［314］Yiu D，Makino S. The choice between joint venture and wholly owned subsidiary：An institutional perspective ［J］. Organization Science，2002，13（6）：667-683.

［315］Yu WT，Jacobs MA，Chavez R，Feng MY. The impacts of IT capability and marketing capability on supply chain integration：A resource-based perspective ［J］. International Journal of Production Research，2017，55（14）：4196-4211.

［316］Zhang B，Bi J，Yuan ZW，Ge JJ，Liu BB，Bu ML. Why do firms engage in environmental management？An empirical study in China ［J］. Journal of Cleaner Production，2008，16（10）：1036-1045.

［317］Zhang HC，Kuo TC，Lu HT，Huang S. Environmentally conscious design and manufacturing：A state-of-the-art surey ［J］. Journal of Manufacturing System，1997，8（15）：134-136.

［318］Zhang H，Liang XN，Wang SQ. Customer value anticipation，product innovativeness，and customer lifetime value：The moderating role of advertising strategy ［J］. Journal of Business Research，2016，69（9）：3725-3730.

［319］Zhao X，Sun B. The influence of Chinese environmental regulation on corporation innovation and competitiveness ［J］. Journal of Cleaner Production，2016，112：1528-1536.

［320］Zhu DH，Zhang ZJ，Chang YP. Good discounts earn good reviews in return？Effects of price promotion on online restaurant reviews ［J］. International Journal of Hospitality Management，2019，77：178-186.

［321］Zhu QH，Geng Y. Drivers and barriers of extended supply chain practices for energy saving and emission reduction among Chinese manufacturers ［J］. Journal of

Cleaner Production, 2013, 40: 6-12.

[322] Zhu QH, Sarkis J. Relationships between operational practices and performance among early adopters of green supply chain management practices in Chinese manufacturing enterprises [J]. Journal of Operations Management. 2004, 22 (3): 265-289.

[323] Zhu QH, Sarkis J. The moderating effects of institutional pressures on emergent green supply chain practices and performance [J]. International Journal of Production Research, 2007 (18-19): 4333-4355.

[324] Zussman E, Kriwet A, Seliger G. Disassembly-oriented assessment methodology to support design for recycling [J]. CIRP Annals, 1994, 10 (1): 9-14.